U0678527

· 全面深化改革研究书系 ·

后人口转变迎来
新改革机遇

NEW REFORM OPPORTUNITIES ROOTED
FROM DEMOGRAPHIC TRANSITION

田雪原 著

社会科学文献出版社
SOCIAL SCIENCES ACADEMIC PRESS (CHINA)

总　序

党的十八大以来，习近平总书记发表了一系列重要讲话，提出了许多富有创见的新思想、新观点、新论断，为我们在新的历史起点上实现新的奋斗目标提供了基本遵循。这一系列重要讲话是对党的十八大精神的深化和拓展，是对中国特色社会主义理论体系的丰富和发展，是在我国经济社会发展的决定性阶段坚持和发展中国特色社会主义的政治纲领，是全面阐述事关中国特色社会主义前途命运重大原则问题的马克思主义文献，是指导我们推进中国特色社会主义伟大实践、实现"两个一百年"奋斗目标和中华民族伟大复兴中国梦的行动指南。全面贯彻落实习近平总书记重要讲话，是我们当前和今后一个时期的重要工作。

贯彻落实习总书记系列讲话，要求我们不仅方向明确，也要路径清晰，不仅要快速推进，更要注重成效，蹄疾而步稳。当前，在全面深化改革上，依然存在改什么、怎么改以及孰先孰后的问题；具体到改革的各个领域、层次、板块，具体到改革的策略与方法，依然存在争议、误解甚至盲区；在贯彻落实习近平总书记重要讲话上，依然存在如何落实、具体路径等问题。为此，既需要在实践中大胆探索，也需要在理论上小心论证。而后者，为社会科学工作者乃至学术出版人提供了机遇，也是中国社会科学工作者义不容辞的使命。

中国社会科学院是党中央直接领导、国务院直属的国家哲学社会科学研究机构。长期以来，以中国社会科学院为代表的社会科学研究者，秉承学术为社会服务、为大众服务的宗旨，辛勤耕耘，努力进取，时刻关注重大现实理论问题研究，为党和国家的发展建言献策。在改革开放以来的每一个历史节点，从党的大政方针到具体制度的构建，中国社会科学院都发出了自己应有的声音，切实起到了党和国家重要思想库和智囊团的作用。在当前全面深化改革、跨越中国历史三峡的重要时刻，中国社科院尤其要发挥自身理论优势，为改革释疑解惑、谋划布局。

为全面贯彻落实十八届三中全会决定和习近平总书记系列重要讲话，由中国社科院牵头，社会科学文献出版社具体组织实施，推出"全面深化改革研究书系"。书系选取了16个专题，约请国内该领域重要学者主持撰写，形成系列丛书。我们的设想是：

1. 所有专题都必须是当前深化改革实践中的难点问题、

重点问题和关键问题。

2. 所有写作者必须是对这些问题深有研究的学者。他们不仅在理论上卓有建树，是某些重要理论观点甚至学派的创始人或者代表，还长期关注社会实践，参与党和国家某些重要政策的制定或论证。

3. 各专题的写作者对十八大精神和习总书记讲话的渊源以及理论与实践基础有深刻研究、深透认识。

4. 书系总体为应用对策研究，要求有观点、有论证、有调研、有数据、有方案，实证性突出。

根据上述标准，我们选取的 16 个专题是：改革开放与中国经验、经济体制改革、财政制度、企业绩效革新、人口问题、城镇化、国家治理现代化、依宪治国、文化市场、社会组织体制建设、生态文明建设、党的建设。这些专题覆盖了十八大报告所论及的经济建设、政治建设、文化建设、社会建设、生态文明建设、党的建设、军队建设七大方面中，除党的建设和军队建设外的五个主要方面，都属于改革中的关键点。各专题的写作者多数来自中国社科院，也有部分来自中央编译局、清华大学等国内重要研究机构与高校，全部是各该领域的顶尖级学者。这些学者已有的学术积淀，以及他们长期为党和国家政策制定担当智识支持的经历，保证了书系的权威性、实用性和指导性。从各专题的成稿情况看，作者问题意识强，对当前改革的难点和重点反映多，理论探讨深入。书中提出的对策方案，也有较强的可操作性。总体而言，书系内容扎实，讨论深入，对现实有参考意义，基本达到了我们的要求。当然，学无际涯，改革无止境，诚挚欢迎学界同道讨论批评。

书稿初成之际，得知书系入选新闻出版广电总局的"深入学习贯彻习近平总书记系列重要讲话精神主题出版重点图书"，并获得国家出版基金支持，不胜欣喜，也很受鼓舞。2014 年是中国的马年，也是全面深化改革的开局之年，正当扬鞭奋蹄，开启新程。

是为序。

王伟光

2014 年 2 月 5 日

摘　要

改革开放以来，中国经济持续高速增长的重要原因之一，得益于人口转变年龄结构变动"黄金时代"提供的"人口红利"。目前，"人口红利"衰减趋势已成，人口老龄化日益显现等已成为焦点问题。本书在把握"后人口转变"人口数量、素质、结构变动基础上，就党的十八大提出的全面建成小康社会和全面深化改革开放目标和任务，开展边缘、交叉、综合性实证研究。特别就劳动年龄人口变动与"人口红利"、人口老龄化与"中等收入陷阱"、劳工荒与2020年收入翻番、稳增长调结构与城市化转型、人口发展战略与资源环境可持续发展等社会经济发展全局性重大问题，开展创新研究。

本书分为八个部分。第一部分，换个视角——"后人口转变"遭遇新改革浪潮。重点探讨党的十八届三中全会重启改革，给社会经济发展等带来的机遇，释放出通往中华民族伟大复兴之路的正能量。第二至第六部分，立足"后人口转变"，在对劳动年龄人口、老年人口、城市人口变动研究基础上，阐发人口发展战略和人口政策决策选择。第七和第八两部分，站在我国长远发展战略——科教兴国和可持续发展两大战略立场，审视人口的变动和发展，提出和阐发人口在其中的位置、作用和影响，探寻改革的思路和"后人口转变"决策选择。

Abstract

Since China's "Reform and Opening-up", one factor that caused China's continuous high-speed economic growth is the "demographic dividend" which is caused by the "Golden Age" of China's demographictransition on age structure. However, with the diminishing effect of the "demographic dividend", the aging of population is becoming a new challenge. This book applied comprehensive empirical studies on the policy goal of "deepening reform and opening-up" and "building awell-off society inan all-round manner" which is proposed in the 18th National Congress of the Chinese Communist Party (CPC), on the basis of the understanding of the post demographic transition as shown in the scale, quality and structural changes of Chinese population. More specifically, this study focuses on the topics such as the relationship between aging changes of workers and the "demographic dividend", the relationship between aging population and "middle income trap", the relationship between the recent shortage of workforce and the policy goal of doubling income in 2020, the relationship between the "securing growth rate with structural improvement" and urbanization, the relationship between thedemographic development strategy and the sustainable development environmental resources.

This book is divided by eight parts. In the first part of this book, it discusses about the how to take the opportunity of the restarting of reforms which is proposed in the Third Plenary Session of the 18th National Congress of the CPC. In the second through the sixth parts, this book discusses about the demographic transition strategy and the choosing of population policies based on the study of age distribution of workforce, as well as the changes in aging population and urban population. In the last two parts, it explains how population issues affect the long-term development of China, that is, the strategies of promoting the China's development through education and sustainable development.

目 录
CONTENTS

目 录
CONTENTS

绪　论

党的十八届三中全会通过的《中共中央关于全面深化改革若干重大问题的决定》（以下简称《决定》）发布，标志着改革航船开始新的启程，驶向更为广阔的海洋：改革涵盖经济、政治、文化、社会、生态以及党的建设各个领域；驶入更深的深水区：改革更具有正本清源、固本强基、顶层设计性质，任务重、难度大。

20 世纪 90 年代中期，中国生育率下降到更替水平以下，步入"后人口转变"时期。"后人口转变"亦可视为人口转变的"深水区"。如此，在深水区域"后人口转变"与新一轮改革浪潮不期而遇，"后人口转变"研究就不能不换一个视角。

众所周知，迄今为止中国仍是世界第一人口大国。然而人口也同其他事物一样，一切都在不停顿地变化着、发展着。出生率和增长率持续下降，目前分别下降到 12.08‰和 4.92‰，人口零增长的一天已经在向我们招手；出生时预期寿命达到 75 岁，名山大川旅游队伍中银色浪潮潮涨刚刚开始；高校招生录取近千万人，平民子弟上大学已不再是难事；城镇人口占比超过一半，农业社会已逐渐被工业化国家形象所取代……中国人口发生的这些史无前例的变化，归结到一点，是"后人口转变"过程中特定时点的写照。既是过去 20 年"后人口转变"的结果，也是未来"后人口转变"的新起点。那么，中央的《决定》给"后人口转变"输送了怎样的正能量，如何按照《决定》精神深化改革，使"后人口转变"沿着人口、经济、社会、科技、文化等科学发展的轨道推进，为实现中华民族伟大复兴的中国梦创造相对有利的人口条件，做出应有的贡献，正是本书《"后人口转变"迎来新改革机遇》的要义和目的。

　　本书分为八个部分。第一部分，换个视角——"后人口转变"遭遇新改革浪潮。重点探讨党的十八届三中全会重启改革，给社会经济发展等带来的机遇，释放出通往中华民族伟大复兴之路的正能量。人口对我国实现"三步走"战略目标具有举足轻重的作用。当前已在"后人口转变"路上走过 20 多年，步入"深水区"。恰在这时中央《决定》发布，给下一步人口转变带来新的生机和活力。这一部分着重领会《决定》精神并紧密结合改革实践，提出和阐释《决定》开辟改革新阶段的要义：一是改革的顶层设计，构建起包括经济、政治、文化、社会、生态体制改革，以及党的建设改革框架体系，是过去 35 年改革的继续和新的升华，一个新的改革阶段。二是强调全面深化改革的攻坚性质，是硬碰硬、难度和深度很大的改革。三是阐发改革特别是经济改革的任务，核心是处理好政府与市场的关系，发挥市场在资源配置中的决定性作用和政府的作用。联系"后人口转变"，对这一概念的提出和演化、我国引进和研究情况做出考量；明确我国步入"后人口转变"阶段的人口态势，改革面临的主要问题；抓住全面深化改革的历史机遇，换个视角看人口，激活"后人口转变"正能量，顺利实现由数量人口观向数量、素质、结构人口观并重，再向以素质和结构人口观为主的转变。

第二部分至第六部分，立足"后人口转变"，在对劳动年龄人口、老年人口、城市人口变动研究基础上，阐发人口发展战略和人口政策决策选择。第二部分，准确判断——把握人口"后黄金时代"机遇期。引证作者30年前发表在《人民日报》上的文章："党的十二大把实行计划生育和控制人口增长作为一项基本国策确定下来，把人口因素在现代化建设中的地位和作用提到了一个新的高度。怎样认识人口的这一作用，我认为，不仅要重视人口的数量和质量，而且要注意人口年龄构成的作用，认真研究年龄构成及其变动对'四化'建设的影响。"实践证明，人口年龄结构变动"黄金时代"提供的"人口盈利"、"人口红利"，对社会经济发展起到至关重要的作用。如今，这一"黄金时代"越过峰值。针对人口红利"消失"论，提出"后黄金时代"概念：其内涵为老年和少年人口之和与劳动年龄人口之比即从属比，由下降到最低点转而上升至 0.5 区间所提供的劳动年龄人口占比仍然较高、从属比仍然较低，以及相应的"人口视窗"或"人口盈利"、"人口红利"机遇期。之所以称之为"后黄金时代"，是因为与前期劳动年龄人口占比不断上升、从属比不断下降比较呈相反态势；但是并未消失，要到 2030 年前后从属比才能上升到 0.5，才能出现"人口视窗"关闭、"人口盈利"和"人口红利"为零。也就是说，从人口年龄结构变动看，还可支持经济较高增长 16 年左右；只是支持的强度呈逐渐减弱态势。可以明确地说，人口"后黄金时代"不支持"唱衰中国"，而支持直至 2030 年中国经济进入中高速，至少是中速增长。这一论断也可在日、韩等国"后人口转变"与经济发展中，找到佐证。当前，要认识和重视"后黄金时代"的客观存在，充分利用尚存的潜能和提供的发展机遇，实现对"中等收入陷阱"的成功跨越。同时也要充分注意到，"后黄金时代"潜能不断减少直至最后消失的不利变动，适时采取防患于未然的改革措施，尽可能减少"人口亏损"、"人口负债"的负面影响。

第三部分，顶层设计——养老保障改革进入攻坚阶段。在全面分析我国人口年龄结构老龄化具有速度比较快，达到的水平比较高，累进增长和城乡、地区不平衡特点之后，重点探讨如何通过改革特别是突破顶层设计难题，建立和健全全国统一的养老保障体系。在这个体系中，养老保险是"主体"，是改革的重中之重；养老社会福利和养老社会救助是"两翼"，对于总体老年人口特别是对于高龄、孤独老年人口来说，则是不可或缺的。养老保险体制改革的目标，是建立以个人缴费积累为主、企业（单位）缴费积累为辅、养老金个人账户余额同给付直接挂钩的全国统一的积累补充型养老保险新体制。实现积累补充型养老保险新体制改革的关键，是突破城乡分割、城镇内部干部与职工分割的"双二元结构"体制，建立更加公平和可持续的养老保险制度。最重要的，是要发挥好政府的主导作用和市场在资源配置中的决定性作用，并且摆正二者的关系。提出一要按照《决定》的要求，实现"双二元结构"的成功并轨改革，建立起一套完整的养老金管理和监督的体制机制。二要适度填补养老金个人账户空账，制订出一定期间内做实部分个人账户的方案，规定个人账户做实的比例、额度、资金来源、监管规则，提高养老基金抗风险能力。三要引进市场体制机制，包括养老金投融资、管理机制等，推进金融市场体制机制改革创新。

第四部分，二元体制——城市（镇）化转型升级改革必须突破的藩篱。改革开放以来我国城市化驶入快车道，在承接工业化、信息化和促进农业现代化过程中发挥了不可替代的作用。然而，在城镇化快速推进过程中特别是进入21世纪以来，速度过快、土地城镇化超前、资源瓶颈凸显、环境约束收紧等矛盾和问题暴露出来、积累起来，倍感"失市"之痛，警惕城市化"拉美陷阱"提上议程。城市化"兴市"改革，应始终遵循"以人为核心"的宗旨。树立包括城市化在内的"以人为核心"的科学发展观，首先要明确发展的目的，是为了满足城乡居民全面发展的需要；其次要明确城市化的动力发生转变，人力资本的推动力不断增强；再次要明确城市化转型迫在眉睫，需要按照人口数量素质结构协调发展型、资源节约型、环境友好型向前推进。实现这样的转型升级改革，重点是在厘清城镇化还是城市化，还城市化概念本意基础上，冲破城乡分割的"二元体制"藩篱，摆正政府与市场的关系，发挥市场对资源配置的决定性作用和政府的主导作用。实现农业转移人口在户籍、就业、教育、医疗、失业、养老保障等方面享有同等的权利和全面的城镇转移人口市民化。

第五部分，把握未来——人口发展战略"三步走"。在分析总体人口、劳动年龄人口、老年人口、城市人口等变动和发展趋势后，将这些趋势协调起来、统一起来的人口发展战略，就成为理所当然的选择。中国人口发展战略总的要求，是将控制人口数量、提高人口素质、调整人口结构统一起来，实行"控制"、"提高"、"调整"相结合的战略。不过不同时期重点不同，可分作"三步走"实施：第一步，实施控制人口数量、提高人口素质、调整人口结构相结合，以数量控制为重点的人口发展战略。主要目标是将高生育率降低到更替水平以下，实现人口再生产完成向低出生、低死亡、低增长类型的转变。第二步，在生育率下降到更替水平以下至人口零增长期间，继续实行"控制"、"提高"、"调整"相结合，逐步由以人口数量控制为主转变到以人口素质提高、结构调整为主；协调人口变动与经济、社会发展以及资源、环境之间的关系，谋求协调和可持续发展的战略。第三步，人口零增长以后步入负增长，依据届时经济、社会以及资源、环境状况，实施全方位适度人口发展战略。全方位理想适度人口，即人口数量是适当的，素质是比较高的，年龄、性别、城乡、地域等的结构是合理的，与资源、环境、经济、社会发展是协调的。

第六部分，人口政策——人口发展战略实施的推进器。学术界和社会各界呼吁已久的生育政策调整，中央《决定》终于做出明示："坚持计划生育基本国策，启动实施一方为独生子女的夫妇可生育两个孩子的政策。"中国大力控制人口增长，特别是1980年实行以提倡一对夫妇生育一个孩子为主导的计划生育政策以来，取得卓著成绩。需知在一个有着几千年文明史的国度，"多子多福"人口观念、直接或间接以"多生多育"为主线的生育政策影响何等深刻，在这样的泱泱人口大国开展移风易俗的计划生育，30多年前发出提倡一对夫妇生育一个孩子的号召，是何等的艰难。本部分在简要回顾人口观念、生育政策基础上，阐发新中国成立后发生的事件，尤其是批判马寅初新人口论带来的影响，党的十一届三中全会后人口理论拨乱反正经历的起伏跌宕，1980年党中央做出提倡一对夫妇生育一个孩子决策始末，直至某些不同观点争论的实质，着力阐发"两利取其重、两害取其轻"瞻前顾后的政策选择；当前的生育政策调整是实施人口发展战略的需要，同时也是恢复提倡生育一个孩子决策初衷、对当时承诺的兑现。人口政策是人口发展战略实施的推进器，审时度势地进行调整是必要的和有益的。

第七部分和第八部分，站在我国长远发展战略——科教兴国和可持续发展两大战略立场，审视人口的变动和发展，提出和阐发人口在其中的位置、作用和影响，探寻改革的思路和"后人口转变"决策选择。第七部分，科教兴国——深化教育科技领域改革再启程。笔者在社会调查中问过多名师生：什么样的教师和学生是最优秀的？许多人回答：优秀教师是课备得好、上课讲得好、作业留得好、所教学生成绩好；优秀学生是认真听课好、作业完成好、考试成绩好。然而这样的回答，是将教师与学生分开、应试教育框架下的答案。联系钱学森之问："为什么我们的学校培养不出优秀人才"，颇发人深省。科技和科研体制也存在类似情况，忙项目、忙课题、更忙于在规定报刊发表文章、研究报告，因为只有完成这样的"规定动作"，才能晋职晋级。改革应试教育、科技体制机制，要探索招生和考试相对分离、学生考试多次选择、学校依法自主招生、专业机构组织实施、政府宏观管理、社会参与监督的运行机制，从根本上解决一考定终身的弊端。科技要建立健全鼓励原始创新、集成创新、引进消化吸收再创新的体制机制，健全技术创新市场导向机制，发挥市场在资源配置中的决定性作用和更好发挥政府的主导作用。

第八部分，伟大复兴——人口与可持续发展任重道远。自1840 年鸦片战争以来，中国一步步沦为半殖民地半封建国家，国人最大的梦想是实现中华民族的伟大复兴。为此，无数中华儿女浴血奋战、前仆后继谱写了波澜壮阔的百年奋斗史诗。以1949 年中华人民共和国成立为标志，取得第一阶段的伟大胜利。然而这只是万里长征走完第一步，全面实现中华民族伟大复兴还有第二步、第三步要走。

伟大复兴的中国梦与可持续发展梦休戚相关。如果 2020年全面建成小康社会、21 世纪中叶一般发达国家水平达到了，但是发展不可持续，那么伟大复兴大厦还会倒下去。只有实现可持续发展，复兴才有可靠的基础，才能永放光芒。可持续发展是既满足当代人需要，又不对后代人满足其需要的能力构成危害的发展。可持续发展关注代际公平，体现以人为本宗旨。可持续发展战略强调发展的目的是为了满足人的生理、心理、交往、文化等全面发展的需要，发展的主要驱动力在人力资本，走人口与资源、环境、经济、社会协调发展的道路。10 年前中国率先推出《中国 21 世纪议程——中国 21 世纪人口、环境与发展白皮书》，向世人展现了推行可持续发展战略行动纲领；现今《决定》又将中华民族伟大复兴的中国梦摆到我们面前，使各行各业各族人民有了明确的奋斗目标。作为人口大国，人口发展战略自然成为伟大复兴中国梦的重要组成部分。当前把握好"后人口转变"推进的方向、速度和节奏，顺利实现人口发展第二步、第三步战略目标，就是在复兴路上应该并且也能够做出的具体贡献！

田雪原

于·文星阁

2013 年 12 月

换个视角

——"后人口转变"遭遇新改革浪潮

"后人口转变"列车与党的十八届三中全会通过的《决定》不期而遇,使该列车提速前行获得新的动力,释放出新的正能量。

感觉到的事物不一定认识到,只有真正认识到的事物才能更深刻地感觉到。尽管我们对 35 年来改革开放的历史比较熟悉,但是每个人的感怀却不尽相同。特别是将"后人口转变"置于新的改革大潮之中,如何抓住潮涨机遇使正能量发挥到极致,则还是要对改革提供的机遇有深入一步的理性认识。只有弄清楚改革的昨天,才能更清楚地认识今天的改革,才能领悟到为什么十八届三中全会通过的《决定》,是全面深化改革的再启程、再进发。

在党的十一届三中全会召开前夜,安徽省凤阳县小岗村 18 户农民冒着风险按上自己的手印,干起了"大包干"。三中全会解放思想、实事求是的精神和做出的决议一传出,恰似一声春雷、一场春雨，使小岗村顿时振奋异常、欢呼雀跃！他们的"大包干"也很快在全省乃至全国蔓延开来，形成改革农村包围城市的星火燎原之势。如此，小岗村被冠以改革"领头羊"名号，称得上实至名归。

站在新改革起点上审视"后人口转变"，需要从过去单纯以人口数量控制为主中解放出来。提高人口素质是一个永恒性命题，适用于任何转变阶段。因此，"后人口转变"的核心，是实现由以人口数量控制为主，向以结构调整为主、兼顾数量控制和素质提高的转变。

一　改革在波浪式推进中再启程

20 世纪 90 年代初，笔者到芬兰、瑞典访问并作了演讲。演讲结束后，一位教授问我："你讲的中国渐进式改革是什么意思？"我用一个比方回答他：好比一个人攀登楼梯上楼，左脚迈上一个台阶后先停一下，待右脚跟上来双脚站稳以后，右脚再迈上新一个台阶；如此左右脚交替向上并在双脚站稳稍事喘息后，再一个一个地向上攀登，直到抵达目标楼层。他说这个比喻很好，稳步向上攀登可以避免跌跤，达到改革期望的目的。既然改革像爬楼梯一样以攀登向上和双脚并拢、喘息不同方式交替进行，那么运动就是渐进式的，分阶段进行的。

"感觉到的事物不一定认识到，只有真正认识到的事物才能更深刻地感觉到"——此话不假。尽管我们对 35 年来改革开放的历史比较熟悉，但是每个人的感怀却不尽相同。特别是将"后人口转变"置于新的改革大潮之中，如何抓住潮涨机遇使正能量发挥到极致，则还是要对改革提供的软实力有深入一些的理性认识。只有弄清楚改革的昨天，才能更清楚地认识今天的改革，才能领悟到为什么十八届三中全会通过的《决定》，是全面深化改革的再启程、再进发。

1. 改革的阶段性特征

提到改革，自然离不开改革史上最初发生的两件大事。一件是 1978 年岁末召开的党的十一届三中全会，做出改革开放的历史性抉择；另一件是在党的十一届三中全会召开前夜，安徽省凤阳县小岗村十八户农民按上自己的手印，实行土地承包到户的"大包干"。虽然这两件事情不能相提并论，一个是中央最高领导层的决策，事关国家和整个民族的命运和前途；另一个则是社会最底层发生的变革，只是一个案例。然而，二者却有着某种必然的联系。一是小岗村"大包干"发生在三中全会召开一个月之前，为会议提供了一个活生生、有血有肉的实例；二是三中全会定下的基调和做出的决议，恰似一声春雷、一场春雨，使小岗村顿时振奋异常、欢呼雀跃，并很快在安徽全省乃至全国蔓延开来，形成改革农村包围城市的星火燎原之势。如此，小岗村被冠以改革"领头羊"名号，称得上实至名归。

　　1979 年 5 月笔者赴安徽省出差，听到省直机关关于小岗村"大包干"不同的声音。虽然音调高低相差很大，但是归结起来不外乎"走资本主义"道路还是走"社会主义"道路，"糟得很"还是"好得很"。于是便抽出时间到小岗村雾里看花走上一回，感受颇为直接和深刻。不用说别的，仅仅看一看社员的劳动劲头儿，就明白了一切。与当时其他村社"三个人的活，五个人干"、"出工不出力"大呼隆干活截然不同。他们是出大力、流大汗地干活，锄田、浇水，麦苗儿青青、菜花儿黄，一派生机盎然景象。面对此情此景，不禁想起列宁的一句话来：劳动生产率是新制度战胜旧制度最重要、最主要的东西。笔者相信并推崇这句经济前行至理名言，因为它讲出了生产关系适合生产力发展的不二法则。心中念叨，小岗村社员如此劳动必然会创造出新的劳动生产率来，看来"大包干"是压制不下去了。果然，功夫不负有心人。1979 年小岗村由过去"吃粮靠返销、用钱靠救济、生产靠贷款"的"三靠村"，也是秋收后家家户户外出乞讨的"讨饭村"，一跃成为多数农户有余粮、有余款，首次向国家交了公粮、还了部分贷款的"翻身村"。随之其"发酵"作用不胫而走，小岗村当之无愧地成为中国改革大潮序幕的揭幕者。

　　国内外关于中国改革开放阶段划分的研究成果中，取得较大共识的是四阶段论，以及划分更细致一些的六阶段论。笔者以为，阶段划分宜粗不宜细。因为每个阶段不是孤立的，前一个阶段与后一个阶段之间有着必然的联系,是后一个阶段得以继续的前提和条件。笔者以为,35 年来以经济体制改革为主的改革,大致划分为三个阶段是比较适宜的。

第一阶段是 1978～1992 年,为改革起步和试验推进阶段。这一阶段长达 14 年,亦可分为前后两个时期:前期 1978～1984 年,后期 1985～1992 年。之所以没有像四阶段论那样将这两个时期划分为两个独立的阶段,是因为从总体上观察,它们均处于"摸着石头过河"阶段。只是前期摸到的石头少一些、小一些,因而步子迈得小一些、速度慢一些;后期摸到的石头多一些、大一些,因而步子迈得大一些、速度快一些而已。对于这一阶段的改革,有一系列中央文献和论著阐发,无须赘述。这里主要就相关成果涉及较少、笔者自以为有新意的两点,发表一点儿见解。

其一,关于改革起点。笔者以为,改革起点可分为最高决策层面和基层实践层面两个层面。以小岗村"大包干"为起点的基层实践层面改革,上面已经做了阐发,这里就不赘述了。需要说明的是,尽管基层改革不是决定性的,但它是客观存在的实践的起点。将这一实践的起点单独提出来,非但没有给以党的十一届三中全为起点的约定俗成论减色,反而成为中央的决策是来自实践、经过实践检验、服务于实践的佐证,因而是科学的、正确的、有生命力的。

在最高决策层面上,中国改革始于 1978 年党的十一届三

中全会，国内外看法一致。不过对三中全会发出什么样的改革
信号、划出什么样的改革起跑线，认识和阐发却不尽相同。笔
者以为，至少打响三声"发令枪"，划出三条起跑线，释放出
三个重要的改革信号。

一是恢复实事求是的思想路线。关于这一点，笔者的认识
可能与其他人不尽一致。为什么将此列为传递改革信号之首？
这是因为在当时的特定历史条件下，只有恢复实事求是的思想
路线，才能开启禁锢思想解放的大门，明确解放的方向和方
法，才能打开改革的总闸门。回过头来看，改革开放的总设计
师邓小平同志在中共中央工作会议上发表的《解放思想，实
事求是，团结一致向前看》的讲话，其核心和灵魂是恢复实
事求是的思想路线。经过实践是检验真理唯一标准的讨论，一
反过去"一句顶一万句"的教条，站在实事求是思想路线上
对包括毛泽东思想和毛泽东同志本人，总路线、"大跃进"、
人民公社"三面红旗"，无产阶级"文化大革命"等重大历史
事件，进而对政治、经济、思想、文化、社会各个领域的大是
大非做出实事求是的评价，拨乱反正、正本清源，还历史本来
面目。由此，才能明了改革要改什么，朝着什么样的方向改，
改成什么样子。因此恢复实事求是的思想路线，是十一届三中
全会向全党和全国人民发出的改革总动员令和宣言书。只有解
放思想、恢复实事求是的思想路线，才有改革的风生水起、势
如破竹。今天看来，实事求是思想路线原本是唯物史观的基本

要义；然而在 35 年前极"左"思想路线一统天下的情况下，提出恢复实事求是的思想路线并用实践是检验真理的唯一标准衡量过去和构建未来，本身就是思想和意识形态领域的一场改革、一场革命，实为整体改革的先导。

二是工作重心转移到现代化建设上来。早在 1949 年民主革命胜利前夜，党的七届二中全会已经提出工作重心由农村转移到城市。新中国成立后，20 世纪 50 年代中前期也得到比较好的贯彻，工业化进展比较顺利。然而自 1957 年反右派斗争和 1958 年"大跃进"以来，两个阶级、两条道路、两条路线的斗争不断升级，直到"四清"和"文革"提出运动的重点"是整党内走资本主义道路的当权派"，"资产阶级就在共产党内"，将党的工作重心放在了阶级斗争、路线斗争上，各项工作都必须"以阶级斗争为纲"。这不仅耽误了许多宝贵时间，而且从根本上颠倒了经济与政治的关系，搅乱了国家发展的任务和目标，损害到执政党的形象。以阶级斗争为纲和大搞群众运动推动经济建设，难免发生 1958 年"大跃进"、人民公社"穷过渡"和"文化大革命"无政府主义一类的诸多失误，使经济脱离正常发展轨道，陷入忽上忽下和一统就死、一放就乱的混乱状态，人民生活饱受短缺经济困扰和长期得不到应有的改善之苦。在这种情况下，提出全党工作重心转移到现代化建设上来，本身就是执政党和国家执政理念的拨乱反正，释放出体制机制改革指向重要信号。

　　三是提出了改革初期的目标和任务。虽然十一届三中全会公报没有明确提出经济体制改革词语，但是提出了当前改革的具体目标、任务和要求。会议通过的《中共中央关于加快农业发展若干问题的决定（草案）》和《农村人民公社工作条例（试行草案）》，对按劳分配、社员自留地和宅基地、家庭副业和集市贸易是"社会主义经济的必要补充"等，做出充分肯定。在经济体制和管理上，指出权力过于集中是"经济管理的一个严重缺点"，应该"大胆下放"，让地方和工农业企业"有更多的经营管理自主权"；"精简各级经济行政机构，把它们的大部分职权转交给企业的专业公司或联合公司"；"重视价值规律的作用"，"充分调动干部和劳动者的生产积极性"；"认真解决党政企不分、以党代政、以政代企的现象"等。① 在长期教条主义禁锢下，这些提法和指向不可谓不明确、不大胆，实际上已经将最早经济改革的目标和任务，提到全党和全国人民面前。

　　其二，关于"摸着石头过河"。改革开放推开以后，"摸着石头过河"成为流行语，甚至成了改革的代名词。在公开发表的文献和论著中，查到 1980 年 12 月 16 日陈云同志在中央工作会议上所作的《经济形势与经验教训》讲话中，在讲到改革"步子要稳"、"要从试点着手，随时总结经验"时，

---

① 《中国共产党第十一届中央委员会第三次全体会议公报》，载《改革开放以来历届三中全会文件汇编》，人民出版社 2013 年版，第 7～8 页。

顺势说出"也就是'摸着石头过河'"。① 12 月 25 日邓小平同志在这次会议上的讲话中，一上来便讲："我完全同意陈云同志的讲话。这个讲话在一系列问题上正确地总结了我国三十一年来经济工作的经验教训，是我们今后长期的指导方针。"②邓小平同志不仅同意，而且结合改革开放实际做出进一步的阐发，赋予了新的含义。如 1985 年接见外宾谈到"改革是中国的第二次革命"时，强调"我们的方针是，胆子要大，步子要稳，走一步，看一步"。③ 此后，他又多次讲到要"坚定不移，大胆探索"；④"要克服一个怕字，要有勇气。什么事情总要有人试第一个，才能开拓新路"，"胆子更大一点，步子更快一点"。⑤ 邓小平不仅为"摸着石头过河"赋予更积极的意义，而且对"摸石头"的目的和怎样"摸"，都做出精辟的阐述。指出改革由农村开始，进而在城市展开；亲自确定首

顺势说出"也就是'摸着石头过河'"。① 12 月 25 日邓小平同志在这次会议上的讲话中，一上来便讲："我完全同意陈云同志的讲话。这个讲话在一系列问题上正确地总结了我国三十一年来经济工作的经验教训，是我们今后长期的指导方针。"②邓小平同志不仅同意，而且结合改革开放实际做出进一步的阐发，赋予了新的含义。如 1985 年接见外宾谈到"改革是中国的第二次革命"时，强调"我们的方针是，胆子要大，步子要稳，走一步，看一步"。③ 此后，他又多次讲到要"坚定不移，大胆探索"；④"要克服一个怕字，要有勇气。什么事情总要有人试第一个，才能开拓新路"，"胆子更大一点，步子更快一点"。⑤ 邓小平不仅为"摸着石头过河"赋予更积极的意义，而且对"摸石头"的目的和怎样"摸"，都做出精辟的阐述。指出改革由农村开始，进而在城市展开；亲自确定首

---

① 陈云：《经济形势与经验教训》，载《陈云文选》（1956～1985），人民出版社 1986 年版，第 249 页。

② 邓小平：《贯彻调整方针，保证安定团结》，载《三中全会以来重要文献选编》（上），人民出版社 1982 年版，第 586 页。

③ 邓小平：《改革是中国的第二次革命》，载《邓小平文选》第三卷，人民出版社 1993 年版，第 113 页。

④ 邓小平：《在中国共产党全国代表会议上的讲话》，载《邓小平文选》第三卷，人民出版社 1993 年版，第 142 页。

⑤ 邓小平：《视察上海时的谈话》，载《邓小平文选》第三卷，人民出版社 1993 年版，第 367 页。

批和后来十四个沿海开放城市和经济特区，指出开放也是改革、促进改革；以大无畏的精神和气魄，提出香港"一国两制"回归；阐述科技是第一生产力，改革科技、教育体制；探索企业改革和金融改革，以及政治体制改革和设想等。一言以蔽之，这一时期改革的最大特点是均带有"摸着石头过河"性质，因而可称之为"摸着石头过河"式改革。打个比方说，过去高度集中统一的计划经济走进了死胡同，必须离开此岸，决计下水过河。然而彼岸尚不十分清晰，只能大胆而冷静地"摸着石头"涉水前行，谓之"摸着石头过河"式改革。

　　第二阶段是 1992~2013 年，为改革铺开和向顶层设计过渡阶段。1992 年 10 月召开的党的第十四次全国代表大会，在总结十一届三中全会以来 14 年实践经验基础上，确定我国经济体制改革的目标是建立社会主义市场经济体制。无论在理论上还是在实践上，"市场经济"都是首登党中央文件的大雅之堂，这是需要足够的智慧和勇气的。如前所述，党的十一届三中全会开辟"摸着石头过河"改革之路，随后各行各业试水、试点逐步推开。"开弓没有回头箭"——离开高度集中统一的计划经济体制就再也不能回去了。那么向何处进发？当时大的方向是发展商品经济，但是具体的目标模式并不十分明确。"建立社会主义市场经济体制"可谓一锤定音，一下子把改革的目标、要求、模式和路径，清晰地摆到全党和全国人民面

前。由此开始了从"摸着石头过河"向全面改革顶层设计
（第三阶段）的过渡。既然是过渡，前期"摸着石头过河"改
革成分可能多一些，后期"顶层设计"改革成分就要多一些，
二者经历了一减一增的变动过程。其间重大的改革主要有：
1993 年党的十四届三中全会通过《中共中央关于建立社会主
义市场经济体制若干问题的决定》，指出"社会主义市场经济
体制是同社会主义基本制度结合在一起的"，明确了社会主义
市场经济体制的定位。因为市场经济体制改革提出后，有一种
颇为流行的解释或观点：建立的是社会主义的市场经济。言外
之意是与资本主义市场经济不同，将社会主义解释为定语。就
这一决定给出的"同社会主义基本制度结合在一起"而言，
讲的是社会主义制度下的市场经济，社会主义是状语而不是定
语。笔者就此曾经撰文，阐述"市场经济"的本质和运行规
则：市场主体法人化、要素流动市场化、宏观调控间接化、经
济运行法治化。作为市场，并无属于社会主义还是属于资本主
义质的不同；区别仅在于市场经济存在的条件不同、社会制度
不同。这一点非常重要。如果按照不同社会制度均可拥有不同
的市场经济解读，市场经济的本质可以是不相同的，社会主义
市场经济就可以做出随意性解释，那就难免使改革走偏方向。
该决定还指出："建立社会主义市场经济体制，就是要使市场
在国家宏观调控下对资源配置起基础性作用"；"以公有制为
主体、多种经济成分共同发展"；"进一步转换国有企业经营

机制、建立适应市场经济要求、产权清晰、权责明确、政企分开、管理科学的现代企业制度"等改革。①

在该决定的精神指导下，税制、外贸、住房、医疗、外汇、股权分置等体制机制改革陆续推出，改革继续向广度和深度推进。并且随着实践中提出的问题，先后提出和启动实施的重要改革还有：1995 年十四届五中全会通过的《中共中央关于制订国民经济和社会发展"九五"计划和 2010 年远景目标的建议》，提出关键是实行两个具有全局意义的根本性转变：一是经济体制从传统的计划经济体制向社会主义市场经济体制转变；二是经济增长方式从粗放型向集约型转变。1997 年党的十五大提出党在社会主义初级阶段的基本纲领，指出建设有中国特色社会主义经济，就是在社会主义条件下发展市场经济，不断解放和发展生产力。1999 年九届人大二次会议通过的《中华人民共和国宪法修正案》，明确非公有制经济是我国社会主义市场经济的重要组成部分。同年，国务院提出进一步推进西部大开发的十条意见；2001 年 11 月正式加入世界贸易组织（WTO），15 年的努力终成正果；2002 年党的十六大提出并且确定全面建设小康社会发展目标；2003 年国务院常务会议提出振兴东北老工业基地，推行振兴战略；

----

① 参见《中共中央关于建立社会主义市场经济体制若干问题的决定》，载《改革开放以来历届三中全会文件汇编》，人民出版社 2013 年版，第 56～58 页。

2004 年《国务院关于推进资本市场改革开放和稳定发展的若干意见》颁布，指出发展资本市场对我国实现国民经济翻两番的重要意义；2004 年国有商业银行进行股份制改革，有两家国有独资商业银行整体改制为国家控股的股份制商业银行；2004 年十届全国人大二次会议审议通过的第四次宪法修正案，将"公民的合法的私有财产不受侵犯"、"国家尊重和保护人权"等内容写入宪法；2005 年十届全国人大常委会第十九次会议审议通过《关于废止中华人民共和国农业税条例的决定》，使长达两千多年的重要税种在改革大潮中最终沉没；2006 年党的十六届六中全会通过《中共中央关于构建社会主义和谐社会若干重大问题的决定》，首次将"提高构建社会主义和谐社会的能力"作为党的执政能力提出；2007 年将科学发展观写入党章，成为党领导各项事业的重要指导思想之一等。

第三阶段是 2013 年至今，全面深化改革新阶段。以 2013 年 11 月党的十八届三中全会的召开和通过的《中共中央关于全面深化改革若干重大问题的决定》为标志，揭开全面深化改革的新阶段。《决定》展示了改革的新目标、新任务、新蓝图：全面建成小康社会，进而建成富强民主文明和谐的社会主义现代化国家、实现中华民族伟大复兴的中国梦；给出清晰的路线图：改革的主攻方向、优先顺序、推进的时间表；明确改革的工作机制、工作方式和政策取向，保证积极稳妥地向前推进。承上启下、继往开来，党的十八届三中全会把改革带入一个崭新的阶段。

2. 全面深化改革再启程

认识党的十八届三中全会开启改革新的征程和进入一个新的阶段，要对改革进行到当前的形势和任务有一个清醒的认识，明确今后改什么和怎么改，关键的突破点在哪里。正是在这些根本性问题上，全会通过的《决定》，取得革命性突破。笔者以为，主要表现在改革的顶层设计、突破的难点和政府与市场的关系三个问题上。

其一，改革的顶层设计。在前面改革的阶段性特征论述中，实际上已经提出了一个不容回避的问题：改革走到现在到了必须构建顶层设计的时候了。所谓顶层设计，好比建造一座改革的高楼大厦，要对大厦的高度、宽度、层数，大厦的内部构造、用料、施工等，对图纸和建设方案进行通盘设计。具有总体完整性、结构严谨性的明显特点。以此衡量，党的十八届三中全会通过的《决定》，堪称中国改革的顶层设计。

总体完整性。《决定》构建出完整的改革体系。将改革分为经济、政治、文化、社会、生态、党的建设制度六个基本领域，还涉及国防和军队改革。像这样完整的改革体系，在35年来的改革发展史上尚属首次。这六个领域好比六根柱子将改革大厦支撑起来，还有国防和军队改革与之配套，使改革有了比较完整的框架体系。不过这六根支柱不是平列的，《决定》指出：经济体制改革是全面深化改革的重点。笔者以为，经济体制改革是总体改革的基础和顶梁柱。经济体制改革全面深入下去了，就为政治、文化、社会、生态以及党的建设制度改革，提出新的改革要求和改革的方向，推动其他改革不断深入。甚至其他改革也会因势利导在特定时间里走到前面，为经济改革开辟道路。这也符合改革本意：改革的目的是实现中华民族伟大复兴的中国梦，以促进社会公平、增进人民福祉为出发点和落脚点。物质文明、精神文明、政治文明、生态文明哪一个文明都不可少，少了哪一个都会使改革大厦缺失一角；但是基础是经济体制的改革，基础改革做好了，其他改革也就有了可靠的根基。

结构严谨性。《决定》不仅在最高层次上提出改革的总体框架，而且对框架的每个组成部分，都提出了改革的目标、重点、方向和要求。这主要体现在《决定》一口气提出的六个"紧紧围绕"上：紧紧围绕使市场在资源配置中起决定性作用深化经济体制改革，提出坚持和完善基本经济制度，加快完善现代市场体系等五个方面的改革；紧紧围绕坚持党的领导、人民当家做主、依法治国有机统一深化政治体制改革，提出加快推进社会主义民主政治制度化等三个方面的改革；紧紧围绕建设社会主义核心价值体系等深化文化体制改革，提出加快完善文化管理体制和文化生产经营机制，建立健全现代公共文化服务和文化市场体系等的改革；紧紧围绕更好地保障和改善民生、促进社会公平正义深化社会体制改革，提出改革收入分配制度等五个方面的改革；紧紧围绕建设美丽中国深化生态文明体制改革，提出加快建立生态文明制度等三个方面的改革；紧紧围绕提高科学、民主、依法执政水平深化党的建设制度改革，提出加强民主集中制建设等四个方面的改革。尽管这样的设计和改革还不能说尽善尽美，尤其是各部分的改革不可能一下子穷尽，还要在以后的改革实践中不断地加以修正和增补；但是改革的总体框架已经形成，目标和任务已经明确，路径和步骤也已经依稀可见——一句话，改革的道路已经开通，步入顶层设计的改革已经开始。

其二，改革的攻坚性质。改革是什么？归根结底，是社会资源和利益的再分配。随着社会经济的不断发展，原来的某些经济体制机制不合理的状况日益显露出来，资源和利益分配不合理严重损害发展本身，改革之声渐起。正因为如此，改革必然受到获得额外资源和利益的阶层、集团和个人的抵制，千方百计地阻挠改革。此时，处于社会底层的广大民众要求改革，绝大多数中间阶层和其他有识之士也要求改革。执政党和国家决策层能够意识到这一点，改革就会形成上下呼应之势，改革就会比较顺利地展开。如果决策层不能意识到这一点，站在额外获利阶层一方，就要打压改革，使矛盾发展和激化。最后，改革之声会越来越强烈，只能重新回到改革的路子上来。不过这样胁迫型的改革，付出的成本太高了，是人民大众不愿意看到的。目前的情况是：经过 35 年大刀阔斧的改革，总体上原来资源和利益分配不合理状况发生很大改变，各阶层都从改革中获益，不过获益程度有较大差异。因此，新的资源和利益分配不公逐渐显现，收入差距迅速拉大，新出现的高管阶层等暴富现象突出，更不消说权钱交易等许多腐败现象的存在和蔓延。在这种情况下，正如许多改革人士所言，改革步入深水区，要打攻坚战，全面深化改革要有敢于啃"硬骨头"的决心，有破釜沉舟的勇气和胆略，还要有高超的艺术。因此，全面深化改革必须出台硬碰硬的战略和策略，凝聚全党和全国人民的意志、共识和智慧，坚定不移地推进下去。

对于新一轮改革范围之广、力度之大、硬碰硬的难度之艰巨，社会各界议论颇多。立足于以新的经济体制改革为主的立场，笔者以为，改革必须突破最重要的难点，啃最主要的"硬骨头"，打一场攻坚战。当前主要是：

一要厘清政府与市场的关系，实现政府职能的转变。这是改革的重点，也是最大、最难啃的"骨头"。众所周知，虽然我国改革取得令世人震惊的成就，但是近年特别是步入 21 世纪以来，强势政府看得见的手的作用发挥得淋漓尽致，不乏有人将此称为中国改革成功最主要的"诀窍"，中国特色最主要的特色，是改革成就中最伟大的成就。现要对此进行改革，进行硬碰硬的改革，难度之大可以想见。对此，本书后面还将做出进一步的探讨。

二要打破垄断，还市场自由竞争法则。一个成熟的市场经济，就要实行平等的自由竞争，不能滋长垄断。然而随着市场经济体制改革的深入，虽然计划经济时代的高度集中统一失去了生存的土壤，但是新的行业、部门垄断却悄然生长、壮大起来，新的暴利暴富集团和个人悄然形成。少数人将一些国有资产控制在手，成为旱涝保收的权贵阶层。改革要触动他们的利益，自然很不容易。

三要打破城乡"二元体制"，推进农民市民化。目前全国流动人口为2.36亿人，流入城镇并被统计为城镇常住人口的为1.65亿人，受制于城乡二元户籍制度，他们不能享受亲手建设的成果，被排斥在城镇居民之外，成为干活、生活在城镇，户口在农村的"两栖人口"，使城镇化虚张和土地财政愈演愈烈。

四要缩小收入差距，实现公平合理的分配和再分配。改革打破"大锅饭"、平均主义功不可没，调动了广大群众的劳动积极性，可是随着改革的不断深入，资源占有不公等体制障碍显现，收入差距越来越明显。改革开放总设计师邓小平同志曾经讲过，通过一部分人先富裕起来达到共同富裕，但是不能出现两极分化现象。当前如不能在这方面有所作为，就有背离这一改革宗旨的可能。

五要进行土地制度改革，走出政府土地财政困局。改革以农村土地制度作为突破口，联产承包责任制以风卷残云之势取代人民公社三级所有队为基础制度。不过农村土地集体所有始终未变，只是所有权与经营使用权相分离在形式上的变动。鉴于几千年封建土地制度导致土地兼并的严重后果，也鉴于当今国际社会各种形式土地制度存在的利弊各异，实行土地私有、公有均有不少难题，所有权与经营使用权分离也有不少难题。

六要推进社会保障制度改革，实现公平和可持续。包括医疗、失业、伤残、养老等社会保障制度改革，尤以养老社会保障体系改革难度最大。目前的情况是：各种社会保障需求均呈上升趋势，保障资金的筹措潜藏着危机，发放也存在不公平和不合理现象。究其根源，主要是体制机制出了问题，国家、企业（单位）、个人之间的关系没有摆正。如何建立更加公平、可持续的社会保障制度，还有很长的改革之路要走。

此外，财政和金融体制改革难度也很大，而这方面的改革迟疑不得，国际金融危机此起彼伏容不得半点儿马虎。人口生育政策调整、环境治理等，也都是关系到发展全局并且是改革难度颇大的问题。对此，中央的《决定》均给出改革的方略，使以硬对硬的改革方向可辨、有计可施、有路可行。

其三，核心问题是处理好政府和市场的关系。《决定》以很大的篇幅阐发改革中政府与市场的关系，指出要"紧紧围绕使市场在资源配置中起决定性作用深化经济体制改革"，"经济体制改革是全面深化改革的重点、核心问题是处理好政府和市场的关系、使市场在资源配置中起决定性作用和更好发挥政府的作用……着力解决市场体系不完善、政府干预过多和监管不到位问题"。① 这里，《决定》清楚地指出：一是市场在资源配置中起决定性作用，是市场经济一般的规律，也是改革的方向；二是当前改革的着力点，放在市场体系不完善、政府干预过多和监管不到位上。前一点是理论前提，没有这个理论前提后一点就不复存在；后一点是改革工作重点，按照前一点的相关理论进行改革。

事实上，自 1978 年党的十一届三中全会决定实行改革开放以来，经济体制改革始终围绕政府与市场的关系进行，政治、社会体制改革也配合进行。这中间的一个核心问题，是怎样认识和摆放国有企业、公有制经济和国有资产、国有资本位置问题。因为在一般认识上，国有经济自然由政府说了算，计划经济时代一统就死、一放就乱"翻烙饼"式改革尝试，就是政府试图利用一点儿市场活力而失败的例证。改革开放 35年来，先后经历发展社会主义商品经济、计划调节与市场调节相结合（以计划调节为主，后来"以计划调节为主"自行淡出）、经济体制改革的目标是建立社会主义市场经济体制等改革过程。1992 年以前政府和计划调节为主无须赘述，中间夹

---

① 参见《中共中央关于全面深化改革若干重大问题的决定》，载《改革开放以来历届三中全会文件汇编》，第 178 页。

杂着对公有制经济是主体还是主渠道、主导的争论。即使在明确了改革要建立社会主义市场经济体制以后，政府的计划调节到底处于何种地位、怎样发挥应有的作用，也有不少正反两方面的经验值得总结。笔者鉴于前文对改革本质的认识，改革由政府说了算的高度集中统一的计划经济向市场经济体制转变，其实政府难以退出也在情理之中。这有多种情况。撤销原来的一些生产部门，这些部门的职权、职能转由具有象征意义的公司承担，并没有真正成为市场经济的主体，不少还扮演政府与市场双重角色，好处两边都占，这被称为"换汤不换药"的改革：许多职能部门抓住原来的权力不放，在审批、定价、补贴等经济活动中操纵决定权；一些新建立起来看似是市场一类的管理机构，却凌驾于市场之上，随意指挥，从中谋利；一些超大型企业集团利用现有的优势和手中的权力，实行垄断式经营，破坏正常的市场秩序等。时至今日，这些问题有的得到一定程度的纠正和改进，许多则依然故我，妨碍着市场在资源配置中起决定性作用。还有"以 GDP 论英雄"发展观、政绩观作怪，一旦经济增长形势不妙，便依靠大量固定资产投资拉动，此已成为惯用手法；而其带来的后果之严重，稍有一点儿经济学常识的人都知晓。似此等现象不能纠正，还谈得上什么市场经济体制改革？从这样的角度说，十八届三中全会和《决定》的发布，抓住了改革的要害、关键、核心。它不仅关系到经济体制改革的成败，而且还关系到清除滋生腐败的重要的土壤、条件，对于政治、社会、文化体制改革等都具有基础性质，是牵一发而动全身的改革。

二　换个视角看人口

本书取名《后人口转变迎来新改革机遇》，一是要认识新一轮全面深化改革所带来的机遇，以便抓住这一机遇让"后人口转变"散发出更多的正能量；二是要立足于"后人口转变"立场，用全面深化改革的思想方法审视和研究面临的人口问题、态势、决策选择。最终的目的，是发挥"后人口转变"的积极作用，促进人口与社会经济更好更快地发展。

1. 从单纯数量人口观中解脱出来

第二次世界大战结束后，由联合国和国际人口科学联盟（IUSSP）联合主办的首次国际人口科学讨论会，于1954年8月30日至9月10日在意大利罗马召开。共有70个国家450多名学者以个人名义出席，讨论人口学研究方法、人口统计、人口调查、人口迁移、人口预测、人口培训等，是一次纯学术性的会议。1965年在南斯拉夫贝尔格莱德召开第二次国际人口科学大会，来自88个国家和地区的850多名专家学者，除讨论人口学科建设方面的问题外，对于世界人口发展趋势、人口与经济发展、人口与社会发展中的人口与就业、人口与教育、人口与资源、人口城市化、人口国际迁移等进行了广泛的讨论。对节制生育问题还召开了一次专门会议，达成夫妻有权获得节制生育知识权利共识，对"家庭计划"出台起到一定的推动作用。1974 年在罗马尼亚首都布加勒斯特召开了第三次世界人口会议，其性质和讨论的问题已与前两次会议不同：会议突破纯学术性质，讨论的问题则以现实人口问题为主，学术性讨论减少许多；从名称到内容，成为世界有关人口问题的政府间会议，有 136 个国家的政府代表和非政府国际组织代表3000 多人出席。会议分别审议了人口变动与社会经济发展、人口与资源环境、人口与家庭等报告，做出 21 项决议，发表《世界人口行动计划》。该行动计划分为背景、原则和目标、建议采取的行动、提请执行的计划四部分，强调国家社会经济发展目标同人口目标密切相关，加强各国有效处理本国人口问题的能力，增加国际间的研究活动和交流，提供相应的援助等。自此，迎来以节制生育为主导的人口政策交流、援助热潮。其后 1984 年墨西哥人口会议等一系列会议，进一步强调实施"家庭计划"、抑制世界主要是发展中国家人口增长的重要性。在此期间，1972 年发生两件对人口变动和发展进程颇有影响的大事：一件是该年 6 月在瑞典斯德哥尔摩召开的联合国人类环境会议。会议通过《联合国人类环境会议宣言》，强调人既是环境的产物又是环境的塑造者，将人口置于"合乎环境要求的发展"框架之下。二是罗马俱乐部发表麦多斯等人的《增长的极限》报告。报告得出，按照20世纪前70年人口、粮食、工业化、污染等推论下去，发展将是不可持续的结论；提出"零增长"理念，经济增长和人口增长必须受到严格限制。毫无疑问，在这样背景下的人口研究，主要指向发展中国家人口的过快增长。

笔者对此颇有感触。20世纪80年代初，笔者赴西欧、北美、日本等国以及联合国等相关机构进行人口学术考察，发现这些机构研究的课题大多是发展中国家的人口问题，尤其是亚洲、非洲、拉丁美洲人口增长过快，人口与经济、社会发展问题。他们认为，欧、美、日等发达国家人口转变已经完成，除法国等研究如何提高生育率和增加人口——但收效甚微外，其余似乎没有多少可以研究的对象。只好转身面对发展中国家，研究发展中国家人口增长过快、生育率过高、人口膨胀可能带来哪些问题，以及全球人口与资源、环境前景等问题。

恰在这样的国内外背景下，1978年底召开了党的十一届三中全会，恢复了实事求是的思想路线，开始了人口理论的拨乱反正，研究重点首先锁定在人口数量变动和增长趋势上，这是自然的和合乎逻辑的。这样的研究指向，无疑抓住了当时的主要矛盾。问题在于，30多年以数量为主导的人口变动，情况在不断发生变化，认识也应随之改变。根据联合国的预测，

2030 年前后印度将取代中国成为世界第一人口大国，我国将心平气和地退居次席。国内外大同小异的预测表明，2040～2050 年全国人口达到 14 亿～15 亿时，即可实现零增长，其后转而出现减少趋势。在人口数量这种变动过程中，人口年龄结构以比较快的速度和稳健的步伐改变着，城镇人口则以类似的频率增长着，人口健康、教育和文明素质也以近似的速率提高着——一句话，人口结构和素质方面的问题凸显出来。因此，观察当前和未来中国人口的变动和发展，就不能把立足点一直放在人口数量变动上面，而要逐步实现立足点的转移。转移的内涵是：逐步由以人口数量控制为主，向数量控制与素质提高、结构调整并重转移。提高人口素质是一个永恒命题，只是"后人口转变"更加强调一些而已；"后人口转变"主要侧重以人口年龄、性别和城乡、地域等结构为主的转变，从过去单纯以人口数量控制为主中解放出来。

2. "后人口转变"新态势

以改革激发"后人口转变"正能量，是本书的主题和基本的立足点。故对"后人口转变"出现的新的人口态势，在以下各部分阐发中将分别有所涉及，这里只做概括性阐述，以起到先导和纲举目张的作用。

其一，人口增长势能减弱态势。国内外关于未来中国人口变动的预测，结果有一定差异，但不是很大。联合国中位预测

2010 年中国人口为 13.54 亿，2035 年 14.62 亿，达到峰值；其后转而减少，2050 年可减至 14.17 亿。[1] 这与《21 世纪中国人口发展战略研究》一书的预测比较接近，该中位预测 2040 年中国总体人口增长到 14.65 亿可实现零增长；其后呈减少趋势，2050 年可减少到 14.02 亿。[2] 不过要注意步入"后人口转变"尤其进入 21 世纪以来，人口增长有进一步放缓趋势，更靠近低位预测；不过从 2013 年开始各地陆续实行一方为独生子女夫妇可以生育两个孩子的政策，出生率会有一定程度回升。如按一方为独生子女夫妇并愿意再生育一个孩子的为 2500 万人左右，并且在 10 年内完成生育，即年平均增加出生人口 250 万人计算，则年出生率可回升 1.8 个千分点。如此，未来 10 年内的人口增长，又有向中位预测靠近的趋势。总体上，"后人口转变"的基本态势没有改变，在上述中位预测或略低于中位预测区间内运行。

其二，人口老龄化累进增长态势。与世界人口老龄化比较，21 世纪中国人口老龄化将具有一些明显的特点。主要是速度比较快和达到的水平比较高、老龄化在时间推进上具有阶段和累进的性质、在空间分布上具有城乡和地区发展不平衡的

---

[1] United Nations, *World Population Prospects*: *The* 2008 *Revision*, New York 2009, p. 184.

[2] 参见田雪原等《21 世纪中国人口发展战略研究》，社会科学文献出版社 2007 年版，第 444 页。

特点。所谓快：从进入老年型年龄结构到老龄化严重阶段，中位预测中国要花 20 年左右的时间，2020 年 65 岁以上老年人口比例可达到 12.04%，进入严重阶段；而世界达到这一水平的国家，一般都要五六十年的样子，耗时是我们的 2 倍多。所谓高，即老龄化达到的水平比较高。2050 年 65 岁以上老年人口比例达到 23.07%，届时将比世界高出 6.87 个百分点，比发展中国家高出 8.47 个百分点，比发达国家略低 3.13 个百分点[①]。老龄化在时间推进上具有的阶段和累进的性质，是由过去人口出生、自然增长起伏较大决定的。2020 年以前为缓慢上升阶段，65 岁以上老年人口比例年均升高 0.26 个百分点；2020 ~ 2040 年为加速上升阶段，年均升高 0.50 个百分点；2040 年以后为微升和相对稳定阶段，2040 ~ 2050 年年均升高 0.11 个百分点。城乡老龄化比较，老龄化由轻到重依次为县、市、镇；地区分布上，原来东部、中部、西部三大板块结构逐步为东部与中西部两大板块所取代，差距也有所缩小。

其三，劳动年龄人口缓慢减少态势。在人口年龄结构变动中，劳动年龄人口变动是比较敏感也是首先应当引起关注的问题。我国进入"后人口转变"阶段以后，劳动年龄人口呈倒

---

① 中国数据参见田雪原等《21 世纪中国人口发展战略研究》，第 443 ~ 444 页；国外部分参见 United Nations, *World Population Prospects*: *The* 2008 *Revision*, pp. 48 – 52。

U 形曲线变动。按照《中国统计年鉴 2013》提供的数据，2010 年 15 ~ 64 岁占比已达到 74.5% 的峰值。绝对数量上，2012 年达到 10.04 亿峰值。[①] 未来将呈逐步缓慢减少趋势，2050 年可减少至 8.58 亿左右。

其四，人口城市化快速推进态势。改革开放以来人口城市化驶入快车道，年平均增加 1.02 个百分点。2010 年城市化率达到 51.27%，城镇常住人口首次超过农村人口。2013 年达到 53.72%，人口城乡结构进入以城镇人口为主时代。人口城乡结构同经济、社会发展一样，60 多年来经历上升和下降的反复过程，此与国际社会城市化变动呈稳定斜线上升有所不同。目前城市化率仍落后于产业结构、就业结构，继续上升仍有一定空间，存在快速推进的可能。然而城镇化速度超前、质量滞后；土地城镇化超前、人口城镇化落后；城镇化规模超前、"少市"和"无市"现象严重等，说明必须依靠改革破除城乡"二元体制"，提高城市化质量。按照城市化 S 曲线推进规律，一定时间内仍有较快推进的动力和可能。预测 2025 年城市化率可达到 65% 左右，2040 年可达到 75% 左右，然后进入城市化 S 曲线顶部徘徊振荡阶段。

其五，人口素质稳步提升态势。人们常说"越穷越生、越生越穷"，这话有一定道理，但不是很科学。从养育孩子的成本 – 效益理论解读，贫穷使边际孩子成本低廉导致多生多

---

① 《中国统计年鉴 2013》，中国统计出版社 2013 年版，第 95 ~ 97 页。

育，多生多育又妨碍了人口素质的提高和向少生优育优教的转变，妨碍了家庭经济的提升，陷入"人口陷阱"。改革开放以来人口身体素质、教育素质、文明素质获得前所未有的快速提升，"后人口转变"更为人口素质提升创造新的空间，继续前行态势良好。健康素质中婴儿死亡率、预期寿命已经领先世界水平许多，有望再领先一步。教育素质由落后到超出世界平均水平，提升很快，预计 2020 年可基本普及高中教育，人均受教育年限大幅度增加，受高等教育人口占比呈跳跃式增长。

上述"后人口转变"五大人口态势与中央全面深化改革部署不期而遇，使"后人口转变"充满新的生机和活力。此外还有出生性别比长期居高不下、离婚率上升等新的人口变动态势，也颇值得重视。分析这些新人口态势，也只有置身于"后人口转变"之中，置身于全面深化改革之中，才能找到中肯的答案，才能探索出新的、正确的途径。换个视角，跳出仅仅就人口数量变动看待人口问题和解决人口问题，不仅是必需的，也是可能的和做得到的。

三　改革激活"后人口转变"

1. 厘清"后人口转变"概念

一个时期以来，在原来词语、命题、概念前面加上一个

"后"字，为一些现象和事物赋予新的含义，颇为流行。诸如后工业化、后现代化、后金融危机时代等。还有将"后"字加到后面的，像 80 后、90 后、博士后一类。"后人口转变"同其他"后"字加到前面的新词语一样，是相对原来已有的命题、概念而提出并被赋予新的含义的。因此，要弄清带"后"字新词语、新概念，首先要清楚不带"后"字原词语、原概念的内涵和外延，将不带"后"字和带"后"字二者联系起来、区别开来进行考量，方能厘清来龙去脉，准确把握。

　　一般认为，传统人口转变是由法国学者兰德里（Adolphe Landry）在 1909 年的《人口的三种理论》一文中提出的，人口转变（The demographic transition）是带有规律性的人口变动。其后，主要是美国学者诺特斯坦（Frank W. Notestein）提出"三阶段"的人口转变，布莱克（C. P. Black）则在此基础上提出"五阶段"人口转变，莱宾斯坦（Harvey Leibenstein）、柯尔（Ansley Coale）等进行了更为广泛的考察和研究。一致的共识是，人口转变理论是在总结欧洲 18 世纪末至 19 世纪上半叶人口变动基础上，抽象出由高出生、高死亡、低增长到低出生、低死亡、低增长演变的规律的一个概念。在阐述上，共识较高的是由高出生、高死亡、低增长转变到高出生、低死亡、高增长，再由高出生、低死亡、高增长转变到低出生、低死亡、低增长。着重点放在"转变"上，从"转变"角度阐述出生率和死亡率变动的规律，故曰"人口转变"理论。另有一种是把

"类型"与"转变"结合起来，主要从"类型"上区分"转变"的进程，总结出高、高、低—高、低、高—低、低、低转变的"三种类型"；加上较高、较低中间过渡状态，变成转变的"五种类型"。还有一种划分法，是将高、高、低作为转变前的自然状态类型，不作为转变的一种类型而成为转变的"四种类型"。尽管从"转变"和从"类型"的角度区分有所不同，但是以高、高、低开端，以低、低、低终结则是共同的。

我国提出"后人口转变"概念并对其进行研究较晚。网上的王珂日记《罗淳与后人口转变》称，罗淳最早提出和阐述了"后人口转变"，并且认为是他学术生涯中"最为耀眼"的一笔①。1992 年《人口》杂志发表朱国宏的文章《苏南模式：后人口转变时期》，文章标题即含"后人口转变"字样，内容着重于"后人口转变"的人口学分析。进入 21 世纪以来，有关"后人口转变"研究的文章多了起来，并有质疑的文章发表。综合起来，"后人口转变"相对前人口转变，或一般意义、传统意义、人口学意义上的人口转变而言，是在完成了传统人口转变之后的新的人口转变。其标志是生育率下降到更替水平以下，人口再生产步入"三低"类型以后的人口转变。显然，"后人口转变"亦可分为前后两个不同的时期。因为某总体人口生育率下降到更替水平以下和"三低"类型以后，可能

---

① 参见 http// blog. 163. com/keke19870609。

有三种情况：震荡、反复、单边下跌式不同的变动趋势或转变。如果是有升有降的横向震荡，要经过比较长的时间，方能达到或接近人口的零增长，因而需要经过较长时间的过渡期；如果是触底反弹，不管是政策原因还是其他原因，生育率重新回到更替水平以上，人口零增长一天的到来将变得遥远，需要从传统人口转变走出来并重新过渡到"后人口转变"；如果是单边下跌式转变，就会缩短人口达到或接近零增长的进程，提前过渡到"后人口转变"后期。一般情况下，震荡并伴随单边下跌式转变居多；然而不论哪种情况，都应当注意到"后人口转变"前期一定程度的波动性质。这个波动要多长时间？笔者认为，至少需要一个人口再生产周期的时间，即25年左右。因为进入"三低"类型以后，经过一个人口再生产周期，即处于更替水平以下新出生的人口成长到进入婚育年龄并将陆续通过生育旺盛期，"后人口转变"便有了延续下去的坚实基础，就可以顺理成章地过渡到人口的零增长，以及零增长以后一定程度的负增长的转变。

2. 改革激活"后人口转变"

中国步入"后人口转变"20年后，迎来全面深化改革新阶段，增添了新的生机和活力。如前所述，贯彻落实《决定》将掀起新一轮改革浪潮，以经济改革为中心，涉及政治、文化、社会、生态以及党的建设等的改革，必然创造出有利于"后人口转变"健康发展的外部环境，使转变得以顺利进行。人口转变何以发生？归根结底在于社会经济发展以后，总体人口生活水平提高了，医疗卫生条件改善了，预期寿命延长了，人口死亡率下降了，导致由高出生、高死亡、低增长向着高出生、低死亡、高增长转变。处在低出生、低死亡、低增长阶段的"后人口转变"也是一样。社会经济的不断发展、科学技术进步步伐的加快、孩子成本—效益发生改变，人们的选择偏好由追求孩子的数量转变到追求孩子的质量，遂使生育率和出生率大幅度下降，导致人口零增长和负增长。新一轮改革浪潮强调稳中求进、转方式、调结构，提升了对人口质量和人口结构的要求，人力资本被强化了，提高城镇化质量被强化了，与产业结构调整相适应的就业结构调整被强化了等，对"后人口转变"提出了新的需求，给出转变的方向和重点，从而提升了转变的质量。

《决定》还直接指出当前的人口形势和转变的任务。在人口数量控制方面，指出："坚持计划生育的基本国策，启动实施一方是独生子女的夫妇生育两个孩子的政策，逐步调整完善生育政策，促进人口长期均衡发展。"① 实际上，1980 年中央发出提倡一对夫妇生育一个孩子时，即指出既非权宜之计，不是实行三年五载就可以收场的事情；也非永久之计，不是可以搞 50 年、100 年的不变政策。而是一定时间，主要是控制一

---

① 参见《改革开放以来历届三中全会文件汇编》，第 211 页。

代人的生育率，即 25 年左右最多不超过 30 年的一项特殊政策。因为控制住一代人的生育率，也就控制了下一代做父母的人口数量，可以起到有效控制人口增长的作用。如果时间过长，例如 50 年以上，人口年龄结构老龄化、劳动力供给、家庭代际结构等问题就会突出、严重起来，给社会经济发展造成不应有的负面影响。然则后来的实践表明，并没有在 25～30 年时间节点上做出承诺初衷的政策调整。这次《决定》终于给出生育政策调整的具体意见，其意义和作用将载入史册。不过需要明确，调整生育政策并不是计划生育基本国策的终结，而是适应人口以及社会经济发展新形势的政策调整，因而是积极的。

　　在提高人口素质方面，涉及《决定》多项条款。在深化科技体制改革中，提出建立健全鼓励原始创新、集成创新、引进消化吸收创新的体制机制；发挥市场对技术研发方向、路线选择、要素价格、各类创新要素配置的导向作用等。在深化教育领域综合改革中，提出坚持立德树人、加强社会主义核心价值体系教育、完善中华优秀传统文化教育；增强学生社会责任感、创新精神、实践能力；强化学生体育课和课外锻炼，促进青少年身心健康、体魄强健的意见。还提出推进考试招生制度改革、拓宽终身学习通道等改革意见，以及深入推进管办评分离，扩大省级政府教育统筹权和学校办学自主权等改革意见。[①]

---

　　① 参见《改革开放以来历届三中全会文件汇编》，第 185、207、208 页。

不难看出，培养创新型人才和提高实践能力，是改革强调的重点和方向，也是当前提高人口素质的关键所在。

在适应人口结构变动改革方面，突出人口老龄化和人口城镇化涉及的领域。养老保障改革方面，提出建立更加公平、可持续，包括养老保障在内的社会保障制度。坚持社会统筹和个人账户相结合的基本养老制度，完善个人账户制度，健全多缴多得激励机制，实现基础养老金全国统筹，坚持精算平衡原则，以及渐进式延迟退休年龄等改革。[①] 城镇化改革方面，提出健全城乡发展一体化体制机制改革总方向和总目标。指出城乡二元结构是制约城乡发展一体化的主要障碍，通过改革形成以工促农、以城带乡、工农互惠、城乡一体的新型工农城乡关系。让广大农民平等参与现代化进程、共同分享现代化成果。具体提出走中国特色新型城镇化道路、推进以人为核心的城镇化、推动大中小城市和小城镇协调发展、产业和城镇整合发展、促进城镇化和农村建设协调推进、推进农业转移人口市民化，以及创新人口管理、加快户籍制度改革等。[②] 如此多方面、多视角的改革，为构建全国城乡一体化的体制机制开辟了道路，向城市化输送了足够的正能量。

[①]　参见《改革开放以来历届三中全会文件汇编》，第 210 页。

[②]　参见《改革开放以来历届三中全会文件汇编》，第 192～193 页。

准确判断

—— 人口年龄结构"后黄金时代"尚未结束

"党的十二大把实行计划生育和控制人口增长作为一项基本国策确定下来,把人口因素在现代化建设中的地位和作用提到了一个新的高度。怎样认识人口的这一作用,我认为,不仅要重视人口的数量和质量,而且要注意人口年龄构成的作用,认真研究年龄构成及其变动对'四化'建设的影响。"这是 1983 年 6 月 15 日笔者发表在《人民日报》的文章《利用人口年龄结构变动促进现代化建设》中的一段话。30 多年过去,这一论断被证明是正确的,"黄金时代"的作用和影响是有目共睹的。

当前,这一"黄金时代"是已经消失还是仍然存在?需要进一步论证。从实际出发,笔者提出"后黄金时代"概念。基本内涵是:从老少从属年龄人口之和占比 U 形曲线下降到最低值,转而上升至 0.5 以上;同时劳动年龄人口占比倒 U 形曲线达到峰值,继之转而向下,达到与老少人口之和占比 0.5 同一时点为准,是"后黄金时代"机遇期。这一机遇期,"人口视窗"由开启最大到关闭,"人口盈利"、"人口红利"由多到少直至衰减到零为止。

虽然"后黄金时代"提供的"人口盈利"、"人口红利"不断减少,但是在一定时间内仍然"有利可图"。日、韩等国与中国情况颇为相近,人口"黄金时代"前后两个时期各占20年左右。"前黄金时代"期间"人口盈利"、"人口红利"不断增长,因而对社会经济发展起了很大的助推作用;"后黄金时代"期间"人口盈利"、"人口红利"不断减少,但在相当长时间内依然有"盈利"、"红利"存在,其作用也不可忽视。对于当今中国来说,"后黄金时代"遭遇"中等收入陷阱"考验,同样提供不可或缺、不可替代的发展机遇。

一 "黄金时代"发展机遇

1. 什么是人口"黄金时代"

迄今为止,人们对人口问题的关注主要集中在数量方面,争论也主要围绕众民还是寡民展开。在中国几千年的封建社会历史长河中,众民主义居统治地位,对上影响着历代统治阶级的人口政策,对下形成"不孝有三,无后为大"、"多子多福"一套伦理道德,左右着人们的生育行为。历代统治者均把人口数量多寡作为国力强大与否的象征,对于人口素质特别是人口结构怎样，则不甚了了。然而随着社会经济的发展和科学技术的不断进步，人口自然结构、经济结构、社会结构变动突出了，年龄结构变动率先进入人们的视线，研究也逐渐增多起来。

每个人作为人口中的一员加入总体，都相应的"佩带"着自己的年龄，从而形成某总体人口特有的年龄结构，决定着不同的人口增长态势和有较大差别的经济价值。人口学就是依据不同的年龄构成，将某总体人口区分为年轻型（增长型）、成年型（稳定型）和老年型（减少型）三种基本类型；同时依据（0～14岁）＋60岁或65岁以上人口／（15～59岁）或（15～64岁）人口之比，即从属年龄比或抚养人口比（dependency ratio）的变动，来评价人口年龄结构变动对经济发展的影响和贡献。显然，这个比值升高，表明老少被抚养人口之和所占比例升高，从而将经济增长的"人口视窗"关闭，不利于经济的发展。相反，这个比值下降，表明老少被抚养人口之和所占比例下降，"人口视窗"开启，有利于经济的发展。于是，就将"人口视窗"开启亦即从属比或抚养比下降到一定水平的区间，称为人口年龄结构变动的"黄金时代"。"黄金时代"一般指从属比或抚养比下降到0.5以下的特定阶段。在这一阶段内，劳动年龄人口占比变动呈倒U形曲线走势，从属比则呈U形曲线走势。因而"黄金时代"或"人口视窗"提供的"人口盈利"、"人口红利"，也呈倒

U 型走势。一些国家的实践表明，"黄金时代"大致可经历
40 年的时间。

2. "黄金时代" 提供的机遇

人口年龄结构变动"黄金时代"或"人口视窗"的出现，
向社会经济发展提供的有利因素或正能量，是多元的和多方面
的。不过最突出的，是以下两方面的发展机遇。

一是抚养比或从属比长期持续下降，社会负担减轻，提供
了有利于轻装上阵、集中力量进行经济建设的机遇。我国近
30 年来人口年龄结构和社会抚养比变动情况，如表 1 所示。①

表 1　1982～2012 年人口年龄结构和抚养比变动

单位：%

年份	0～14 岁	15～64 岁	65 岁以上	总抚养比	少年抚养比	老年抚养比
1982	33.6	61.5	4.9	62.6	54.6	8.0
1987	28.7	65.9	5.4	51.8	43.5	8.3
1990	27.7	66.7	5.6	49.8	41.5	8.3
1995	26.6	67.2	6.2	48.8	39.6	9.2
2000	22.9	70.1	7.0	42.6	32.6	9.9
2005	20.3	72.0	7.7	38.8	28.1	10.7
2010	16.6	74.5	8.9	34.2	22.3	11.9
2012	16.5	74.1	9.4	34.9	22.2	12.7

表 1 显示，少年抚养比呈持续下降趋势，由 1982 年的
54.6% 下降到 2012 年的 22.2%，降低 32.4 个百分点；老年抚

① 《中国统计年鉴 2013》，中国统计出版社 2013 年版，第 97 页。

养比呈持续上升趋势，同期由 8.0% 上升到 12.7%，升高 4.7
个百分点。老少抚养比上升与下降比较，下降远比上升的幅度
大，致使总体抚养比由 62.6% 下降到 34.9% 的最低值，降低
了 27.7 个百分点（见图 1）。

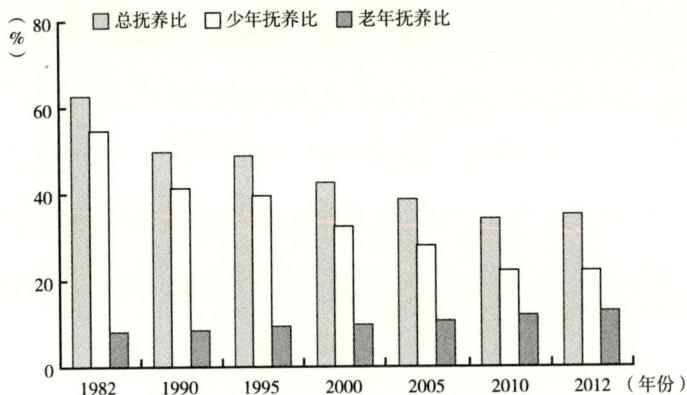

图 1　1982～2012 年抚养比变动

　　或许有人要问：经济增长依靠投资、消费和外贸出口
"三驾马车"拉动，减少少年人口和总体人口消费不是有碍于
经济增长吗？这要做具体分析，不能一概而论。众所周知，新
中国成立后逐渐实行高度集中统一的计划经济，由粮食统购
统销发展到肉、蛋、棉布、自行车、缝纫机等日用工业品全
面计划供应，其中不容回避的原因是短缺经济和过剩人口矛
盾。改革开放以后，情况逐渐有所改观，从取消某些日用工
业品计划供应，到最后取消粮食定量供应，短缺经济与过剩

人口的矛盾得到缓解和初步解决。如果将35年来的改革发展史分为前后两个阶段，前一个阶段短缺经济与过剩人口的矛盾尚存，经历一个逐渐解决的过程。因此，改革前期并不缺少消费拉动，相反，解决供给不足倒是矛盾的主要方面。在这种情况下，20世纪八九十年代出生率下降和出生人口减少，将节约下来的未成年人口消费资金转向扩大再生产投资，实是一项贡献。全国0~14岁少年人口绝对数量从1982年的34146万人，减少到1990年的31659万人、2000年的29012万人、2010年的22259万人，分别比1982年减少2487万人、5134万人、11887万人。2012年回升到22287万人，比2010年多出28万人；但比1982年减少11859万人。这表明少年人口占比U形曲线前半段变动的轨迹，少年人口在居民消费结构中占比大幅度下降，节约了相当数量的消费资金。几年前北京市曾有一个调查，一个孩子从出生开始到大学本科毕业，平均花费为35万元左右。以全国少年人口2000年比1982年减少5134万人为例，即减少消费179690亿元。如将部分减少资金用于扩大再生产投资，其对经济增长的推动作用是何等之巨大！至于少年人口减少对消费产生的抑制作用，要在短缺经济从根本上改变、市场总体上由供不应求转变到供大于求时，才是有效力的和符合实际的。这种情况在进入21世纪以后逐渐显现出来，当前更明显一些。生育率下降和出生人数持续减少引发的有效消费

不足，是一个带有普遍性的合乎规律的发展过程，我国目前
的状况就是一个实证。因此，生育率和出生率下降对经济发
展的作用和影响，应当历史地、有区别地看待，一切以时
间、地点、条件为转移。

　　二是劳动年龄人口占比和绝对数量的持续增长，提供了数
量充裕、价格比较低廉的劳动力，有利于降低成本和提高产品
的竞争力。表1表明，15～64岁劳动年龄人口占比一路飙升，
由1982年占总人口的61.5%上升到2010年74.5%的峰值，升
高13.0个百分点。绝对数量由62517万人增长到99938万人，
增加37421万人，并于2012年达到峰值100403万人，比1982
年增加37886万人，增长60.6%，创造出劳动年龄人口超过
10亿人的最高历史纪录。这一变动，一方面为改革开放以来
的经济和社会事业的发展提供了充裕的劳动力，满足了对劳动
力日益增长的需求；另一方面，劳动力充裕带来的低廉价格，
压低了包括数以亿计的农村转移劳动力在内的工资率，从而降
低了产品总成本和提高了国际市场竞争力。这对扩大外贸出口
和巨量外汇储备说来，是一项决定性的要素，起到至关重要的
作用，使外贸出口成为拉动经济增长的强大动力之一。只是近
年来由于美国次贷危机、欧债危机等造成国际市场不景气，外
贸出口受限才呈现下滑局面。2013年国际经济环境稍有改善，
外贸出口随后得到较大程度的恢复，拉动经济增长的作用再度
显现出来。

二　跨越"中等收入陷阱"

正当人口年龄结构"黄金时代"不断释放出正能量，社会经济在快车道上高速行驶并达到中等收入国家水平时，笼罩在新兴市场经济国家上空的"中等收入陷阱"阴影向我们飘来。能否借助人口调整这个千载难逢的机遇，实现成功跨越？

1. 关于"中等收入陷阱"

在人类生存和发展的 400 万多年历史长河中，人类经历过许多"发展陷阱"。第二次世界大战结束以来，经历或者正在经历的主要有："贫困陷阱"——多数居民生活在贫困线以下，人均 GDP 不足 1000 美元；"人口陷阱"——与人口高出生、低死亡、高增长相伴，经济长期停滞不前；"城市化陷阱"——一些国家尤其是拉丁美洲和加勒比地区的一些国家，以超大城市畸形发展为主要特征的城市化，拖住了国民经济前进的后腿儿；"生态陷阱"——传统工业化造成资源短缺、环境污染加剧，破坏了人类赖以生存的环境；另外，还存在更具有综合性质，当前颇具现实意义的"中等收入陷阱"。

2006 年世界银行在《东亚经济发展报告》中，提出"中等收入陷阱"命题。该报告缘于亚洲及拉美一些新兴市场经济国家，在人均 GDP 走出 1000 美元"贫困陷阱"以后，很快达到 3000 美元以上。但此后却长期徘徊在 3000～5000 美元，只有日本、韩国、新加坡等少数国家胜出。总结这一带有普遍意义的现象，就将人均 GDP 5000 美元左右经济发展的相对停滞阶段，称为"中等收入陷阱"。对于这一命题，赞成与不赞成者均有之，关键要弄清两个基本问题：

第一，为什么走出人均 GDP 1000 美元的"贫困陷阱"以后，经济得以迅速"起飞"达到 3000 美元以上。结合第二次世界大战后的具体情况，可从国际背景和国内发展动力两方面做出阐释。就国际背景而言，一是有一个相对和平、稳定、有利于经济发展的环境。虽然"二战"后局部的摩擦和战争从未间断过，但均为局部战争，规模有限，介入的国家不是很多；产生的影响有限，除少数直接参战国外，其余国家未曾受到多少影响；战争具有打打停停、打谈交替进行的特点，没有分出最后的赢家与输家，没有战争赔偿等后遗症，对经济的直接伤害不大。二是各国竞相推出刺激经济发展的改革措施。实行高度集中统一的计划经济的国家，20 世纪八九十年代纷纷实行市场经济体制的改革，释放了生产力。西方国家和一些发展中国家也在不断寻求改革，既有统一货币、经济联系紧密的欧共体诞生，也有松散型但经贸往来享有更多互惠的东盟的出现，更多的则是国家内部在经济体制、管理、财政、税收、货币等方面的改革，适应了信息化、经济全球化发展需要。三是人口转变带来的经济效应。"二战"后的一二十年，迎来全球性的一次生育高潮（baby boom）。战后至 1965 年，世界人口出生率保持在 35‰以上，发达国家在 20‰以上，发展中国家在 40‰以上。如此，0 ~ 14 岁少年人口经历 20 多年迅猛增长后转而呈下降趋势，奠定了自 20 世纪 60 年代后期以来，劳动年龄人口占比持续上升、老年和少年人口之和占比呈持续下降的走势，构筑了一段长达 40 年左右的人口年龄结构变动的"黄金时代"，为社会经济发展提供了相应的"人口盈利"、"人口红利"或"人口视窗"，成为经济"起飞"的重要条件。不过"黄金时代"到来的迟早和"盈利"、"红利"的高低，发达国家与发展中国家之间有很大差别；同为发达国家或发展中国家，不同国家之间也有很大差别，要做具体分析。

外因是变化的条件，内因是变化的依据，是发展的决定性力量。就内部发展动力而言，最值得重视的一条，就是走的都是传统工业化的道路。或从轻纺工业起步，或以重化工业开端，大多沿着资源消耗型与劳动密集型相结合的路子发展下来。这样的传统工业化，像轻工、纺织、采矿、冶炼、钢铁、机械、水泥、石化、造船、建筑、铁路、公路建设等行业，技术和工艺已经比较成熟，主要生产流程各国均比较熟悉，只需具备一定的资源、劳动力和资金，便可以发展起来。资源和劳动力是发展中国家的强项，而资金可以通过税收、发行债券等手段取得，还可以寻求外援和借贷。于是 20 世纪下半叶，许多发展中国家呈现传统工业蓬勃发展的壮丽景象，以比较快的速度达到中等收入水平。

第二，达到中等收入水平以后又为何陷入停滞状态。虽然各国情况不尽相同，但是仍然有着某些共同性可循。主要在于：

一是跟不上科技进步、信息化、经济全球化的步伐。第二次世界大战结束后，发生包括电子计算机、新能源、新材料、激光、宇航、海洋、生物工程等新的技术革命，当前又进展到以生命科学为主导学科的新的阶段。与新技术革命相伴的，是新兴产业的迅速崛起，其已成为引领新一代经济发展的主导产业。作为这次新技术革命前导的微电子技术和产业得到迅速发展，信息化带动工业化成为主导发展的潮流。毫无疑问，发达国家处于引领地位，发展中国家受到某种排挤，难以运用先进的信息技术改造和武装工农业物质生产部门、服务业非物质生产部门、劳动和管理等部门，从而使劳动生产率、社会工作效率和效益的全面提升受到限制，产业结构不能迅速调整到以高端产业为主上来，经济运行不能有效地转变到低耗高效轨道上来，经济发展方式长期得不到根本性改变，只能停留在以承接传统产业转移为主的发展模式上。这在经济全球化加速推进，全球性市场加速形成，资本在国际间流动速度加快，以及以跨国公司为主体的国际合作体系加速扩张背景下，加大了发展中国家融入国际市场的难度，其权益得不到应有的保障，常常被置于附属地位，阻碍了经济的发展。

二是社会矛盾集中爆发。脱离"低收入陷阱"后的经济起飞，虽然事实上高收入与低收入、城市与乡村、脑力劳动与体力劳动的收入差距在扩大，但是因为经济在不断发展，居民收入总体上在稳步提高，低收入者大多忍受了。一些国家还通过若干改革措施，缩小收入差距，缓解了不同阶层和阶级的矛盾，没有爆发剧烈的社会冲突，社会秩序基本保持稳定。达到中等收入水平以后，社会资源占有不公和收入差距扩大累积到严峻程度，引发矛盾集中爆发，出现经济增长回落或停滞、贫富两极分化加剧、过度城市化负面影响显现、失业率屡创新高、社会公共服务缺失、抑制腐败失效、社会秩序混乱、财政金融体制机制难以维系等，最终止住了经济"起飞"阶段快速增长的步伐。

三是畸形发展的城市化。落入"中收陷阱"的国家，大多首先陷入以大城市畸形发展为主要特征的过度城市化。这种城市化以拉丁美洲国家最为典型，又称城市化"拉美陷阱"。其基本特征可用"三个畸形"并存概括：一为畸形先进与畸形落后并存。一方面，这些大都市拥有先进的科学技术、现代化的产业、高档的住宅和相应的现代化设施；另一方面，存在原始手工作坊式的生产、贫民居住区缺少最基本的公共设施、被边缘化到城乡结合部的大量贫民窟。二为畸形富裕与畸形贫困并存。大企业家、银行家、高级职员等收入丰厚，可谓腰缠万贯；而生活在贫困线以下特别是生活在贫民窟内的居民，几乎是一贫如洗，相当多的贫民不得不以乞讨为生。三为畸形文明与畸形愚昧并存。教育、卫生、文化等资源被少数富人占有，他们的现代文明与发达国家没有什么两样；而穷人却与这些资源无缘，上不起学、看不起病、不能享受这个时代应当享受的文明生活。目前10%的富人收入占总收入的60%以上，贫困人口占总人口的40%左右，其中60%以上居住在城市特别是超大城市中。这就形成了城市中大量无业和失业的人口群体，城市失业率超过10%；社会冲突加剧，治安等社会问题成为影响政局稳定的重要因素；政府财政拮据，城市治理不得不在很大程度上依赖国外援助，造成国家债台高筑；城市公共设施严重不足，交通运输和水、煤气等的供给紧张，环境污染加剧；城区地价大幅度上涨，失业人口和流入的农民纷纷向郊外转移，逐渐形成大面积的"农村包围城市"的贫民区，与现代化的城市中心区形成鲜明的对照。拉美国家人口城市化的畸形发展，不仅没有给城市的健康发展注入活力，而且也没有给农业经济的发展创造新的生机，反而成为国家财政的累赘，城乡经济发展的绊脚石，跌入"中收陷阱"的铺路石。

四是人口老龄化的影响。人口老龄化是指老年人口占总体人口比例不断上升的过程，其成因是出生率的下降和预期寿命的延长。然而"下降"和"延长"并不同步，一般情况下，老龄化前期"下降"快于"延长"，老龄化后期"下降"慢于"延长"。"下降"与"延长"的这一时间差，决定着老龄化前期经历一段人口年龄结构变动的"黄金时代"，提供相应的"人口盈利"、"人口红利"；后期则转变为"人口亏损"、"人口负债"，对经济发展的负面影响逐渐显现出来。"机遇与挑战并存"时下成了一句套话，许多问题的阐述套用这句话，有的实难避免牵强附会之嫌。然而人口老龄化对社会经济发展的作用和影响，用"机遇与挑战并存"概括却是货真价实、再恰当不过了。在人口老龄化背景下，走出"中等收入陷阱"既要及时把握"黄金时代"机遇，也要有效应对"人口亏损"挑战。

2. "后黄金时代"遭遇"中等收入陷阱"

考察人口年龄结构变动的"黄金时代"，可以分为前后两个时期，亦可称为"前黄金时代"和"后黄金时代"。前期从老少从属年龄人口之和占比下降到0.5以下开始，到该U形曲线持续下降至最低值；同时劳动年龄人口占比倒U形曲线持续上升达到峰值为界，是"黄金时代""人口视窗"扩展期，提供的"人口盈利"、"人口红利"不断增加。后期从老少从属年龄人口之和占比U形曲线下降到最低值，转而上升直至达到0.5以上；同时劳动年龄人口占比倒U形曲线越过峰值转而下降，达到与老少人口之和占比0.5同一时点为界，是"黄金时代"、"人口视窗"衰减期，提供的"人口盈利"、"人口红利"由多到少直至衰减到零为止。按照这样的区分，中国达到中等收入水平时，正值人口"前黄金时代"与"后黄金时代"交替节点。统计资料显示：2010年人均GDP达到

30015 元，按当年人民币比美元为 677：100 中间价计算，折合人均为 4434 美元，跨进中等收入国家门槛。前已叙及，这一年劳动年龄人口占比达到峰值、老少人口之和占比下降到最低值节点。即由"前黄金时代"向"后黄金时代"过渡的转折点，"后黄金时代"遭遇"中等收入陷阱"挑战。

如何看待人口年龄结构变动的"后黄金时代"？学术界和相关社会各界存在较大分歧。概括起来，不外乎消失论和衰减论。消失论以从属比下降和劳动年龄人口占比上升作为界定的标准，从属比下降到最低点、劳动年龄人口占比上升到峰值，即为能够提供"人口红利"的"黄金时代"。如此，2010 年就是这样的节点，越过这个节点，"人口红利"即消失。衰减论则以从属比下降到 0.5 为"黄金时代"起点，下降到最低点为前期；转而上升为后期，直至上升到 0.5 为止，都能够提供"人口盈利"、"人口红利"。整个区间以"节点"为界，划分为前后两个"黄金时代"。后期即为"后黄金时代"，虽然提供的"盈利"、"红利"不断减少，但是依然"有利可图"，依旧在"黄金时代"范畴。笔者以为，明确这一点至关重要。以被公认为成功走出"中等收入陷阱"的日本、韩国为例，它们正是利用了"后黄金时代"提供的人口"盈利"和"红利"，保持经济较快发展态势并努力提高发展质量、改善经济结构，才取得成功。相反，亚洲、拉丁美洲等诸多发展中国家，或处在"贫困陷阱"、"人口陷阱"之中，尚未进入中等收入国家行列，自然无"中等收入陷阱"可超越；或者早已步入中等收入国家，但是人口转变尚未步入"后人口转变"和"后黄金时代"，无"人口盈利"、"人口红利"可以提供。我国则与日、韩等国情况相似，虽然处于"后黄金时代"，但是仍有"人口盈利"、"人口红利"不断涌来，为跨越"中等收入陷阱"继续提供有利的人口条件和环境。这可从中、日、韩三国比较中，清楚地看出来（见图2）。①

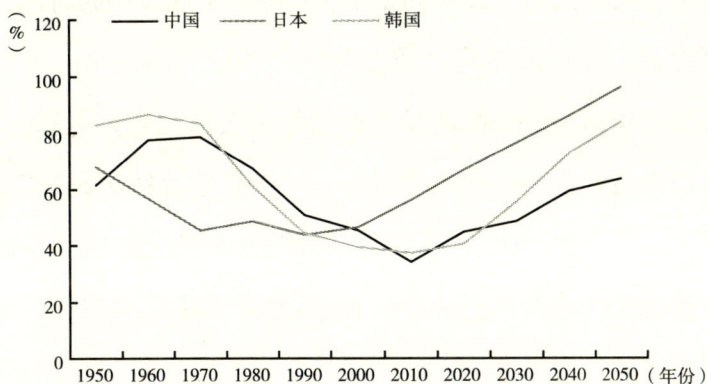

图2　1950～2050年中日韩从属年龄比变动比较

图2显示，中、日、韩三国人口年龄结构变动"黄金时代"经历或将要经历大致相近的趋势。老少之和从属比都先后下降并击穿0.5分界线以后，继续下降并触底反弹回升到

---

① 日、韩参见 United Nations, *World Population Prospects：The 2008 Revision*。中国参见相应年份《中国人口统计年鉴》和《21世纪中国人口发展战略研究》一书中位预测。

0.5 以上，时间都在 40 年左右。不过由于三国生育率和出生率下降有先有后，跨入和走出"黄金时代"的时间也有所不同。日本最早进入，1963～2005 年从属年龄比保持在 0.5 以下，经历 42 年的"黄金时代"；韩国于 1986～2026 年，将经历 40 年的时间；中国于 1990～2030 年，"黄金时代"同为 40 年。三国比较，日本进入"黄金时代"早于韩国 23 年，早于中国 27 年；结束早于韩国 21 年，早于中国 25 年。联系三国的经济发展，上述三段时间正是各自经济发展最快的时期，充分展现了人口年龄结构"黄金时代"的巨大推动力。当前国内外关于中国经济较高增长还能持续多久的问题，见解各异。从人口年龄结构变动的角度观察，可以给出比较明确的答案：大致可以支持到 2030 年从属比回升至 0.5 以上之后。不言而喻，这是仅仅就人口变动意义上的论断。然而即使在这个意义上的论断，其价值也是十分明显的。我们应当研究和借鉴日、韩等国的经验，运用好"黄金时代"可以利用的有利因素，实现对"中等收入陷阱"的成功跨越。

三　改革释放"后黄金时代"正能量

1. 发挥"后黄金时代"潜能

既然"后黄金时代"是"黄金时代"的一个组成部分，那么"黄金时代"具有的属性"后黄金时代"也应具备。虽然从属比呈上升趋势、劳动年龄人口占比呈下降趋势，但是从总体上观察，从属比仍然比较低、社会负担比较轻，劳动年龄人口占比仍然比较高、劳动力供给总体上比较丰富。亦即"后黄金时代"仍然能够继续提供一定的"人口盈利"、"人口红利"，尽管"盈利"、"红利"在不断地减少，直到 2030 年前后减少到零为止。如此，在未来的十五六年内，应当一如既往地发挥劳动力比较丰富和抚养比较低的优势，实行就业优先战略，将比较丰富的劳动力用好、用活、用出效益，推进经济转方式、调结构，在稳步推进中获得比较快一些的发展。我们不妨将未来经济和人口变动放在一起做出不同方案的预测，展示一下跨越"中等收入陷阱"的前景。如以 2012 年国内生产总值 518942.1 亿元、人口 135404 万为基期，提出 2030 年三种预测方案：

方案一，如果国内生产总值保持年平均 7.0% 的速度增长，2030 年可达到 1753991 亿元。人口以中位预测 14.65 亿计算，则人均 GDP 可达到 119726 元。再以 2012 年人民币对美元 631∶100 中间价计算，则人均 GDP 可达到 18974 美元。

方案二，如果国内生产总值保持年平均 5.5% 的速度增长，届时可达到 1360389 亿元，人均 GDP 可达到 92859 元，折合 14716 美元。

方案三，如果国内生产总值保持年平均 3.5% 的速度增长，届时可达到 972345 亿元，人均 GDP 可达到 66371 元，折合 10518 美元。①

当前，对走出"中等收入陷阱"的标准众说不一，有人均 GDP 6000 美元、8000 美元、10000 美元等标准。如以人均 10000 美元作为标准，方案一完成 189.7%，超额很多。方案二完成 147.2%，也超额不少。方案三完成 105.2%，略有超额。可见，上述三个方案都可在 2030 年以前走出"中等收入陷阱"，只是走出的质量差异较大。俗话说：不怕慢，就怕站。只要保持 GDP 年平均增长率在 3.5% 以上，就能保证在 2030 年以前实现对"中等收入陷阱"的成功跨越。党的十八届三中全会通过的《决定》定下"稳中求进"总基调，是完全正确的、适时的和积极的。认真贯彻这一基本的发展方针，不愁"中等收入陷阱"跨不过去！

2. 应对"人口亏损"挑战

在充分认识和发挥人口"后黄金时代"潜能的同时，必须看到它的另外一个方面，即随着时间的推移，以"人口亏损"、"人口负债"为主的挑战越来越明显地表现出来。主要是：

其一，从属人口比不断攀升。图 1 给出迄今为止从属人口

①　以 2010 年国内生产总值 401202 亿元为基期计算，参见中华人民共和国国家统计局《2010 年国民经济和社会发展统计公报》。

比变动的图像，未来则转变为以老年从属比上升为主的从属人口比不断上升的趋势，逐步由人口"盈利"、"红利"，转变为人口"亏损"、"负债"。中位预测显示，从属人口比在2030年前后越过0.5以后，上升的速度比较快，其带来的影响也不可低估。预测2040年可上升到0.59，2050年可上升到0.64。自2010年从属人口比转为上升以后，2010～2030年的20年，年平均提升0.5个百分点；2030～2050年的20年，年平均提升0.8个百分点，呈加速攀升态势。从属人口比加速攀升，主要是老年从属比提升迅速造成的，养老社会负担将变得相当沉重。对储蓄、投资、消费、保险、服务业等的发展，将产生比较大的影响，影响经济的发展速度和结构。此点，在人口老龄化部分将做出进一步的探讨。

其二，工资率上涨和边际投资效益下降。2012年以后15～64岁劳动年龄人口绝对数量开始减少，从而劳动力供给出现结构性的相对短缺，为工资率上涨创造了条件。长期以来国民收入首次分配中劳动报酬占比偏低，欠账较多；近年来才稍有提高，工资率上涨是应该的和必需的。当前劳动力供给发生变化，由过去供大于求向供求平衡转变，有的发生了结构性的供不应求，工资率上行便有了可能。与此相适应，劳动力市场正在由买方向买卖双方博弈转化、自由竞争的劳动力市场及其新的体制机制正在形成之中。工资率和其他生产要素成本上升，导致生产总成本上升，致使边际投资效益下降，依赖投资拉动经济增长的传统发展模式，也遇到新的困难。

其三，劳动年龄人口相对高龄化。与边际投资效益下降相伴的，是劳动生产率提高缓慢，甚至个别年龄是下降的。这有多重原因，劳动年龄人口相对高龄化是其中之一。虽然"后黄金时代"劳动年龄人口绝对数量减少比较缓慢和有限，然而劳动年龄人口结构的相对高龄化却不间断地推进，给社会经济发展出了一道新的难题。俗话说："人老不讲筋骨为能。"劳动年龄人口相对高龄化，降低了劳动力的活力。特别是给劳动力的培训、技能素质的提高带来压力，致使知识更新、技术创新和发明创造能力等有所减退，最终将影响到劳动生产率的提高。

其四，扩大消费乏力。前已叙及，进入 21 世纪以来固定资产投资增长迅速，成为拉动经济增长最主要的杠杆。消费受到挤压，屡次启动消费拉动经济增长效果都不理想。国际社会一般认为，年龄别消费系数（年龄别人均消费与总人口平均消费之比）以成年人口组群居高，老年次之，少年最低。我国情况比较特殊，由于传统文化影响较深，加上提倡一对夫妇生育一个孩子，独生子女被视为"掌上明珠"，少年组群消费系数偏高；老年组群收入偏低而储蓄率更低，致使老年消费系数也比较高。不过，老年消费还是在标准消费人之下，老年消费乏力是启动消费需求的一大障碍。"后黄金时代"人口年龄结构变动大的趋势，是少年人口占比呈缓慢下降以后呈稳定和震荡趋势，老年人口占比呈累进式增长趋势，劳动年龄人口高龄化呈提前显现趋势。依据上面我国年龄别消费系数变动具体情况，显然于扩大消费不利，不利于向消费主导型经济发展方式转变。

解铃还需系铃人。缓解和解决上述四个方面的问题，还需要到问题形成和可能趋于严重的源头去寻找。这需要从主观和客观两方面进行分析。主观方面，是人口年龄结构变动的速率和深刻程度。我国人口年龄结构变动之所以比较急速，是由于实行了比较严格的控制人口增长的政策，特别是一对夫妇生育一个孩子的政策的实施。对此，笔者当年参与决策讨论并作为报告起草者，当初最为关键的问题是提倡生育一个孩子多长时间为宜。这一点是非常明确的，即控制一代人的生育率：25年左右，最多不超过30年。因此，在25年节点上，笔者发文强调人口发展战略"三步走"，当前已过渡到第二步，要逐步实现由以人口数量控制为主，向以素质提高和结构调整为主转变。在30年节点上，则在《人民日报》等报章杂志发文，阐发必须及时进行人口生育政策调整，主张"双独生二"（双方均为独生子女者，结婚可以生育二个孩子）、"一独生二"（一方是独生子女者，结婚可以生育二个孩子）、"限三生二"（制定具体生育政策的省、自治区、直辖市，在保证不生育三个孩子前提下可以生育二个孩子）。意在通过生育政策的调整，逐渐改善人口的年龄结构，不至于使劳动年龄人口占比下降过快、绝对数量减少过多；老年从属比不至于上升过快、水平过高。社会总从属比，能够控制在比较合理的水平。党的十八届三中全会终于出台启动实施一方是独生子女家庭可以生育二个孩子的生育政策调整方案，从而使人口结构调整成为现实。实际上，这一调整方案实施以后，离"限三生二"已经不远了，人口年龄结构可能逐渐过渡到比较合适的水平，"人口亏损"、"人口负债"不致过于严重也有希望达到。

客观方面，是就业结构及其决定就业结构的产业结构。一个奇怪的现象是：在劳动年龄人口下降和减少的情况下，劳动力短缺却以"民工荒"形式出现。"民工荒"是什么？是农村流动人口进城不能满足城镇发展对劳动力的需要，短缺"荒"在农民工上。亦即短缺的是以城镇基本建设为主的简单劳动，而不是技术含量较高的复杂劳动。这点从工农业主要产品产量的增长上，清楚地表现出来。1979～2012年钢材年平均增长11.7%，水泥年平均增长10.9%，大量的钢筋水泥支撑着城市基本建设、铁路、公路、航空业的发展。这同经济增长方式以投资拉动、外延式扩大再生产为主一脉相承，对劳动力的需求也以体力型为主，"民工荒"才得以出现。因此，应对"人口亏损"的一个有效良方，就是依靠科技进步、转变经济发展方式和调整产业结构，以劳动生产率的提高弥补劳动力供给数量的下降。从人口角度讲，就是大力提高人口特别是劳动年龄人口教育、文明和健康素质，实现以质量换数量的革命。

顶层设计

——养老保障改革进入攻坚阶段

21 世纪是人口老龄化的世纪。在世界人口不断走向老龄化过程中，中国将呈现出速度比较快、达到的水平比较高和城乡、地域推进不平衡的特点。这给社会养老保障出了一道难题。破解之法在社会养老保险体制改革、符合老龄化发展规律具有中国特点的顶层设计上。

养老保障体系改革顶层设计，首先要厘清养老保障、保险、体系、体制、机制等概念，为改革和顶层设计提供内涵和外延比较清晰的"建筑材料"。其次要明确"主体"是养老社会保险体制改革，发挥主体具有的中心、主导、辐射功能；"两翼"是社会养老福利和社会养老救助，这是对主体的补充，尤其对高龄、病、残等更为弱势的老年群体来说，是不可替代和不可或缺的。

养老社会保险体制改革的目标，是建立以个人缴费积累为主、企业（单位）缴费积累为辅、养老金个人账户余额同给付直接挂钩全国统一的积累补充型养老保险新体制。改革的关键，是突破城乡分割、城镇内部干部与职工分割的"双二元结构"体制，建立更加公平和可持续的养老保险制度。

要建立全国统一的积累补充型养老保险新体制，就要发挥政府的主导作用和市场在资源配置中的决定性作用。一要按照《决定》要求，实现城乡、城市内部"双二元结构"并轨改革，建立起一套完整的养老金管理和监督的体制机制。二要适度填补养老金个人账户空账，制订出一定时期内做实部分个人账户的方案，规定个人账户做实的比例、额度、资金来源、监管规则，提高养老基金抗风险能力。三要引进市场体制机制，包括养老金投融资、管理机制等，推进金融市场体制机制改革创新。

一　人口老龄化大趋势

探讨养老保障体系改革顶层设计，一个基本的前提，是要明了人口年龄结构变动的老龄化趋势。虽然中国人口老龄化与世界有着相近的趋势，但中国也有着某些鲜明的特点。

1. 世界人口老龄化趋势

20 世纪是人口暴涨的 100 年，全球人口由 1900 年的 16.0 亿，增长到 2000 年 61.2 亿，增长 2.83 倍，年平均增长 1.35%，创造有史以来人口增长速度最快的 100 年。[①] 不过由

---

① United Nations, *World Population Prospects: The 2008 Revision*, p. 48.

于经济、科技、文化、社会等的发展不平衡，发达国家和发展
中国家差异很大。发展中国家人口增长方兴未艾，发达国家增
长势能大为减弱，有的已经实现零增长或负增长。法国、瑞典
等西欧和北欧地区率先呈现老年型年龄结构，到 1950 年发达
国家 60 岁以上老年人口占比达到 11.7%、65 岁以上老年人口
占比达到 7.9%，表明发达国家在总体上已经进入老年型年龄
结构的社会。而发展中国家分别达到 6.4%、3.9%，属典型
的年轻型年龄结构。2000 年，发达国家 60 和 65 岁以上老年人
口占比分别达到 19.5% 和 14.4%，达到相当严重的程度；发
展中国家却只有 7.5% 和 5.0%，处在由年轻型向成年型转变
和刚刚步入成年型阶段。将世界人口作为一个总体来考察，
2000 年 60 岁以上老年人口占比上升到 9.9%，65 岁以上老年
人口占比上升到 6.8%，基本上完成由成年型和向老年型的转
变，但是尚未正式跨入老年型。通观 20 世纪的 100 年，人口
暴涨是最主要的特点。

进入 21 世纪以后，以人口老龄化为主导的年龄结构变动
突出。考察老龄化水平，主要有 60 岁或 65 岁以上老年人口所
占比例、总体人口年龄中位数（平均年龄）、老年与少年人口
之比等项指标。一般采用老年人口占比较多，因为该指标比较
直观和简明。根据联合国的预测，2000 年与 2025 年、2050 年
比较，世界 65 岁以上老年人口所占比例可由 6.8% 上升到
10.4%、16.2%；年龄中位数可由 26.6 岁上升到 32.8 岁、

38.8 岁。分开来看，发达国家 65 岁以上老年人口占比可由 14.4% 上升到 20.8%、26.2%；年龄中位数可由 37.3 岁上升到 43.0 岁、45.6 岁。发展中国家 65 岁以上老年人口占比可由 5.0% 上升到 8.4%、14.6%；年龄中位数可由 24.1 岁上升到 30.8 岁、37.2 岁。2000～2050 年世界、发达国家、发展中国家人口老龄化趋势参见图 1。①

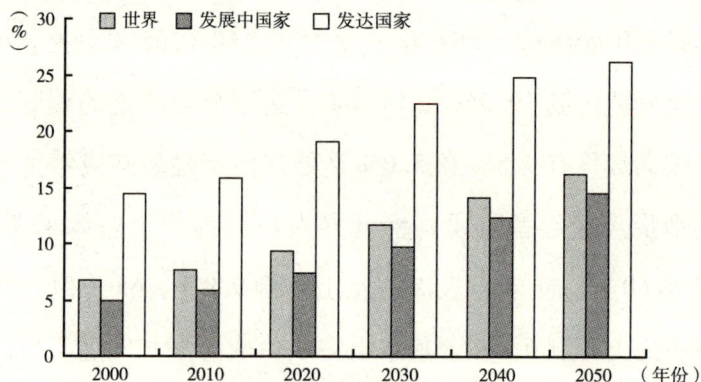

图 1　2000～2050 年 65 岁以上老年人口占比变动

图 1 显示，21 世纪上半叶世界 65 岁以上老年人口占比上升比较快，但是在前 25 年和后 25 年、发达国家和发展中国家不尽相同。发达国家前 25 年老年人口占比上升 6.4 个百分点，后 25 年上升 5.4 个百分点，后 25 年比前 25 年减少 1.0 个百分点，老龄化速度趋缓；发展中国家前 25 年上升 3.4 个百分点，

---

① United Nations, *World Population Prospects: The 2008 Revision*, pp. 48－52.

后25年上升6.2个百分点,后25年比前25年高出2.8个百分点,老龄化速度呈加速推进态势。这表明,到21世纪中叶,发达国家人口老龄化已成强弩之末,老年人口比例上升的空间有限;发展中国家老年人口比例上升仍将继续下去,还有相当长的一段路程。总体上,由于发达国家出生率的下降和出生人数的减少、占世界人口比例的下降,世界人口老龄化趋势主要取决于发展中国家人口老龄化的进程,所以后25年比前25年高出2.2个百分点。因此,到2050年世界65岁以上老年人口占比达到16.2%时尚未达到峰值,只是以后老龄化程度加深的速度会减慢下来。21世纪下半叶,发达国家人口老龄化呈基本稳定和震荡态势,即使有所升高也十分有限;发展中国家老龄化也开始减速,但要到65岁以上老年人口占比达到20%以后,方能趋于稳定。这说明,21世纪上半叶,前25年可视为老龄化速度较慢阶段,后25年可视为较快推进阶段;21世纪下半叶,则可视为不断减慢并最终达到相对稳定阶段。可见,世界人口年龄结构老龄化从进入到基本稳定,将主要在21世纪内完成,21世纪是人口老龄化的世纪。

2. 中国人口老龄化特点

(1) 中国人口老龄化趋势

不同人口预测方案下的老龄化变动趋势,存在较大差异。因此,探讨未来人口老龄化趋势,首先需要预测人口变动趋势。2000～2050 年中国人口高位、中位、低位三种方案预测，如图 2 所示。①

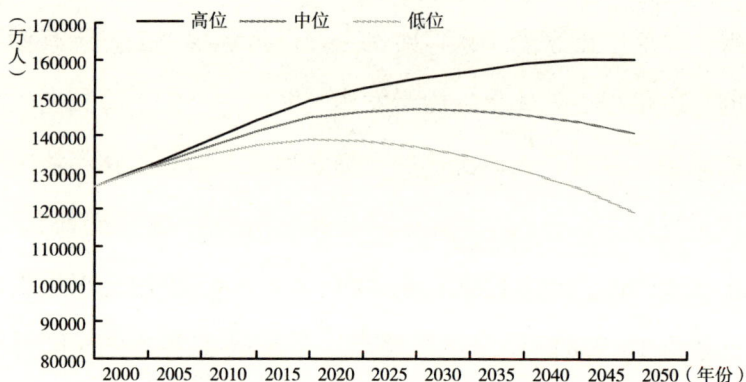

图 2   2000～2050 年人口变动预测

图 2 显示，如以人口零增长为"着陆点"，视高位方案为"缓着陆"，中位方案为"软着陆"，低位方案为"硬着陆"，三种方案生育率假设和总体人口变动趋势是：

高位方案"缓着陆"预测。生育率逐步回升，达到更替水平后保持相对稳定，总和生育率（TFR）假定 2000～2005 年平均为 1.90，2005～2010 年为 2.00，2010～2020 年为 2.13，2020～2050 年为 2.15，则全国人口（未含台湾省、香港和澳门特别行政区，下同）2010 年为 13.75 亿，2020 年为

---

① 参见田雪原等《21 世纪中国人口发展战略研究》，社会科学文献出版社 2007 年版，第 439～448 页。

14.90 亿，2030 年为 15.48 亿，2040 年为 15.85 亿，2050 年达到峰值时为 16.05 亿并呈基本稳定态势。

中位方案"软着陆"预测。生育率保持相对稳定，稍有回升后即基本稳定在略高于现在水平波动。总和生育率假定 2000～2005 年平均为 1.75，2005～2010 年为 1.80，2010～2020 年为 1.83，2020～2050 年为 1.80，则 2010 年全国人口为 13.60 亿，2020 年为 14.44 亿，2030 年达到峰值时为 14.65 亿；其后转为缓慢下降，2040 年可降至 14.51 亿，2050 年可降至 14.02 亿。如果 1.80 的总和生育率一直保持下去，2100 年全国人口可降至 10.24 亿。

低位方案"硬着陆"预测。生育率在现在基础上略有下降，总和生育率假设 2000～2005 年平均为 1.65，2005～2010 年为 1.56，2010～2020 年为 1.44，2020～2050 年为 1.32，则 2010 年全国人口为 13.43 亿，2020 年为 13.86 亿，2021 年达到峰值时为 13.87 亿；其后出现逐步减少趋势，2030 年可减至 13.67 亿，2040 年减至 13.02 亿，2050 年减至 11.92 亿。如果 1.32 的总和生育率一直保持下去，2100 年全国人口将减至 5.56 亿。

上述高位、中位、低位三种方案预测，老龄化呈现一定的差异（见图 3）。

对于 21 世纪上半叶中国人口年龄结构老龄化趋势，国内外做出多种方案预测。虽然趋势相近，但是仍有一些差距。如联合国的中位方案预测，65 岁以上老年人口占比 2000 年为

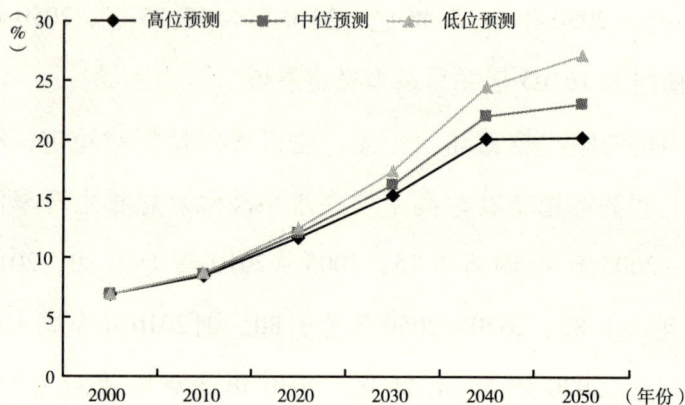

图 3　2000～2050 年 65 岁以上老年人口比例变动预测

6.8%，2010 年为 8.2%，2020 年为 11.7%，2030 年为 15.9%，2040 年为 21.8%，2050 年为 23.3%[①]。实际上，2010 年我国 65 岁以上老年人口占比已经达到 8.9%，2012 达到 9.4%[②]，比联合国中位方案预测高出一截，与本书低位方案预测颇为接近。2010 年第六次全国人口普查和最新公布的 2013 年 65 岁以上老年人口占比达到 9.7%，中国人口老龄化要比原来的预测来得稍快一些，特点更鲜明一些。

（2）中国人口老龄化特点

上述高位、中位、低位三种方案预测，以中位方案预测与联合国以及其他方案预测相比，它们有着相近的变动趋势。但是过

[①]　United Nations, *World Population Prospects*: *The* 2008 *Revision*, p. 184.

[②]　《中国统计年鉴 2012》，第 102 页；国务院新闻办公室 2012 年 1 月 18 日新闻发布会公布数据。

去人口变动的大起大落性质，也有着自己的明显特点。主要是：

其一，老龄化速度比较快和达到的水平比较高。2050 年以前 65 岁以上老年人口绝对数量已是定数，即 2013 年 28～64 岁人口中，逐年减掉每年的年龄别死亡人口的余数；但是影响老龄化水平高低的因素，还有出生率和出生人口的数量、死亡率和预期寿命延长等情况。我们仍选择 65 岁以上老年人口所占比例变动，说明老龄化的速度和达到的程度。如此，按照上面的预测，2050 年人口老龄化可能达到的水平，高位方案预测 65 岁以上老年人口占比可达 20.23%，中位方案预测可达 23.07%，低位方案预测可达 27.1%。① 考虑到当前启动实施一方为独生子女夫妇可以生育两个孩子政策的影响，老龄化沿着中位方案预测走下去的可能性比较大。以此比较，中国人口老龄化进展仍可用"快"和"高"二字来概括。所谓快，从世纪之交进入老龄化到 2023 年达到 12.3% 的严重阶段，大约要花费 23 年，世界要花费 30 多年，发展中国家则要花费 40 多年。从 7% 提高到 17% 中国要花费 32 年，2032 年将达到 17.5%；而发达国家作为总体，则经历了 20 世纪下半叶直至 2015 年方能达到这一水平，耗时为我国的 1 倍以上。日本是一个特例，65 岁以上老年人口比例从 1970 年的 7.1% 上升到 2000

① 参见田雪原等《21 世纪中国人口发展战略研究》，社会科学文献出版社 2007 年版，第 440～454 页。

年的 17.2%，花费 30 年时间，与中国相仿。所谓高，即老龄化达到的水平比较高。2050 年中国 65 岁以上老年人口比例将达到 23.07%，届时将比世界 16.2% 高出 6.87 个百分点，比发展中国家 14.6% 高出 8.47 个百分点，比发达国家 26.2% 的总体水平仅低 3.13 个百分点，跻身老龄化高水平国家行列①。

其二，老龄化在时间上具有阶段和累进的性质。这主要是由以往人口出生、死亡自然变动造成的人口年龄结构决定的。1949 年中华人民共和国成立后，人口的自然变动经历 1949～1952 年的人口再生产类型转变时期。即由高出生、高死亡、低增长向高出生、低死亡、高增长的转变。1953～1957 年的第一次生育高潮时期。全国人口由 57482 万增长到 64653 万，增加 7171 万，年平均增加 1434.2 万，年平均增长率达到 2.4%。1958～1961 年的第一次生育低潮时期。全国人口由 64653 万增长到 65859 万，增加 1206 万，年平均增加 301.5 万，年平均增长率仅为 0.5%。1960 年和 1961 年还出现人口负增长，1960 年比 1959 年减少 1000 万，1961 年比 1960 年再减少 348 万。1962～1973 年的第二次生育高潮，全国人口由 65859 万增长到 89211 万，增加 23352 万，年平均增加 1946 万，年平均增长率达到 2.6%。1974 年以来的第二次生育低潮

① 国外部分参见 United Nations, *World Population Prospects : The 2008 Revision*, pp. 48 - 52。

时期。全国人口由 89211 万增长到 2013 年的 136072 万，增加 46861 万，年平均增加 1201.6 万，年平均增长率下降到 1.1%。[①] 不难看出，由于这五个阶段人口出生率、死亡率、自然增长率呈现高低起伏的不同变动，从而形成参差不齐的年龄结构，进而对未来人口老龄化高低带来很不规则的影响，表现出阶段和累进的性质。其中人口年龄结构金字塔中最为庞大的部分，当属 1962～1973 年第二次生育高潮期间出生的大量人口，扣除死亡至今尚存 3 亿左右，这是包括人口老龄化在内中国人口变动最值得关注的人口组群。这 3 亿左右人口组群于 1977～1988 年进入 15 岁以上成年人口，其中绝大多数于 1980～1991 年成长为正常的劳动力，对就业形成巨大的压力；同时也开始了劳动年龄人口所占比例高、老少被抚养人口之和所占比例低的人口年龄结构变动的"黄金时代"，成为可以获取"人口盈利"和"人口红利"并有利于经济发展的最佳时期。按照全国城乡合计妇女年龄别生育率峰值 24 岁计算，1986～1997 年通过生育旺盛期，本该有一个生育高潮出现，但是由于继续加强人口控制和贯彻落实计划生育基本国策，实践中并没有出现持续长达 10 多年的生育高潮，而仅仅在 20 世纪 80

---

① 国家统计局人口统计司编《中国人口统计年鉴 1988》，中国展望出版社 1988 年版，第 198 页。2013 年数据系国家统计局 2014 年 1 月 20 日发布，参见国家统计局网站，2014 年 1 月 20 日。

年代中后期略微有所表现。其对老龄化进程的影响是，当这部分3亿组群人口未过渡到65岁之前，人口老龄化不会过于严重；而当这部分庞大人口组群过渡到老年之后，老龄化"汛期"严重阶段就到来了，使人口老龄化如同人口城市化一样，呈现S曲线阶段性推进的特点。

第一阶段2000～2020年为S曲线底部，老龄化缓慢攀升阶段。65岁以上老年人口所占比例可由6.96%上升到12.04%，升高5.08个百分点，年平均升高0.25个百分点。

第二阶段2020～2040年为S曲线挺起中部，老龄化加速上升阶段。65岁以上老年人口所占比例可由12.04%上升到21.96%，升高9.92个百分点，年平均升高0.5个百分点，增速比第一阶段提高1.0倍。

第三阶段2040～2050年为S曲线顶部，老龄化缓慢攀升后呈基本稳定态势。65岁以上老年人口所占比例可由21.96%上升到23.07%，升高1.11个百分点，年平均升高0.11个百分点，为三阶段中增长速度最低的一个阶段。2050年以后，虽然老年人口占比可能还有所上升，但是上升幅度极其有限，处于S曲线顶部徘徊震荡状态。

其三，老龄化在城乡和地域空间分布上不平衡。上述老龄化进程中表现出来的特点，是就全国总体而言的。然而，由于中国幅员辽阔，地理条件相差很大，经济、科技、社会发展水平参差不齐，更为直接和更为重要的是以往人口出生、死亡自然变动差别较大，造成城乡之间、地域之间人口老龄化的明显差异。

老龄化城乡分布不平衡。20 世纪 80 年代伊始，中国人口年龄结构跨入成年型，1982 年第三次全国人口普查 65 岁以上老年人口所占比例达到 4.91%，接着开始向老年型过渡。然而这种过渡在城乡之间表现出某种差异：该年普查 65 岁以上老年人口占比由高至低排序依次为县占 5.00%，市占 4.68%，镇占 4.21%，县（农村）老年人口占比要高一些，向老年型过渡的速度更快一些。1990 年"四普"这一趋势延续下来，当年全国 65 岁以上老年人口占比上升到 5.57%，县上升到 5.64%，市上升到 5.53%，镇上升到 5.49%，由高至低排序依旧为县、市、镇，只是差距比"三普"时稍稍有所缩小。2000 年"五普"提供的数据表明，全国 65 岁以上老年人口占比上升到 6.96%，县、市、镇之间的差距不但得以继续，而且有所扩大：县上升到 7.74%，市上升到 7.00%，镇上升到 6.25%。1982 年、1990 年、2000 年三次人口普查相比，县、市、镇 65 岁以上老年人口占比，先是由 1.00∶0.94∶0.84 缩小到 1.00∶0.98∶0.97；然后再扩大到 1.00∶0.90∶0.81，县老年人口占比高出市镇的幅度增大了。2010 年"六普"城乡老龄化扩大的趋势继续延续下来，而且出现镇超过市一反常态的新情况：全国 65 岁以上老年人口占比上升到 8.91%，其中县上升到 10.06%，镇上升到 7.97%，市上升到 7. 69%，县、镇、市 65 岁以上老年人口比率变动并扩大到 1. 00 : 0. 79 : 0. 76[①]。

为什么会造成城乡之间老年人口比例差距的扩大呢？基本上是流动和迁移人口的持续增加，特别是步入 21 世纪以来大量增加所造成的。2000 年"五普"资料显示，以居住在本地区半年以上计算的全国迁移人口达到 14439 万，扣除本县（市）其他街道、镇人口和本市区其他街道、镇人口后，其余 9287 万主要为本市区其他乡和外省迁入的农村进入城镇的流动人口。也就是说，这 9000 多万中的绝大多数为事实上由农村迁入城镇的常住人口。2010 年"六普"人户分离人口上升到 26094 万，较"五普"大幅度增加。目前这一趋势仍在延续，国家统计局最近发布的公告称：2013 年全国居住地和户口登记地不在同一个乡镇街道且离开户口登记地半年以上的人口（即人户分离人口）为 2. 89 亿，其中流动人口为 2. 45 亿。[②] 流动人口进入城镇并基本定居半年以上，则被统计为城镇常住人口，稀释了城镇特别是城市的老龄化，拉开了同农村

---

① 依据《中国 1982 年人口普查资料》，中国统计出版社 1985 年版，第 272~313 页；《中国 1990 年人口普查资料》第二册，中国统计出版社 1993 年版，第2~17 页；《中国 2000 年人口普查资料》上册，中国统计出版社 2002 年版，第 570~581 页；《中国 2010 年人口普查资料》（上册）中国统计出版社 2012 年版，第 270~276 页数据计算。

② 国家统计局 2014 年 1 月 20 日发布，参见国家统计局网站，2014 年 1 月 20 日。

的距离。按照人口自然增长计算，2011 年 6 月 28 日全国城镇常住人口当首次超过农村，开城乡人口结构历史转变之先河；对老龄化城乡分布的直接影响，是农村老年人口的累进增加，城乡老龄化分布不平衡的进一步加剧。预测 21 世纪 20 年代城镇人口达到 60% 以后，农村人口向城镇转移的速度将减慢下来，规模将有所缩小。此为县、市、镇人口老龄化差距缩小创造条件，此后城镇特别是大城市的人口老龄化速度将会有所加快。

老龄化地域分布不平衡。上述人口流动和迁移，不仅左右着市、镇、县之间老龄化程度的差异，而且对地域之间的年龄结构老龄化和老龄化向纵深发展，产生不容忽视的影响。一个鲜明的标志是，老年人口占比自高至低由原来东、中、西部"三大板块"分布，逐步转向中西部合二为一，总体上呈"两大板块"分布格局。这种改变始于 2005 年，当年全国 65 岁以上老年人口占比为 9.07%，高于这一水平的有 13 个省、直辖市，其中东部沿海有 7 个省、直辖市，占 53.8%；中部有 3 个省，占 23.1%；西部有 3 个省、自治区、直辖市，也占 23.1%。中西部合计已有 6 个省、自治区、直辖市，占 46.2%。低于全国水平的有 18 个省、自治区，其中东部沿海有 4 个省，占 22.2%；中部有 5 个省，占 27.7%；西部有 9 个省、自治区，占 50.0%。中西部合计占 77.8%，为老龄化程度较低地区[①]。2010 年第六次人口普

---

① 《中国统计年鉴 2006》，中国统计出版社 2006 年版，第 109 页。

查，情况进一步变化：全国 65 岁以上老年人口占比提高到
9.4%，中西部老年人口占比进一步提高。虽然东部与中部、西
部的差距仍较明显，但是中西部的差距却缩小了，老龄化东部
与中西部合二为一的"两大板块"态势，变得清晰和明朗起来。

二 养老保障体系顶层设计

新中国成立 65 年、改革开放也已走过 35 年的路程，包括
养老保障在内的社会保障，到了可以顶层设计的时候了。

1. 养老保障发展面面观

（1）历史的回顾

在半殖民地半封建的旧中国，广大民众生活在水深火热之
中，衣不蔽体、食不果腹，根本无社会养老保障可言。不过在
中央苏区，则给予某种关注。如 1925 年第二次全国劳动大全
通过的《经济斗争方案》中，就提出"应实行社会保险制度，
使工人于工作伤亡时，能够得到赔偿，疾病失业老年时能够得
到救济"。1927 年第四次全国劳动大会通过的《经济斗争决议
案》，提出"为了保障工人的生活条件，对不可避免的疾病、
死亡、失业、衰老等，实行社会劳动保险"[①]。其后，在中央

---

① 参见《中国历次全国劳动大会文献》，工人出版社 1957 年版，第 17 页。

苏区曾颁布过《劳动法》，规定雇主每月拿出工资总额的
10％ ~15％，作为雇工生老病死伤残的补助。1948 年在哈尔
滨召开的第六次全国劳动大会通过决议，规定按照职工的工龄
长短每月发给相当于其本人工资 30％ ~60％ 的养老金。这个
被称为《东北条例》的实施，曾使东北地区 420 个工厂 79.6
万名职工受益①。然而这些养老保险仅仅局限在解放区范围，
全国社会保险事业的起步和发展，则是 1949 年中华人民共和
国成立以后的事情。

作为新中国成立后的第一部法典《共同纲领》，第 23 条
规定"逐步实行劳动保险制度"。1951 年《中华人民共和国劳
动保险条例》由政务院公布实施，按此条例规定 100 人以上的
国营工业企业职工，享有工伤、疾病、养老等劳动保险待遇，
开共和国养老保险之先河。到 1956 年，享受该条例待遇的职
工人数达到 1600 万，占当年国营、公私合营和私营企业职工
总数的 94％，保险费用全部由企业负担。

1958 年国务院发布《关于工人、职员退休处理的暂行规
定》，将企业退休从《劳动保险条例》中分离出来，与机关工
作人员退休合并，形成包括企业、机关、事业单位范围更为广
泛的养老保险。"文革"开始后，20 世纪 50 年代的养老保险制

---

① 参见田雪原主编《中国老年人口》（社会），社会科学文献出版社 2007 年第 2
　　版，第 313 页。

度被冲垮，1969 年起原由各级工会负责管理的劳动保险基金不再筹集。

1978 年经第五届全国人民代表大会第二次会议通过、由国务院颁布了《关于工人退休、退职的暂行办法》和《关于安置老弱病残干部的暂行办法》，两个办法分别规定按照参加工作时间和工作年限，发给相当于月工资 60% ～ 90% 的退休金，并且规定不得低于 25 元/月的最低标准。这两个办法，则开工人和干部两种退休制度之先河，实行两种不同的体制和机制。1991 年国务院发布《关于企业职工养老保险制度改革的决定》，将覆盖面扩大到集体经济，改养老保险金由国家、企业、个人共同负担，建立基本养老保险、企业补充养老保险和职工个人储蓄性养老保险相结合的养老保险体制机制。1995年《国务院关于深化企业职工养老保险改革的通知》提出："基本养老保险费用由企业和个人共同负担，实行社会统筹与个人账户相结合"，并在附件中，规定了《企业职工基本养老保险社会统筹与个人账户相结合实施办法》。

1995 年《国务院办公厅转发民政部关于进一步做好农村社会养老保险工作意见的通知》中，要求从实际出发，在具备条件的地区要积极发展农村社会养老保障事业，引导农民参加社会养老保险。

1996 年《中华人民共和国老年人权益保障法》公布，明确"国家建立养老保障制度，保障老年人的基本生活"，老年人享有养老金，以及关于养老金足额发放、养老金监管、老年福利、老年救助等的规定。2000 年《中共中央、国务院关于加强老龄工作的决定》发布，要求城镇"要建立起以基本养老保险、基本医疗保险、商业保险、社会救济、社会福利和社会互助为主要内容的比较完善的养老保障体系"；"逐步建立国家、社会、家庭和个人相结合的养老保障机制"。2005 年《国务院关于完善企业职工养老保险制度的决定》发布，重申要确保基本养老金按时足额发放、扩大养老保险覆盖范围、逐步做实个人账户、加强基本养老保险金征缴与监管、加快提高统筹层次等规定①。至此，城镇现阶段养老保障体系、养老保险体制机制基本格局，有了一个大致的轮廓。

2009 年 9 月，国务院下发《新型农村社会养老保险试点指导意见》（简称新农保）。新农保是以保障农村居民年老时的基本生活为目的，以保基本、广覆盖、有弹性、可持续为原则，以个人、集体、政府相结合筹资为基本模式，由政府组织实施的社会统筹与个人账户相结合，与家庭养老、土地保障、社会救助等政策措施相配套的社会养老保险制度。新农保打破原来农村养老保险完全由个人筹资的单一模式，变为个人缴费（年缴费 100 元为基准，其余每增加 100 元提高一个档次，共

---

① 参见孙陆军主编《中国涉老政策文件汇编》，中国社会出版社 2009 年版，第 1~53 页。

5个档次）、集体补助（补助标准由村民会议民主确定）、政府补贴（中央确定的基础养老金最低标准为每人每月55元，中央财政对中西部地区给予全额补助，对东部地区给予50%的补助）、地方政府对参保人缴费给予补贴（不低于每人每年30元），四方共同筹资模式。支付分为基础养老金和个人账户养老金两部分，其中基础养老金由国家财政作保证。根据这些规定，年满60周岁未享受城镇职工基本养老保险待遇的农民，即可按月领取基础养老金，但其符合参保条件的子女应当参保缴费；距领取年龄不足15年者应按年缴费，也允许补缴，累计缴费不少于15年；距领取年龄超过15年者应按年缴费，累计缴费不少于15年。个人账户养老金的月计发标准为个人账户全部储存额除以139，与现行城镇职工基本养老保险个人账户养老金计发系数相同。参保人死亡，除政府补贴外，个人账户中的资金余额可以依法继承。新农保要求，2009年试点覆盖面为全国10%的县（市、区、旗），2020年之前实现对农村适龄居民的全覆盖。而实际进展则大大加快，目前已基本实现全覆盖。

2013年7月1日，新修订的《中华人民共和国老年人权益保障法》（简称《新老保法》）正式实施。《新老保法》由原来的8章50条增至9章85条，依据变化了的新情况，主要是老龄化程度的进一步加深、家庭进一步小型化、空巢老年家庭进一步增多等，强调要尊重老年人的意志和选择，保障老年人的

合法权益。这是当前老年社会保障的"护身符",也可从中窥出现行养老保险制度之一斑。尤其值得关注的,是以下四点:

其一,子女要切实履行对父母的赡养义务,包括经济供养、生活照料和精神慰藉。其中将在时间和财力允许条件下"常回家看看"写进《新老保法》,引起社会热议。其实,"看看"应包括探视、书信、电话等多种形式。对拒绝赡养、抚养的,由相关单位给予批评教育;对实施家庭暴力或虐待家庭成员的,受害人可以请求村委会、居委会予以调节,或向公安机关提请行政处罚;构成犯罪的,可向法院提起诉讼。

其二,政府和社会组织要进一步负起责任,完善养老服务体系。国家要建立和完善以居家养老为基础、社区为依托、机构为支撑的社会养老服务体系,政府和社会组织要发展社区养老服务、建立适合老年人口需要的服务设施和网点,提供生活照料、医疗护理和紧急救助等方面的服务。

其三,推进老年住房建设,提高老年人口居住环境质量。强调依照老年宜居建设基础性标准,推动并扶持老年人口家庭无障碍设施改造,支持老年住宅开发,各级政府和社会组织要采取有力措施,尽可能为老年人口打造安全、便利、舒适的居住和生活环境。

其四,强调按照"老人意愿优先"原则,处理涉老各种事宜。《新老保法》规定,各级政府在办理房屋权属变更、户口迁移等事项时,要对老年人进行询问,按老年人意愿优先办理。政府有关部门在办理涉及老年人权益的重大事项时，负有特殊义务，防止擅自处置老年人重大人身和财产权益的事件发生。

（2）国际社会养老保障类型

不同学科对社会养老保障类型，做出不同的概括。笔者以为，基本上可以归纳为以下五种体制和类型：

一为收入保险关联型，亦称传统型。主要特征是养老金给付同收入缴费挂钩，由雇主和雇员共同负担缴费。不追求高覆盖率，养老金替代率适中，养老金融业比较发达，一般征缴和给付都较有保障。以美、德、法等发达市场经济体国家为主要代表。

二为社会福利型。强调"普惠制"原则，基本养老保险覆盖全体国民，养老金来源主要为政府税收。养老金水平不高，需要其他保险加以补充。以英、澳、加、日等发达国家为代表。

三为储金型。贯彻自我保障原则，实行完全积累的基金模式，形成不同类型的个人养老保险账户或公积金账户，按账户基金储金多少给付养老金，以新加坡、智利等新兴市场经济体国家为代表。

四为混合型。原来社会福利型养老保险的某些国家，由于经济不景气、资金来源困难，遂进行改革，借鉴雇主、雇员共同缴费的某些做法，演变为传统收入关联型与福利型相结合的混合型养老保险，以英国、加拿大为代表。

五为原计划经济国家统包养老保险型。即在全民和集体所有制企业工作的职工，不需要个人缴费，国家按照工作年限和工资级别，退休后定期给付一定的养老金。由于政局变动，此类养老社会保险已不复存在；但是改革后，一些国家仍旧残留着若干统包型养老保险的痕迹。

中国属于何种体制、哪种类型？似乎与上述五种体制类型都有某些相近之处，又不同于其中任何一种。一般将中国养老保险体制概括为"社会统筹＋个人账户"型，无疑有一定的道理；然而这是对养老金征缴还是给付的概括，抑或是对运行机制的概括？很难说清楚，似乎兼而有之，而且仅仅是对城镇职工而言的，并不包括广大农村居民。

养老社会保险体制定位必须清楚，只有定位清楚才能进行改革和体制创新。好比百里行程必须清楚当前所处的位置，才能知道距离目的地有多远、需要如何走才能到达一样。笔者以为，目前中国的养老社会保险体制，可用混合过渡型概括。所谓"混合"——个人缴费与工资收入挂钩，按工资收入一定比例缴纳养老金（一般为8%），同前面收入关联型、储金型颇为相似；企业、单位按参保对象工资收入比例缴纳一定数额的基本养老保险金（一般占工资的20%），强调养老保险全覆盖，实行社会统筹，国家财政对养老金亏空进行一定的补贴，则有明显的福利型养老保险体制色彩。所谓"过渡"——新中国成立 60 多年来，养老保险经历从无到有、从小到大、从窄到宽的不断变动，充满过渡性质。如前所述，最初的养老保险被囊括在劳动保险条例之中（1951 年）；1958 年将企业退休从劳动保险条例中分离出来，与机关退休合并成范围较广的养老保险；1978 年实行干部与工人分开的两种退休和养老保险制度；1991 年覆盖面扩大到集体经济，提出建立基本养老保险、企业补充养老保险和职工个人储蓄性养老保险相结合的体制；1995 年提出基本养老保险费用由企业和个人共同负担，实行社会统筹与个人账户相结合的体制机制；1995 年首次提出在具备条件的农村发展社会养老保障事业，引导农民参加社会养老保险；2009 年开展新型农村社会养老保险试点，到2012 年上半年新农保参保者达 4.05 亿，其中领取养老待遇的达 4000 多万人，目前已基本上实现全覆盖。2013 年 7 月 1 日新修订的《中华人民共和国老年人权益保障法》正式实施，标志着养老社会保障步入法制化建设轨道。纵观新中国成立65 年来养老社会保险在"双二元体制"下推进的历程，混合中有改革，改革后又组成新的混合体制，因而用混合过渡型养老社会保险体制来概括，是比较适当和可以接受的。

2. 养老社会保障体系顶层设计

面对 21 世纪人口老龄化的加速推进，许多国家都在重新规划本国的养老社会保障体系，改革养老保险体制机制，以求安全渡过老龄化峰值"汛期"。中国人口在加速走向老龄化严重阶段过程中，经济发展将长期处于中等收入水平，未富先老矛盾突出；社会保障事业不发达，养老保险城乡、城市内部"双二元结构"亟待破解等，决定着中国养老保险必须走体制创新之路。创新要从实际出发，要在原有的基础之上寻求创新。这个基础，包括 65 年来特别是改革开放 35 年来养老保障变动和改革走过的历程。最主要的，是在全面深化改革新条件下，寻求养老社会保障体系和养老保险体制顶层设计创新。

国内外研究中国养老保障论著中，有一个基本的共识，即缺少或没有顶层设计。然而要搭建顶层设计，首先要对搭建的材料有一个明确的界定——恰在这一点上，存在概念不清、界定不明、信手拈来、随意使用和发挥等乱象，结果研究者本人未讲清楚，别人更是一头雾水。所以在提出顶层设计之前，有必要将养老保障、保险、体系、体制、机制等概念，做出简要的阐释和界定。

养老保障、养老保险。参考国内外相关论著和各类专业词典的解释，笔者以为，养老保障指保护老有所养不受侵犯的制度和实施规范，涉及所有养老内容和组织；养老保险是将各方面的养老资金汇集起来，交由专门的保险机构运作，按时向投保人及其他符合条件的老年人发放养老金。在英语中，保障（security）与保险（insurance）是有明显区别的；而在汉语中，二者容易混淆。有些论著则随意使用，一会儿使用保障，一会儿使用保险，两个概念的内涵和外延均不够清楚。

养老体系、养老体制、养老机制。养老体系指同老有所养相关的组织，按照一定的架构集合成一个有约束力的整体，同养老保障相对应；养老体制指由国家、企业、单位、个人等组成建立的规范化的养老制度，同养老保险相对应；养老机制则指构成养老体制的组织、个人，相互作用的过程和方式。英语中，体系和体制都可以使用 system 一词，区分不是很明显；汉语则区别明显，体系包括的范畴要更广泛一些。

按照这样的界定并联系 60 多年来中国养老保障、养老保险、养老体系、养老体制、养老机制演变过程，在历史推进到 21 世纪和当下全面深化改革的今天；养老社会保障体系的顶层设计，首先要破除现行养老保险体制的"双二元结构"。所谓"双二元结构"，一是指城镇与农村相分割的养老保险体制。城镇基本上建立了现行的一套养老保险制度，尽管这一制度还存在很多缺陷；农村长期没有像样的养老保险制度，只是 2009 年以来方才开展新型农村社会养老保险试点，并且迅速实现全覆盖。不过这样的新农保，不仅由个人、集体、中央财政、地方政府四方共同筹资方式与城镇有很大不同，而且受筹资限制总体给付水平比较低，是很低水平的全覆盖，城乡养老保险差距很大。二是指自 1978 年以来，城镇实行的是干部与职工两种不同的养老保险体制机制。城乡之间和城镇内部这种

"双二元结构"养老体制的致命缺陷，是城乡分割、条块分割、地区分割，造成养老保险多头、多渠道、分散化、碎片化。养老社会保障体系顶层设计，就是要将城乡、城镇内部这种多元分散化整合到一起，建立并逐步形成全国统一的养老保险体制。初步构想，其体制机制框架、结构如图4所示。

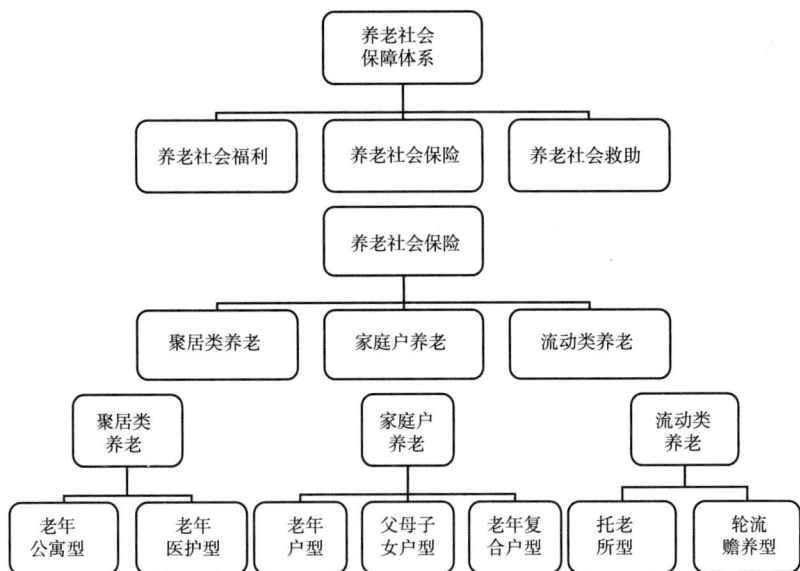

图4 养老社会保障体系架构

图4显示，完整养老社会保障体系"金字塔"，自上而下可分为三个层次：

第一层次，养老社会保障体系主要由养老社会保险、养老社会福利和养老社会救助三个子系统支撑（医疗保险、商业保险处于养老辅助地位，未列入主体结构中）。三者之间是

"主体两翼"的关系：养老社会保险是主体，具有中心、主导、辐射性质；养老社会福利和养老社会救助是补充，不过这种补充对于高龄、病、残等更为弱势老年群体说来，则是不可或缺的。

第二层次，养老社会保险体制运行的家庭、聚居（公共）和流动机制及其相应的养老类型，保障了国家、企业（单位）、家庭、老年本人不同功能和作用的发挥，主体为家庭户养老。

第三层次，支撑家庭、聚居（公共）、流动三种养老机制的具体形式，主体为支撑家庭户养老的老年户型、父母子女户型、老年复合户型。从发展角度观察，聚居类养老的老年公寓型、老年医护型，以及流动类养老的托老所型等，有不断扩张的趋势。

三　养老社会保险体制改革

在上述"金字塔"养老社会保障体系中，养老社会保险体制是核心，是支撑体系存在和发展的顶梁柱。虽然养老社会福利和养老社会救助体制也要改革，使之更加完备，以便更好地发挥其对养老社会保险不可替代的辅助功能和作用；然而，一是它们服务的对象为老年人口中更为弱势的特殊群体，人数有限，所占比例较低；二是保障的实际内容也比较特殊，带有某种专项性质，不具有普遍性质。因此，改革和创新的重点，便落在了养老社会保险的体制机制上。主要的，一是要准确定位养老社会保险的体制，明确改革创新的方向和思路；二是要在完善监管体制机制基础上，确保养老金保值和增值。

1. 养老改革的方向和思路

尽管国内外对养老社会保险体制分析和概括有所不同，不过笔者以为，都应该从实际出发，在现有基础上不断向前推进。党的十八届三中全会通过的《决定》指出：坚持公平和可持续是改革必须遵循的两条基本原则。2013 年我国 GDP 总量达到568845 亿元，人均 41805 元。按当年人民币对美元 6.1∶1 计算，折合为人均 6853 美元。依据世界银行设定的标准，已跨入中高收入门槛。[①] 也就是说，具备了实行全国统一的养老社会保险体制改革的经济基础。而"双二元结构"体制的种种弊端也越来越清楚地暴露出来，已经到了非改革不可的时候。城乡分割、城镇干部与职工分割的养老保险"双二元体制"，虽然改革开放以来发生了某些变化，主要是以养老金为代表的社会供养增长比较明显，老年本人劳动自养显著减弱，子女供养城镇有所减弱、农村有所增强；但是基本的格局未变，城镇以社

---

① 国家统计局 2014 年 1 月 20 日发布，参见国家统计局网站，2014 年 1 月 20 日。

会供养为主，农村以家庭子女供养为主，并以老年劳动自养和
新农保做补充（见表1）。①

表1　中国1987～2010年老年人口供养构成变动

单位：%

	年份	养老金	子女供给	本人劳动收入	其他
	1987	63.7	16.8	14.6	4.9
城市	2005	76.9	7.0	9.6	6.5
	2010	80.6	7.5	5.1	6.8
	1987	4.7	38.1	50.7	6.5
农村	2005	9.8	37.1	39.8	13.3
	2010	20.1	42.5	31.3	6.1

表1表明，迄今为止，城乡"双二元结构"养老社会保
险体制基本格局未变，构成对养老社会保险制度公平性的严峻
挑战。在城镇内部，企业职工养老保险由基本养老保险、企业
补充养老保险和个人储蓄性养老保险三部分组成，使得不同企
业之间养老金征缴和给付水平差距日益扩大；国家机关、事业
单位干部退休，基本上按照"老人老办法"未动，干部特别
是离休干部离休金上涨较快，近年来财政补贴也不断增加，使

---

① 1987年数据，参见《中国1987年60岁以上老年人口抽样调查资料》，《中国
人口科学》专刊（1），1988年版，第260～263页。2005年数据，依据
《2006年中国城乡老年人口追踪调查数据分析》第63～66页数据计算，中国
社会出版社2009年版。2010年数据，来源于中国社科院人口与劳动经济研究
所《2010年七省区人口社会调查资料》，2010年。

离休干部—退休干部—普通职工之间退休金差距越拉越开，形成新的分配不公。不管怎样，城市养老保险在不断改革，总的趋势是养老金不断提高，给付的养老金额不断增加。农村虽然开展了新型养老保险试点并且基本上实现了全覆盖，比过去前进了一大步，然而各类调查表明，家庭子女供养始终占据主导地位，甚至用法律将家庭子女赡养义务固定下来。结果怎样呢？城乡养老保险给付差距悬殊。2011 年城镇职工基本养老保险基金支出 12764.9 亿元，离退休人数 8626.2 万，人均给付养老金 14797.8 元；新农保试点基金支出 587.7 亿元，达到领取待遇年龄参保人数 8921.8 万，人均领取 658.7 元，仅相当于城镇职工的 4.5%①。如果加上城镇离退休人员各种补贴收入，差距还要拉大许多，严重挑战养老社会保险的公平性。

应对挑战和实现公平，消除城乡之间、城镇内部"双二元结构"，建立全国统一的养老社会保险创新体制是根本。创新体制的建立既不能置原来的体制于不顾，也不能仅仅是原来体制的小修小补，而是要从实际出发，积极改革，稳步推进。对此，《决定》进行了总体部署："坚持社会统筹和个人账户相结合的基本养老保险制度，完善个人账户制度，健全多缴多得激励机制，确保参保人权益，实现基础养老金全国统筹，坚持精算平

---

① 依据《中国统计年鉴 2012》中国统计出版社 2012 年版，第 943、944、951 页数据计算。

衡原则。推进机关事业单位养老保险制度改革。整合城乡居民基本养老保险制度"，[①] 指明了改革的方向、确定了基本的方针和要求。沿着这样的思路，笔者提出：改革就是要建立积累补充型养老社会保险新体制。这一新体制构建的原则和基本点是：

第一，以个人缴费积累为主。即改革和建立的积累补充型养老社会保险新体制，主要建立在以个人缴费积累为主的基础之上。这与现行的城镇"社会统筹＋个人账户"体制，既有联系、又有区别。联系——将个人账户升级为个人积累账户；区别——现实的个人账户是虚的，养老金给付并不按照个人账户余额，而是依据退休时工资多少、参加工作时间和工作年限，按规定比例计算和支付的；个人缴费年限，一般为15年。改革所要建立的积累补充型养老社会保险新体制，强调以个人缴费积累为主，并且逐步实现个人账户积累余额与养老金给付直接挂钩。具体改革建议：可从参加工作时开始缴费，累积缴费时间为20年；超过20年可延长缴费至退休时止，本着多缴多得原则，保证多缴费者多受益。现行养老金个人账户并不与实际领取的养老金多少挂钩，经过试点取得经验后，逐步实现退休后主要按照养老金个人积累账户余额给付。农村也可在新农保基础上，分阶段实现向以个人积累账户为主转变。如此，将逐步完成养老社会保险体制由社会统筹为主向以个人积累为主的转变。

_____

① 　参见《改革开放以来历届三中全会文件汇编》，第210页。

第二，企业（单位）缴费积累为辅。现行城镇"社会统筹＋个人账户"体制，企业（单位）一般按职工工资20%的比例缴纳养老金，效益差的企业感到负担过重，效益居中的企业也是一项不容忽视的负担，只有效益好的企业可以承受。当前劳动力价格（工资率）上涨助推生产成本上升，影响了企业的利润和发展，企业（单位）缴纳占工资20%的比例的养老金似乎高了些。可以考虑，与职工个人缴费率同等或略高，例如调整到相当于职工工资的10%～15%；但是缴费时间需同职工缴费时间相一致，即20年。如果职工缴费时间继续延长，企业（单位）缴费积累也要相应延长，比例可与职工相同或略高，直至职工退休时为止。这种"放长线钓大鱼"的改革，一是可以减轻企业（单位）当前养老金缴费过重的负担，有利于企业的健康和可持续发展。二是由于每年的实际缴费额有所下降，可以提高企业（单位）的养老金缴费完成率，减少和杜绝企业（单位）的拖欠现象，从而有利于积累补充型养老新体制的建立和运转。

第三，发挥政府与市场两种积极性。实行积累补充型新养老体制，无疑要充分发挥政府的主导功能和作用。主要是制定新养老社会保险体制的实施细则、相关的法律法规、自上而下的监管体制机制，以及制定城乡推行新养老保险体制实施办法等。此外，还要注意到城乡老年人口中高龄、伤、病、残、孤、寡等更为弱势群体的养老保险，完善养老社会福利和社会救助制度，提高扶持的力度，缩小这部分老年弱势群体同总体养老保险水平之间的差距。逐步提高低保水平，满足老年贫困群体的基本生活需求。在改革和体制创新过程中，既要发挥政府的主导作用，也要引进相应的市场机制。鼓励企业、社会组织、个人进行养老保险投资，兴办各种类型的养老保险事业和发展养老产业，发挥政府、社会组织和个人多方面的积极性。

党的十八届三中全会通过的《决定》提出："建立健全合理兼顾各类人员的社会保障待遇确定和正常调整机制"，"研究制定渐进式延迟退休年龄政策。加快健全社会保障管理体制和经办服务体系"等，无疑都要发挥政府的主导作用和市场在资源配置中的决定性作用。以延迟退休年龄而论，早在26年前笔者就曾提出并撰文阐述未来延长退休年龄的必要性和可能性，以及怎样避免同劳动年龄人口争夺劳动力市场等问题。不过当时主要出于有益于利用劳动力资源、发挥人力资本潜能考虑。如果一个人从小学到读完博士研究生毕业，需要22年左右，走上工作岗位已到了而立之年。60岁退休，只能工作30年；而多数人此时身体状况尚佳，还可以继续工作几年。如以65岁退休计算，则相当于延长16.6%的工作年龄，或者提高相等的人力资本利用率。当前在人口老龄化加速推进的情况下，延长退休年龄对于缓解养老金支付来说，也有着不可替代的作用。但是延长退休要建立在现实劳动者绝大多数已经达到十足退休年龄基础上。而在这方面，目前还有一定差距——

目前总体劳动年龄人口的实际退休年龄尚不足 55 岁。因此，要在全社会已经达到十足退休年龄以后，延长退休年龄才有实际意义，才有可操作性。

2. 确保养老金保值增值

一个时期以来，养老金空账和半数省份城镇职工基本养老保险金收不抵支，被炒得沸沸扬扬。[1] 相关部门出来"辟谣"：不存在养老金入不敷出问题，近 10 年来我国养老金累计结余 1.9 万亿元。与此同时，又传出相关部门准备推迟养老金支付年龄信息——有人认为，是迫于养老金支付压力；该部门负责同志同样做出带有"辟谣"性质的阐释：推迟养老金支付年龄不等于推迟退休年龄，与养老金压力无关，主要是出于适应老龄化特别是预期寿命延长考虑。实际情况怎样呢？养老金空账客观存在，那是投保人个人账户账面上的空账；养老金结余也是客观存在，那是按现收现付制计算下来的累计结余。统计资料显示：1990 ~ 2011 年，城镇职工基本养老保险基金收入由 178.8 亿元增加到 16894.7 亿元，支出由 149.3 亿元增加到 12764.9 亿元，收入减去支出 21 年累计结余 19496.6 亿元。[2] 即就现收现付转移支付而论，目前全国不存在养老金收不抵支问

---

[1]　参见郑秉文、孙永勇《城镇职工基本养老保险半数省份收不抵支》，《上海大学学报》2012 年第 3 期。

[2]　《中国统计年鉴 2012》，中国统计出版社 2012 年版，第 943 页。

题；但是随着人口老龄化加速推进和退休人口累进增长，加上部分企业拖欠养老金缴费有增无减，以此来推算，不出 20 年将出现带有全局性的收不抵支局面，风险在逐步积累。

另外，劳动年龄人口占比越过峰值，劳动力无限供给宣告结束；以数量扩张型为主的经济经过 30 多年的快速发展，自然资源自给率大幅度下降，对外依存度越来越大；总体上国民经济处在传统工业化后期、现代化前期，劳动力、能源、其他原材料要素成本上升带动物价指数上涨，边际投资效益下降，则是必然的趋势，养老金保值增值压力逐渐增大。出路在于改革，改革养老金监管体制机制。除了建立健全从法治上确保养老金按时足额征缴体制外，需要着重考虑以下三个方面的改革和体制创新：

一是完善监管体制机制。一个时期以来，养老金被侵占、挪用屡有发生，说明养老金管理体制有问题。在法规、制度和管理机制上存在漏洞，不能做到专款专用。养老金监督体制不健全，未能形成从上到下层次分明、独立运行的体制机制。要借鉴国际社会的成功经验，按照法治化要求，建立完整的一套养老金管理和监督的体制机制。

二要适度填补养老金个人账户空账。如前所述，不能因为存在养老金个人账户空账，就得出入不敷出的结论；同样也不能因为近一二十年养老金累计大量结余，就可以高枕无忧，否定养老基金潜在的风险。从长期发展趋势观察，适度做实养老金个人账户是方向。为此，就要建立相应的体制机制，制订一定时期做实部分个人账户的方案，规定个人账户做实的比例、额度、资金来源、监管规则，提高养老基金抗风险能力。

三要引进市场体制机制。养老社会保险体制机制创新，离不开政府推动和依法运行；然而仅有政府强制的行政手段是不够的，效率也是不高的。实现养老金保值增值，创新应包括引进和建立必需的市场体制机制。1981～2011 年亚洲金融风暴、美国次贷危机、欧洲债务危机等不断爆发，发达经济体经济陷入低谷；但是主要国家的社会养老金，却保持着长期稳定的保值增值。上述期间美国、德国、英国、加拿大、荷兰、瑞士 6 国养老资金年平均投资收益率达到 6.25%，与经济不景气形成鲜明的对照。其主要的经验是：引入私人机构参加养老金管理，积极扩大养老金投资渠道，加强养老金投资监管以规避金融风险等，最终达到养老基金持续增值的目的。① 我国养老金金融市场刚刚开启，推进金融市场体制机制改革创新，借鉴国际社会成功的经验不仅是必要的，而且是必需的。

---

① 参见罗熹《依托金融市场运作养老资金是我国的必然选择》，《红旗文稿》2012 年第 20 期。

二元体制

——城市（镇）化转型升级改革必须突破的藩篱

"完善城镇化健康发展体制机制，坚持走中国特色新型城镇化道路，推进以人为核心的城镇化，推动大中小城市和小城镇协调发展、产业和城镇化融合发展，促进城镇化和新农村建设协调推进。优化城市空间结构和管理格局，增强城市综合承载能力"——《决定》中的这一段话，指出了城镇化发展的方向和目标，改革应当遵循的方针和政策。

改革开放以来我国城市化驶入快车道，在承接工业化、信息化和促进农业现代化过程中发挥了不可替代的作用。然而，在城市化快速推进中，矛盾和问题也逐渐暴露出来、积累起来，倍感"失市"之痛，因此跨越城市化"拉美陷阱"日益被提到日程上来。

城市化"兴市"改革，应始终遵循"以人为核心"的宗旨。树立包括城市化在内的"以人为核心"的科学发展观，首先要明确发展的目的，是为了满足城乡居民全面发展的需要；其次要明确城市化的动力发生转变，人力资本的推动力不断增强；再次要明确城市化转型迫在眉睫，需要按照人口数量素质结构协调发展型、资源节约型、环境友好型向前推进。

实现这样的转型升级改革，重点是在厘清城镇化还是城市化，还城市化概念本意基础上，冲破城乡分割的"二元体制"藩篱，摆正政府与市场的关系，发挥市场对资源配置的决定性作用和政府的主导作用。实现农业转移人口在户籍、就业、教育、医疗、养老保障等方面享有同等的权利，完成转移农民向市民化的转变。

一　城镇化"失市"之痛

改革开放以来我国城市化驶入快车道，在承接工业化、信息化和促进农业现代化过程中发挥了不可替代的作用。与国民经济一起高速成长，有的国际人士称之为可与 21 世纪美国高科技成果相媲美的最伟大的成就之一。然而，在城市化快速推进中，矛盾和问题也逐渐暴露出来、积累起来，当下到了必须引起重视和进行改革的时候了。虽然这些矛盾和问题表现各异，但都程度不同地在"城镇"与"市"的关系上表现出来，"失市"是矛盾的主要方面。

1. "失市" 的表现

将"市"从城镇化中抽象掉，形成"多城镇而少市"、

"大城镇而小市"甚至"有城镇而无市",是目前城镇化过程中矛盾的主要方面,问题的主要表现。特别是以下几个方面,更为突出:

其一,城镇化推进过快,"城大市小"问题凸显。总结工业化国家城市化发展的历史,在发展阶段上取得较多共识:S曲线模型将城市化率25%以下作为起步阶段,25%~40%作为快速推进阶段,40%~60%作为加速推进阶段,60%~75%作为缓慢推进阶段,75%以上作为震荡徘徊阶段。新中国成立以来经历过的前三个阶段,大体上也按照这样的速率走过来。具体说来,1949年至2013年中国人口城市化变动与世界、发展中国家相比较,相同的一点是都有较大幅度的提升;最大的不同在于世界和发展中国家呈斜线平滑持续上升趋势,中国则是在走过了曲折的发展道路之后,才赶上并略超过世界平均水平。就中国人口城市化推进的速度而言,可以粗略地划分为三个阶段:1949~1960年为起步和较快增长阶段,城镇人口比例由10.64%增长到19.75%,提升9.11个百分点,年平均提升0.83个百分点。1960年以后先是12年后退,1972年退至17.13%的最低水平;后是8年补偿性增长,1980年回升至19.39%,接近1960年的水平,总体上可称之为人口城市化20年震荡徘徊阶段。1980年以后为城市化快速推进阶段,2013年城市化率达到53.73%,提升34.34个百分点,年平均提升1.04个百分点。按照上述国际社会城市化阶段划分度量,

1949～1987 年可视为城市化起步阶段，1987 年城市化率达到
25.32%，其间提升 14.68 个百分点，年平均提升 0.39 个百分
点；1987～2002 年为快速推进阶段，2002 年城市化率达到
39.09%，其间提升 13.77 个百分点，年平均提升 0.98 个百分
点；2002 年以来为加速推进阶段，2013 年城市化率升至
53.73%，其间提升 14.64 个百分点，年平均提升 1.33 个百分
点。[1] 与世界、发展中国家比较，我国由长期低于世界和发展
中国家水平，一跃上升到超过世界水平 1 个百分点、超过发展
中国家水平 5 个百分点（参见图 1）。[2]

　　对于我国改革开放以来城市化的加速推进，赞成、主张继
续加快者有之；不赞成、主张叫停者有之；基本赞成、主张适
当调整者也有之，可谓见仁见智。笔者以为，新中国成立后前
30 年城市化几经波折、速度过于缓慢；改革开放在给社会经
济发展注入新的生机和活力的同时，也给城市化输送了新的动
力，使其驶入快车道，是蓄之既久、其发必速合乎规律的发
展。问题是在快速推进过程中，新的矛盾和问题产生出来并且
在很大程度上日益积累起来，人们的认识还很不一致，存在较

① 《中国统计年鉴 2013》，中国统计出版社 2013 年版，第 95 页。2013 年数据来
　自国家统计局年报，参见 2014 年 1 月 20 日国家统计局网站。
② United Nations, *World Population Prospects* 1988, *P200/204*. Population Studies
　No. 106, New York 1989.《中国统计年鉴 2013》，中国统计出版社 2013 年版，
　第 95 页。数据按步入 21 世纪以来城市化率年平均提升 1.4 个百分点推算。

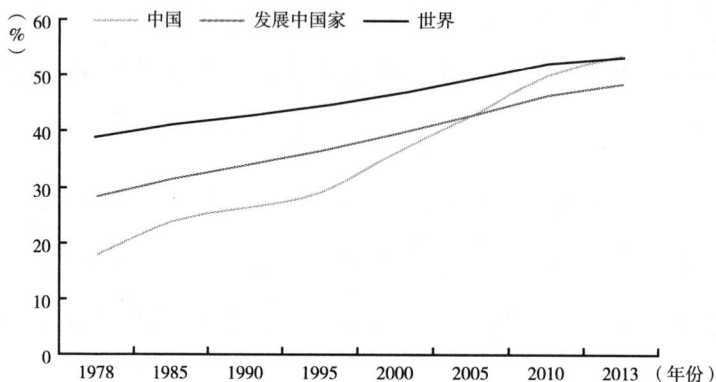

图1　1978～2013年中国与世界城市化比较

大分歧。

第一，近35年来的加速推进是否正常。如前所述，1987～2002年第二阶段城市化率年平均提升0.98个百分点，2003年进入第三阶段以来年平均提升1.33个百分点，对这种加速推进怎样认识。笔者以为，如果说第二阶段的较快推进是带有补偿性的增长，因而是正常的话；那么第三阶段越来越快的增长速度已经掺杂着某种主观人为因素，是将城市化作为拉动经济增长手段的结果，因而是非正常的。如2008年追加的4万亿元投资，大多投资到城镇化建设上，使之成为拉动经济增长的强有力杠杆。城镇化本来是经济发展和产业结构变动、人口城乡变动的结果，现在倒过来成为防止、抑制经济下滑的手段，则从根本上颠倒了二者之间的关系。结果保GDP增长的目的达到了，同时城镇化虚张也进一步加重了，产能过剩进一步加重了。

第二，如此高的速度是怎样取得的。是依靠内涵式发展方式取得的还是外延式发展方式取得的？答案是后者不是前者。尽人皆知，城镇化是消耗钢筋水泥一类建筑材料的第一大户。改革开放以来，这类建材产品增长极为迅速。1978～2012 年，在主要原材料工业产品产量增长中，增长幅度最大者首推钢材，增长 42.3 倍；其次为水泥，增长 32.9 倍；再次为粗钢，增长 21.8 倍。正是这三宗建材产品不断翻番式的增长，才满足了城镇化快速推进对盖楼房、修道路以及水、电、煤气等基础设施建设的需要。也正是钢筋水泥这些"当家材料"源源不断地追加供给，才使得粗放型"摊大饼"式的城市化得以继续（见表 1）。[①]

表 1　1978～2012 年主要原材料工业产品产量增长情况

	1978 年	1990 年	2000 年	2012 年	2012 年/1978 年（%）
原　煤（亿吨）	6.18	10.80	13.84	36.50	590.6
原　油（万吨）	10405	13831	16300	20748	199.4
天然气（亿立方米）	137	153	272	1072	782.5
水　泥（万吨）	6524	20971	59700	220984	3387.2
粗　钢（万吨）	3178	6635	12850	72388	2277.8
钢　材（万吨）	2208	5153	13146	95578	4328.7

在外延粗放方式推动下的高速城市化，一个最大的问题是"城大市小"、"城多市少"甚至"有城无市"，使城镇化失去

[①]　《中国统计年鉴 2013》，中国统计出版社 2013 年版，第 6～7 页。

应有的产业支撑。这里的"市",指的是经济发展的水平和相应的产业结构。前已叙及,城市化是社会经济发展和产业结构变动的结果,这是城市化产生和发展的内生推动力。但是一个时期以来,我国却在相当大的程度上偏离了这一轨迹。依据《中国统计年鉴2012》提供的数据计算,2011年全国三次产业结构之比为10.0∶46.6∶43.4;其中284个地级市三次产业结构之比为2.8∶49.8∶47.4。[①] 地级市与总体三次产业结构比较,不同之处是将第一产业占比减少的7.2个百分点,分配给第二产业3.2个百分点、第三产业4.0个百分点,从而形成地级市特有的三次产业结构。在经济发展进入中等收入国家水平,城市化率超过50%的情况下,城市第二产业高达49.8%,第三产业占比仍在47.4%的水平,说明仍旧停留在以传统制造业为主的城市化阶段,没有摆脱产业结构落后的局面。更为重要的是,偏低的三产占比大多为餐饮、服装、鞋帽、住宿、玩具等低端服务业,科学、技术、教育、文化、金融、物流等现代服务业缺失严重,同现代化发展很不相称。这就难免出现城市化进程中的空心化现象。失去产业支撑建造起来的高楼大厦、宽敞马路等,只能接受大自然风吹雨打太阳晒的洗礼,沦为人烟稀少的"空城"、"鬼城"。

其二,土地城市化超前,人口城市化滞后。1990～2012

---

① 《中国统计年鉴2012》,中国统计出版社2012年版,第387页。

年，全国城市建成区面积由 12856 平方公里增加到 45566 平方公里，增长 2.5 倍，年平均增长 5.9%。城市建设用地面积由11608 平方公里增加到 45751 平方公里，增长 2.9 倍，年平均增长 6.4%。[①] 同期城市人口由 30159 万增加到 71182 万，增长1.36 倍，年平均增长 4.0%。[②] 相比之下，城镇人口增长速度不仅比城市建成区面积增长速度低 1.9 个百分点，更比城市建设用地面积增长速度低 2.4 个百分点。需要说明的是，这里的城市人口指在城镇居住半年以上的常住人口，包括由农村转移而来的大量人口。2012 年全国人户分离人口 2.79 亿，流动人口 2.36 亿，其中 2 亿左右流入城镇，在城镇居住生活半年以上者约 1.65 亿人，这些人被列入城镇常住人口。[③] 有人主张以户籍非农业人口界定城镇人口，如此目前的城镇化率只有36% 左右，一下子降低了近 18 个百分点。笔者不赞同这样的界定，因为任何国家（除城市国家外）的城市人口都不可能为纯粹的非农业人口，都要包含一定数量的农业人口。参照国际社会做法并参考新中国 60 多年来市镇设置标准，农业人口占 25% 左右较为适宜。以此衡量和计算，目前的城市化率当在 50% 左右，比统计数据低近 4 个百分点、少 3500 多万人。

---

① 《中国统计年鉴 2013》，中国统计出版社 2012 年版，第 421 页。

② 《中国统计年鉴 2013》，中国统计出版社 2012 年版，第 95 页。

③ 《中国统计年鉴 2013》，中国统计出版社 2012 年版，第 96 页。

因此，实际上土地城市化超前和人口城市化滞后的情况要更严重一些。还要注意到统计上城市占地少报的情况，因为少报不仅可以免除楼盘空置税等制裁，而且可以减少麻烦、有利于降低成本，实际的土地虚张数字要更大一些。

土地城市化超前、人口城市化滞后，从而降低了城市化的经济密度，还无形中使城市化沾染上圈地色彩。圈地特别是圈占好地，严重地加剧着耕地的紧张形势，已经触及18亿亩保有耕地底线。一些被超前圈占征用的土地由于资金、材料、劳动力等不到位不能按时开工，即使开工也常常是打打停停，成为半拉子工程，失去原有的农用价值，造成土地资源的闲置和浪费。人口多、耕地少是我国基本国情的主要特点。守住18亿亩保有耕地是保证目前13.5亿人口粮食安全的底线，以浪费土地资源为代价的城镇化再也不能继续下去了！

其三，城镇规模盲目扩张，城市功能受到影响。城镇化速度过快、方式粗放和土地超前愈演愈烈，必然导致城镇规模盲目扩张，从而妨碍着功能的正常发挥，甚至出现下降的情况。前面提到的城镇化"摊大饼"式向周边蔓延值得重视，然而值得重视的还有向空中的伸展——不仅"大饼"越摊越大，而且越摊越厚，"垂直城市化热"持续升温。一幢幢高楼大厦整齐排列，建筑用材、架构、风格趋同，造成千城一面、千篇一律；一座座摩天大楼拔地而起，攀比争高之风愈演愈烈，

楼高纪录屡被刷新。有信息披露，某企业集团正在筹建超过
828 米迪拜塔 10 米的世界第一高楼；北京市宣布要建设世界
型城市后，跟风者竟达七八十家之多，其中不乏连何谓世界
型城市还不甚了了的中等城市。似这等"大饼"越摊越大、
越摊越厚、越摊越洋规模盲目扩张的城镇化，注重的是城市
的外观，而将产业以及自来水、下水道、煤气、供电、道路
等基础设施建设，医院、学校、托儿所、幼儿园、老年公寓
等放在次要甚至是无足轻重的位置，最终使一些城市变为彰
显政绩的形象工程，失去作为区域经济中心、辐射、引导功
能的基础，因而也就失去了这些功能，不能起到城市化应有
的作用。

其四，城市化资源瓶颈显现，环境质量堪忧。以追求速
度、规模为主要目标的城市化，往往重速度、轻效益，重
规模、轻成本，重投入、轻产出，致使习惯性高投入、高
消耗外延粗放式推进成为一种常态。使本来就很稀缺的土
地、淡水、能源、木材、矿产等自然资源变得更加稀缺，
成为约束城市化健康发展的瓶颈。这可从原油等能源和铁
矿石等工业原料进口增长迅速、对外依赖程度不断提高中
看出来（见表 2）。①

---

① 《中国统计年鉴》2001、2006、2011、2013 年，中国统计出版社 2001、2006、
2011、2013 年。

表2　2000～2012年原油和铁矿石等进口增长情况

	2000 年	2005 年	2010 年	2012 年	2012 年/2000 年(%)
原油(万吨)	7027	12682	23931	27103	3.9
煤(万吨)	212	2617	16478	28841	136.0
铁矿砂(万吨)	6997	27526	61863	73360	10.5
铜矿砂(万吨)	181	406	647	783	4.3
铬矿砂(万吨)	111	302	866	929	8.4

　　土地城市化超前触及18亿亩保有耕地红线，水资源情况也不容乐观，甚至有过之而无不及。我国原本就是一个水资源匮乏的国家，陆地水资源总量为28124亿立方米/年，占世界的6.9%，人均水资源只有世界平均水平的1/4。以传统工业化为主导的城市化，一是用水量呈水涨船高急剧上升趋势，供需矛盾突出；二是各种污染使水体质量下降，实际用水占可用水比例也呈急剧上升趋势。早在20世纪八九十年代，中国实际年用水量已达到可利用水资源的50%的"临界值"。进入21世纪以后不断攀升，早已越过国际公认的"临界值"、"警戒线"。目前全国618个城市中一半以上缺水，100多个城市严重缺水，尤以特大城市为最。[①] 由于地表水源不断减少，便掘井向地下要水，造成地下水位急剧下降。60年前北京市打井5米深即可出水，如今井深却要增大50米左右。当前，用水量、

---

　　① 参见田雪原等《21世纪中国人口发展战略研究》，社会科学文献出版社2007年版，第312～313页。

实际用水占可用水比例两个"急剧上升"和地下水位"急剧下降",表明水资源瓶颈收紧到难以复加的程度,向我们亮出了"黄牌警告"。在各种资源约束瓶颈中,水资源首当其冲,是制约未来城市化发展最主要的瓶颈,木桶效应中最短的短板。其他如石油、天然气、煤炭等能源资源,铁、铜、铬、金等矿产资源短缺程度也在加剧。我国已成为屈指可数的能源和矿产资源进口大国,对城市化的瓶颈约束持续增强,面临日益增多的国际贸易摩擦。

在资源瓶颈约束收紧的同时,城市化环境污染构成另一种瓶颈约束。如果说资源约束是发展和生产的"进口瓶颈",那么环境约束则是发展和产出的"出口瓶颈",我国城镇化已步入首尾两头约束瓶颈。上述水资源约束之所以吃紧,与水污染加剧分不开。目前水环境的总体态势是:污染物排放量超过水环境容量,氮、磷等超量排放加剧着水环境的恶化;不合理的水资源开采,加剧着水体污染;区域生态破坏使水源涵养功能降低,水污染出现溯水而上趋向。7 大水系河流和 35 个重点湖泊,各有一半以上受到污染。陆地河湖污染排放到海洋,致使沿海超四类海水占 1/3 以上,赤潮发生率周期缩短。最近一两年雾霾频频发难,2013 年 12 月长三角爆发长达一周以上的重度雾霾,并发展到与京、津、冀、鲁等省区连成一片的超大面积雾霾污染。雾霾如此疯狂与传统工业化、城镇化迅猛发展关系密切,是众多城镇工业氮、磷、硫等化合物气体,汽车尾气、燃煤烟尘等排放大量增加的结果。由于在相当长时间内对城市化环境重视不够，也由于处在传统工业化向现代化过渡的特殊阶段，受环境治理成本较高制约，先建设后治理、边建设边治理甚至只建设不治理并存，致使空气、水、固体废物、噪声、光照辐射等污染严重起来。这就不能不促使人们反思：城市化给我们带来了什么，解决城市化诸多问题的出路在哪里？不得不追根溯源，到产生这些问题的资源配置方式和体制机制中去寻找答案。

2."失市"的原因

当前城镇化推进中出现的种种"失市"现象，在理论上，是对"城镇"和"市"的关系存在着片面性认识的结果。联合国人口委员会原秘书长乔治·塔皮诺斯（Georges Tapinos）主持编写，用法、英、中、德、西等 12 种文字出版的《人口学词典》，中文版 urbanization 被翻译为城市化，指居住在城市地区人口比例增长的过程。[①] 1982 年笔者曾当面与塔皮诺斯讨论过 urbanization 的含义，他认为城市应分为大、中、小不同规模和类型，小城市本身即包括镇（town）；urbanization 应解释和译为城市化，而不能译为城市（city）＋镇（town）化发展趋势。这与中国传承理

---

① 参见联合国人口学会（原文翻译如此）编著，杨魁信、邵宁译《人口学词典》，商务印书馆 1992 年版，第 38 页。

念相符。在汉语中，城市是一个复合词：城原指都邑四周为防御而建的城垣，由城墙环绕而成；市指集中做买卖进行交易的场所。《易·系辞下》中说：日中而市，市罢即自行散去，当初并没有全日制的市场。城市即指都邑经常做买卖的地方，是经济发展到一定阶段的产物。因此，"城"与"市"不可分割，"城"是地理意义上的界定，"市"是"城"产生和发展的基础和核心。二者相互依存、相互促进、共同发展。

在当代，除个别军事、政治需要外，城市主要是工业化扩张和升级的结果，是承接工业化、信息化和推进农业现代化的主要载体。在理论层面上，城镇化抽象掉城市化中的"市"，变成城镇可以脱离"市"而单独存在、自行发展，这就从根本上违背和颠倒了城镇与"市"之间的逻辑关系，切断了它们之间不可分割的内在联系。城市化的本质是什么？从人口学角度观察，是农村人口向城镇转移的一种过程，是人口的城乡结构问题；从劳动学角度观察，是就业在一、二、三次产业之间的分布和结构问题；从经济学角度观察，是农业、加工业、服务业为主的三次产业结构的变动问题；从社会学角度观察，是工业社会取代农业社会的生产和生活方式，工业文明取代农业文明、现代文明取代传统文明的社会进步问题。不过经济是基础，现代城市化主要是工业化和信息化发展的结果；核心是人口的城市化，因为变农村人口为城镇人口的过程，就是人口和就业结构转变、产业结构升级、现代文明取代传统文明的社会进步过程。由此可见，扮演特定区域内经济、政治、文化等中心、辐射、主导等角色的"市"，是支撑城市运转最重要的经济基础和支柱。将这个最重的基础和支柱抽象掉，城镇与"市"分离开来、割裂起来，就成了无源之水、无本之木，在概念上背离了以"市"作支撑的合理内涵。同时在外延上，必然失去"市"对城镇规模、地理范围的自然约束，变成可以由人的主观意志决定、随意"规划"和"摊大饼"式扩张的行为，陷入城镇化虚张困境。

众所周知，改革开放以来特别是20世纪90年代以来，无论大小城市甚至乡镇，都设立一个或几个开发区，吸引国内外投资开发建设。一般的程序是：当地政府出面以建设开发区名义征用土地，付给当地农民部分征地费用，然后举行拍卖土地招商会，政府取得拍卖收入；开发商建设，按照规定征收建设费用；开发商自己或者转让他人进行开发建设后，出卖时政府再收取交易税费。这就形成了以土地买卖为主要形式的政府土地财政，成为地方政府财政收入的重要来源。国家统计局2014年初公布的数据显示：2013年全国房地产开发投资86013亿元，比上年名义增长19.8%（扣除价格因素实际增长19.4%），其中住宅投资增长19.4%。房屋新开工面积201208万平方米，比上年增长13.5%，其中住宅新开工面积增长11.6%。全国商品房销售面积130551万平方米，比上年增长17.3%，其中住宅销售面积增长17.5%。全国商品房销售额

81428亿元，增长26.3%，其中住宅销售额增长26.6%。全年房地产开发企业土地征购面积38814万平方米，比上年增长8.8%。12月末，全国商品房待售面积49295万平方米，同比增长35.2%。全年房地产开发企业到位资金122122亿元，比上年增长26.5%。其中，国内贷款增长33.1%，自筹资金增长21.3%，利用外资增长32.8%。[①] 2013年GDP增长7.7%，然而无论是房地产开发投资，还是其中住宅投资、房屋新开工面积，都达到GDP增速的1倍以上。几年前，学术界和相关社会各界，就展开房地产泡沫是否存在、房价是否到了下跌拐点的争论；然而一年又一年地过去，房地产征地、住房建设、商品房销售却在累进增长，房价屡创新高，火爆的房地产构成地方财政的重要来源，使得政府对土地财政的依赖程度越来越高。无论是为了追求GDP增长的政绩，还是为了缓解地方财政困难，征地卖地和推行城镇化，都是最为容易和最为有效的办法。然而，越是有效往往就越陷越深，地方债不断增加，人为造城式城镇化不断提速。

二 以改革推动城乡协调发展

城镇化"失市"到一定程度，将会对城镇自身发展和乡

---

① 国家统计局年报，参见2014年1月20日国家统计局网站。

村发展产生多方面的影响。其中尤以城市化"拉美陷阱"最为突出，需要引以为戒。

1. 警惕城市化 "拉美陷阱"

考察 20 世纪下半叶和进入 21 世纪以来过渡到以大城市为主导的城市化，可以发现：凡是跌入"拉美陷阱"国家的城市化，一个共同点，是仅仅从城市特别是超大城市自身的发展来推进城市化，从而形成一面是发达的现代化大城市，另一面却是贫穷落后的广大农村，二者形成鲜明的对照；凡是超越"拉美陷阱"国家的城市化，其城市发展不同程度地兼顾到农村的发展，形成超大城市、大城市、中等城市、小城市与农村层次分明的结构，市场机制运行比较顺畅，各自的功能得到比较好的发挥。因此，是否落入城市化"拉美陷阱"，成为检验城市自身孤军奋进发展还是走统筹城乡发展城市化道路的指示器，要想跨越城市化"拉美陷阱"，就必须坚持走统筹城乡发展的城市化道路。

长期以来，我国城市化遵循了"积极发展小城镇，适当发展中等城市，严格限制大城市规模"的方针。然而，随着改革开放以来经济持续快速增长，工业化迅速推进，农村剩余劳动力大量向城镇转移，20 世纪末事实上已转变到以大城市为主导的道路上来。考察国际社会"以大为主"的城市化，其大致可分成四种类型：以巴黎为代表的欧洲文化型，以纽约、东京为代表的资源集约型，以洛杉矶、盐湖城为代表的美国中西部散落型，以及以墨西哥城、里约热内卢等为代表的拉美畸形型。尽管前三种类型也有这样那样的"大城市病"，但是它们都比较好地发挥了大城市中心、主导、辐射的功能，城市内部和城乡之间发展比较协调，起到了推动城乡市场经济发展的应有作用。拉美畸形则不然，此类城市化可用畸形先进与畸形落后、畸形富裕与畸形贫困、畸形文明与畸形愚昧并存来概括，形成大城市中心区与城乡结合部和广大农村，贫富悬殊、尖锐对立的两个世界。如此城市化，不仅没有给经济发展和社会进步注入生机和活力，反而成为前进的累赘，政府债台高筑，社会矛盾集中爆发，最终跌入"中等收入陷阱"而长期不能自拔。

迄今为止的中国城市化，总体上还没有落入"拉美陷阱"。然而必须看到，20世纪与21世纪之交步入"以大为主"的城市化以后，落入"拉美陷阱"的风险增加了。一是如上所述，城市发展尤其是特大城市发展贪大求洋之风颇盛，急于圈土地、造草坪、修广场、拓宽道路、别出心裁地建造标志性建筑，以凸显发展"政绩"，致使违法强占农民土地、强拆居民住房屡屡发生，失地、失房者得不到应有的补偿和安置而使矛盾激化。二是进城农民工参与城市建设，但不能分享建设成果，形成游离于城市生活圈之外的边缘阶层。在政治、经济、教育、医疗、社会保障等方面被打入另册，形成新的城市二元社会结构。三是以进城农民工为主体的城中村、城郊村已具备相当规模，给城市管理和城市健康发展带来新的挑战。凡此种种，都说明当前我国城市化落入"拉美陷阱"的风险在增加，必须引起高度重视和寻求破解之法。

2. 城市化"兴市"改革

城镇化深感"缺市"、"无市"之痛，改革的方向就是在"补市"、"兴市"上。既要哪里缺就在哪里补、哪里无就在哪里兴，又要着眼未来长期城市化发展趋势，大力推进城市化体制机制创新。

一要厘清概念——城镇化还是城市化。前面提到，城市化（urbanization）是国际社会通用的概念，而城镇化则是"中国制造"。1949 年中华人民共和国成立后，工作重心由乡村转移到城市，城市人口管理受到重视。在中央国家机关文献中提到"城""镇"的，依次有：1951 年经中央人民政府政务院批准公安部公布了《城市户口管理暂行条例》，建立起城市家庭、迁移、出生、死亡等户口管理办法。该条例使用的是"城市"，并不是"城镇"，当时镇还不在城市而在乡村管理范畴。1955 年 6 月《国务院关于建立经常户口登记制度指示》可谓前进半步，规定"办理户口登记的机关，在城市、集镇是公安派出所，在乡和未设公安派出所的集镇是乡、镇人民委员会"。①

---

① 参见田雪原主编《中国人口年鉴 1986》，中国社会科学出版社 1986 年版，第 79、81 页。

之所以说"前进半步",一是该指示首次提出"集镇"概念,从此有了"集镇"一说;二是以"有无派出所"为准则,将"集镇"分别划为"城镇"和"乡镇"两部分,其分别由公安派出所和乡镇人民委员会办理户口登记和进行管理。也就是说,"集镇"的定位是二元的,并没有一步跨到城镇范畴。同年 11 月《国务院关于城乡划分标准的规定》又前进半步,将符合"甲、设置市人民委员会的地区和县(旗)以上人民委员会所在地(游牧区行政领导机关流动的除外)。乙、常住人口在二千人以上,居民 50% 以上是非农业人口的居民区"条件之一者,定为"城镇"。此为第一次使用"城镇"一词,开将镇收入城市视野之先河。只是在高度集中统一的计划经济体制下,城乡之间人口迁移受到严格限制,城镇化进程又屡遭控制建制镇数量、缩小城市郊区政策打压,造成 20 世纪六七十年代长期徘徊不前的局面。

改革开放给城镇化注入新的生机和活力,城镇化迅速驶入"快车道"。据笔者考证,正式出版的论著首次使用"城镇化"概念,当属 1984 年世界银行对中国经济考察的背景材料《城镇化:国际经验和中国的前景》一书。① 笔者曾与该书撰写者

---

① 参见王慧炯、杨光辉主编《城镇化:世界经验和中国的前景》,气象出版社 1984 年版。

有过一番讨论，urbanization 应当译为城镇化还是译为城市化。鉴于当时城镇化率仅为 23%，① 处于"以小为主"的起步阶段；同时处于城市化三阶段 S 曲线底部，以农村人口向小城镇转移和集中为主旋律；国家正在推行积极发展小城镇、适当发展中等城市、严格限制大城市规模的方针等，似乎译为城镇化也未尝不可，可能更贴近实际一些。于是在出版时便采用了"城镇化"译法，其后广泛传播和应用开来。不过如前所述，将 urbanization 译为城镇化，城镇化 = 城市 + 小城市化并不符合学术规范；更主要的是从中抽象掉"市"以后，变成城镇可以脱离"市"而独立存在和发展，有悖于城市化必须以经济作基础的基本准则；在实践中则可能存在多"城镇"而少"市"、有"城镇"而无"市"弊病。因而需要正本清源，重新回归到城市化概念上来。即使某个阶段为了强调小城镇的发展——姑且不讨论这种强调是否正确——也没有必要用"城镇化"取代"城市化"。如同我们强调发展稻谷生产，不能用"粮稻作物"取代"粮食作物"一样。

二要改革体制——摆正政府与市场的关系。上述城镇化质量下降或虚张，有着特定的滋生土壤。这个土壤就是城镇化资源配置不合理，决定分配的体制机制存在问题。资源配置不合理，主要表现为"三个错位"：

---

① 《中国统计年鉴 2012》，中国统计出版社 2012 年版，第 101 页。

一曰土地资源配置错位：市场没有起到决定性作用。当下城镇化土地资源来源和运行的基本模式是：政府出面向具有土地经营使用权的农民征购土地，政府通过拍卖等方式将土地转卖给开发商，开发商投资建设后再将房地（经营使用权）产卖给用户。不难看出，在城市化房地产"三部曲"运营模式中，政府一头连接农民，另一头连接开发商和用户，政府在土地资源配置中居于中心和主导的地位是显而易见的。久而久之，土地财政成为地方政府财政的重要来源，依赖性越来越大。所谓土地财政，不仅在于依赖征购和出卖土地获得收入，无疑这是主要的和非常明显的；而且还在于土地征购到以后，还可以将其作为低押进行贷款，有效地激活了地方政府的财政收支信贷。然而其负面影响也随之而来，地方债等地方财政赤字滚雪球式增大，风险也逐步增大。当前 20 多万亿的地方政府债务，虽然一直宣称"在可控范围内"，但是随着债务额的增加，风险会达到什么样的程度，不能不令人担忧。

二曰人力资源配置错位：受制于城乡分割的"二元体制"。处在 S 曲线中部的中国人口城市化，主要的推动力量还是农村劳动力及其附属人口向城镇转移和集中。统计显示，2000 年、2005 年、2010 年、2012 年，全国人户分离人口分别为 1.44 亿、1.86 亿、2.61 亿、2.79 亿，流动人口分别为 1.21 亿、1.47 亿、2.21 亿、2.36 亿。其中 2012 年流入城镇并被统计为城镇常住人口的，约为 1.65 亿。虽然近年来流动人口增长趋势有所放缓，出现一些新的动向，但是仍在继续增长之中。如此大量的农业转移人口因为城乡分割的"二元结构"体制，长期被拒之城市门外不能成为市民，影响着人力资源的利用和潜力的发挥（见图2）。[①]

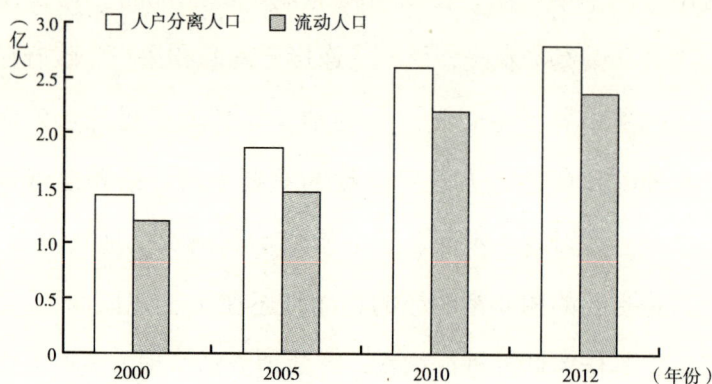

图2　2000～2012年流动人口增长趋势

三曰财力资源配置错位：依赖扭曲的低价土地和高价楼市运营。改革开放以来城镇化提速，主要依靠两大支柱：一是廉价的农村劳动力转移到城镇，降低了劳动成本；二是廉价的土地资源不断地供给，降低了土地成本。这二位"衣食父母"（威廉·配第：土地是财富之母、劳动是财富之父）组合到一起，成就了城镇化子孙后代的繁荣昌盛。政府通过征用廉价的土地，再以高价转卖给开发商获得收益；开发商则以持续升高

---

① 《中国统计年鉴2013》，中国统计出版社2013年版，第96页。

的房价，同样获得高额利润；而转让土地经营权的农民，一般得到的补偿水平均比较低。由于城市化快速推进扩大了房产刚性需求，加之楼市不断上涨刺激了房地产买卖投机，使高房价运营得以持续，财力资源配置错位得以继续。以扭曲的低地价、高房价为支撑的征地、拍卖、商品房市场运营"三部曲"，为政府借贷提供了土地担保，促使地方政府债务节节攀升。按照国家审计署公布的数据，截至 2013 年 6 月底，全国各级政府负有偿还责任的债务 206988.65 亿元，负有担保责任的债务 29256.49 亿元，可能承担一定救助责任的债务 66504.56 亿元。① 各级地方政府所负债务在很大程度上由房地产而生、而增，财力资源配置错位越陷越深。错位的本质，是政府对土地主宰和主导性过强，市场过弱不能在资源配置中起决定性作用所致。

上述城镇化资源配置"三个错位"，有理论和认识方面的原因，其根本还在体制机制上，出路也在体制机制改革上。通过改革，实现城市化过程中政府与市场功能和角色的回归。

政府功能和角色回归。一要转变观念。党的十八届三中全会通过的《决定》指出："核心是处理好政府和市场的关系，使市场在资源配置中起决定性作用和更好发挥政府作

① 国家审计署 2013 年 12 月 30 日公告，审计署网站，2013 年 12 月 30 日。

用"，"着力解决市场体系不完善、政府干预过多和监管不到位问题"。① 综观上述城镇化各种问题，归根结底是政府与市场的关系没有摆正，体制机制不当造成的。城市化的本质已如上述，是经济发展、社会进步和人口结构转变的产物。虽然城市经济发展起来以后对整个社会经济发展产生巨大的作用和影响，但是仍然不可将城市与经济的关系"倒过来"，不能以城市化作为出发点和原动力，更不能把城市化仅仅作为拉动经济增长和挽救 GDP 下滑的手段和工具。包括政府在内所有参与主体都要转变观念，从"以 GDP 论英雄"转变到以人为本的观念上来，着力推进有利于城乡统筹发展、提高城乡人民福祉为宗旨的城市化上来。二要转变角色。在城市化过程中，政府要从亲力亲为的"演员"角色，转变到发展战略、规划、政策、标准等的制定和实施，监管市场活动，提供各类公共服务的"导演"角色上来。三要从应该退出的体制机制中退出。主要从不当的审批、交易等旧的规定和制度中退出，沿着市场在资源配置中起决定性作用的方向深化城市化体制机制改革，适时出台相应的政策和法律法规。

市场功能和角色回归。政府回归"导演"角色，"演员"

---

① 参见《中共中央关于全面深化改革若干重大问题的决定》，人民出版社 2013 年版，第 178 页。

则由市场设置准入规则和"规定性动作"筛选，发挥市场在资源配置中的决定性作用。要明确城市化个人、组织等的法人资格和地位，成为真正的独立法人。赋予农村土地承包人对承包地占有、使用、收益、流转及承包经营权抵押、担保权能，允许农民以承包经营权入股发展农业产业化经营。鼓励承包经营权在公开市场上向专业大户、家庭农场、农民合作社、农业企业流转，发展多种形式的规模经营。农村土地承包经营权市场化改革之路打开，不仅给农业发展拓展了新的空间，而且为城市化的健康推进提供了广阔的天地。资源配置由市场决定，土地、劳动力价值回归有了基础，扭转过低的土地、劳动力价格和过高的房产价格也就有了可能。农民、开发商、购房者和国家利益分配不合理现状，也就可以得到相应的改变。

三要选择改革突破口——变农业转移人口为市民。如何在厘清城镇化和城市化概念基础上，实现城市化与产业结构的合理回归？如何在摆正政府与市场关系前提下，实现二者功能和角色的回归？无疑，都要进行多层面的改革。然而笔者以为，《决定》指出的"推进农业转移人口市民化"是当务之急，当前的改革应当由此而切入。

首先，这是城市化必须解决的现实问题。改革开放以来，人户分离人口不断增加，农业转移人口增长更为迅速，"民工潮"一浪高过一浪。依据国家统计局最新公布的数据，2013

年全国居住地和户口登记地不在同一个乡镇街道且离开户口登记地半年以上的人口，即人户分离人口为 2.89 亿，其中流动人口为 2.45 亿，列入城镇常住人口应当超过 1.7 亿。① 显然，如此众多人口处于流动状态，终非长久之计。到头来不是回到农村，就是留在城镇。我们应当对留在城镇者，予以支持，尽快将他们转变为市民。

其次，这是城市化发展的需要。城市化在承接信息化、工业化和促进农业现代化过程中发挥了不可替代的作用，以人为核心的城市化是核心，关键是产业和城镇发展的融合。实践证明，以农业劳动力为主的农业转移人口能够留在城镇，变为同原来城镇居民一样的市民，城市化对经济的拉动就会以消费为主；相反，以"两栖"式为主的流动式城市化，对经济的拉动就主要以投资为主。大批农民工建造好楼房、道路、水电等基础设施后，转战其他地方再行建造，扮演与城市发展无关的建造者角色。这是为什么进入 21 世纪以来，城镇化主要彰显对投资拉动作用的根本原因。

最后，已经有了比较成熟的做法和经验。近年来，广东等地开展变农业转移人口为市民的试验，特别是中小城市和乡镇的试验，取得比较成功的经验，实行起来也是比较容易的。主要的做法和经验，是坚持平等市民待遇，由浅入深、逐步推

① 国家统计局年报，参见 2014 年 1 月 20 日国家统计局网站。

广、逐渐完善。对此,《决定》给出具体的政策和方针,由此切入和进行改革,也就有了更为可靠的依据。

三 "以人为核心"的城市化

凡事总要有一个核心,没有核心就没有凝聚力。《决定》提出"推进以人为核心的城镇化"理念,是城市化观念和理论上的一个创新。

1. "以人为核心"的发展观

近30多年来,"以人为核心"在一系列国际社会文献中出现,彰显新的发展理念。发展是"以人为核心",还是以物——主要以产量、产值为核心,是两种不同的发展理念或发展观的体现。城市化作为当今人口、经济、社会发展的一大趋势,不管人们意识到与否,也要以一定的发展观作指导。《决定》明确指出"推进以人为核心的城镇化",使人耳目一新。不过为什么要以人为核心、以人为核心的要义是什么、怎样做到以人为核心等,还需要将城市化放到新的科学发展观中,做出视野更为开阔一些的阐发。

其一,推进城市化发展的目的,是为了满足人的全面发展的需要。发展为了满足人的需要本属天经地义,然而随着社会生产力的发展,特别是工业革命后竞争的日趋激烈,空前积聚起来的资本强烈地表现出自我增值的本性，片面追求增值速度和积聚规模，以最大限度的自我增值为己任，使其脱离满足人的需要，走上为发展而发展的道路。第二次世界大战后，以苏联为样板的高度集中统一的社会主义计划经济体制的确立，理论上以满足"人民群众日益增长的物质文化的需要"为目的，实践上却走到短缺经济的死胡同，背离了满足人的需要的宗旨。这两种殊途同归的发展，遵循的基本轨迹是"经济增长＝发展"。这样的发展即使可以满足人的某些方面的需要，也不能满足人的全面发展的需要，甚至以牺牲其他方面的需要为代价换取发展。如毁林开荒、变牧为农和加快农药、化肥生产的发展，一时间满足了人口增长对粮食和其他食物的需要，却以水土流失、气候变得干燥恶劣和水、土污染为代价，最终损害到人的身心健康发展。

1994 年在开罗召开的国际人口与发展会议通过的《行动纲领》，提出"可持续发展问题的中心是人"的基本观点。通观纲领的基本精神，这里的"人"指的即是人的全面发展，以人的全面发展为出发点和归宿的发展。人的全面发展，首先是指以满足人的生理、心理、交往、文化等需要为目的的发展。所谓全面发展的需要，按层次可划分成生存、享乐、发展三种需要。最基本的是生存需要，它是任何社会人口再生产得以正常进行的条件，是社会稳定的基础。若不能满足总体人口对生活资料的需要，就难免"饥寒起盗心"，造成社会秩序混乱；若不能满足生产年龄人口对生产资料、产业结构的需要，存在大量"无事生非"的失业人口，社会也难以维持安定团结的局面，发展就会受到影响，更谈不上可持续发展。不过生存需要有个限度，当经济发展到一定阶段以后这种需要相对容易满足；而人们追求高生活质量的享乐需要无限，但由于这样的享乐需要同样为发展提供需求动力，因而也是人的全面发展需要之一。只是正常的享乐需要应限定在有益于人的生理和心理健康，有利于社会进步范围之内。至于发展需要特别是提高人口科学、技术、文化素质方面的发展需要，不仅为人的全面发展需要所必需，而且是实现可持续发展的主要手段。

满足人的全面发展需要中的"人"，既包括现实的当代人，也包括他们的子孙后代，科学发展要求摆正和处理好代与代之间的发展需要的关系。传统发展观谈到满足人的发展需要时，不言而喻一般指当代人的需要，忽视了为满足当代人需要会给后代人带来什么样的结果。近来有的研究又出现一种偏向，在对 1987 年联合国环境与发展委员会《我们共同的未来》报告做出诠释时，将"既满足当代人的需要，又不对后代人满足其需要的能力构成危害的发展"，解释成主要是考虑子孙后代的发展，将当代人放到次要或无足轻重的地位，造成理论上的错位或本末倒置。科学发展的前提是发展，是满足当代人全面发展需要的发展，忽视满足当代人全面发展需要的发展是不能有效推进的。只是这种满足当代人全面发展需要的发展不应损害后代人的利益，不能建立在危及后代人需求能力基础上。传统的"经济增长＝发展"导致环境恶化和资源枯竭，是典型的功利向当代人倾斜的发展；以满足人的全面发展需要为宗旨的科学发展意在改变这种倾斜，强调发展的代际公平性、持续性、共同性，强调既利在当代又荫及子孙，有益于代际延续的发展。

其二，"以人为核心"的城市化，人力资本是主要的推动力。科学发展的前提是发展。什么是发展？就词语解释，发展指事物由小到大、由简单到复杂、由低级到高级的变化过程。如从资源角度观察，则一切发展可归结为资源的物质变换，发展表现为资源进行物质变换的过程。一般情况下，经济发展表现为直接的物质变换，社会发展有的表现为资源的直接物质变换，如旨在提高人口素质的教育事业的发展，在教育的劳动生产率不变的情况下，主要依靠教育投资的增长，教师和教室、实验室、图书馆等设备增加的物质变换；有的表现为非直接的物质变换，但要以一定的物质变换为前提，如社会科学研究的发展常常借助于抽象力，不过这种抽象力离不开社会实践，而社会实践即是资源物质变换的运动形态。这里，资源的物质变换既包括土地、森林、草地、河湖、空气、金属和非金属矿藏等自然资源的物质变换，也包括人力、知识、信息、技术、管理等社会资源的物质变换，主要的则是自然资源与社会资源相结合的物质变换。有"两种资源"和"两种资源结合"存在，就存在主从、支配与被支配的关系，亦即发展以哪一种资源的物质变换为主导的问题。正是在这一点上，科学发展观与传统发展观表现出原则的不同。"经济增长＝发展"的传统发展观，着力于自然资源的物质变换，追求自然资源最大限度的开发利用，结果造成资源的巨大浪费和环境质量下降，走上不可持续发展道路。目前许多发展中国家仍旧没有摆脱这种资源型的经济发展，重自然资源，轻社会资源，经济和社会的发展基本处在传统工业化阶段，表现出很大的不可持续性。某些发达国家则相反，它们依靠本国人力资本、技术资本雄厚等的比较优势，将本国和进口来的原材料进行深加工，大大提高其附加值后，再行销售和出口而获取更多利润和自然资源，并伴之以某些传统产业向国外转移，大力发展高新技术产业，以科学技术的生产和传播即知识经济作为经济发展的核心，将社会资源的物质变换提到主导地位，由此达到自然资源与社会资源的合理配置。以人为本的科学发展观在重视自然资源的同时，高度重视社会资源，实现物质变换由以自然资源为主向社会资源为主的转变。

第二次世界大战后兴起的以微电子技术为前导的新技术革命，使科技在劳动生产率提升中的作用由中期的 30% 左右，上升到目前的 70% ~ 80%，一些高新技术部门甚至达到 100%。当前这一新技术革命推进到以生命科学为带头学科的更高阶段，即由以往人的体能的外在化、物质化进到人的智能外在化、物质化阶段。生物工程取得的最新成果，"克隆"技术的某些新的突破，知识经济和知识管理被提到决定未来经济发展命运的高度，预示着人类社会向智力工具过渡的时代已经到来。对于人类已经历过的手工工具和正在经历的机器工具时代说来，智力工具是一个全新的时代，它将人的智力开发放在首位，人口智力投资的增长，人力资本的积聚正成为经济和社会发展的强大推动力，可持续发展的推进器。有的国家、地区经济和社会发展建立在以自然资源物质变换基础之上，经过一个时期比较迅速的发展以后，陷入技术落后、金融危机和经济不景气之中，表现出发展的难以持续性；有的国家、地区重视社会资源在物质变换发展中的地位和作用，重视人力以及信息、技术、资本等的积聚和增长，在当前经济不景气大环境中获得较快发展，表现出很强的发展后劲，创造出历史上发展的最佳时期。正反两种发展实践表明，社会资源的开发利用，以人力资本为核心的资本的积聚和增长，构成可持续发展的基本条件和推动可持续发展的基本要素。从这个意义上说，科学发展科技是关键，基础在教育，推动力在人力资本。

其三，城市化转型升级，要遵循"以人为核心"的原则。以人为核心的科学发展观，不仅体现在发展的目的、发展的决定性因素和手段上，而且贯穿于人口、资源、环境、经济、社会发展的各个方面，形成不同方面的交叉发展。它的基本要求是这种诸多交叉发展的协调性和持续性。以人为核心的科学发展理论体系，主要由以下五个方面的相应发展观构成。

一是全方位适度人口论。适度人口论产生于 21 世纪初，在对人口规模与资源之间关系的讨论中，提出人口过剩和人口不足两个相反的概念。当人口规模处于再增加或减少均不能带来益处时，便称这一人口为适度人口。如以 O 表示适度人口，A 表示实际人口，M 表示人口数量失调程度，则

$$M = \frac{A - O}{O}$$

若 M 为正值，说明人口过剩；M 为负值，则人口不足；$M = O$ 为适度人口。其后适度人口研究提出和论证了带来最大经济福利效益的经济适度人口，带来国家实力最大化的实力适度人口或社会适度人口等，取得不少进展。不过至今适度人口研究还主要限于人口数量上的考察，很少涉及其他方面；而随着 21 世纪新技术革命的到来，世界人口出生率的下降和过渡到零增长，人口质量、分布和结构等方面的问题将会突出。适应这种新的发展，适度人口概念需要更新，从仅仅是人口数量上的探讨，进入包括人口质量、结构等方面的全方位的"适度"。就世界人口总体和中国 21 世纪人口变动走势而论，实现适度人口需要控制人口数量，提高人口质量，注意人口年龄、性别结构和城乡、地区分布结构的调节，实行控制、提高、调节相结合的方针。尽管从动态上制定一项集人口控制、提高、调节于一体的全方位适度人口目标难度很大，但是结合具体发

展进程，一定时期适度人口目标的制定是可能的。按照这一赋予新含义的适度人口理论，实现人口自身以及人口与资源、环境、经济、社会交叉科学的发展，不仅具有可能性，而且具有可行性。

二是稀缺资源论。既然发展是资源的物质变换，当然包括自然资源和社会资源在内的总体资源状况，就成为决定发展的前提条件。笔者以为，资源特别是自然资源如同绝对真理和相对真理一样，既是绝对的、无限的，又是相对的、有限的，总体上是稀缺的。是绝对的和无限的，指随着科学和技术的不断进步，人类认识、开发和利用资源能力提高无限，资源的范围不断扩大，原本未列入资源范畴的成为新的资源，甚至是价值更高的资源。是相对的和有限的，指在一定经济技术水平条件下，人类认识、开发和利用资源的能力受到限制，任何资源都有一定限度，并非永久取之不尽，用之不竭。在总体上是短缺的：非再生资源消耗后不可复得，绝对数量在减少；可再生资源若再生的速度赶不上人口、经济等的增长速度，稀缺的程度也会加深。由于人们普遍追求高生活质量欲望无限，人均消耗的资源数量不断上升，人口增长对资源消耗表现出很强的"加权效益"，人均资源消耗增长速度急剧加快。面对 21 世纪中国加速走向现代化和人口增长走势，科学发展需要进一步树立资源稀缺意识，以稀缺资源论作指导。

三是生态系统论。建立在时空的分离性和认识来源的物理经验性基础上的近代科学，发展沿着"分解"、"还原"的路径延伸，导致自然界与人类社会的分割，自然界中有机界与无机界分割的认识论和实践，使人类越来越生活在间接的人造环境之中，而很少过问这种间接的人造环境是否符合客观世界运动规律，是否具有科学的连续性。新兴的现代科学一反这种"分解"、"还原"的思维方式，发展具有交叉、边缘、融合的特点，给建立在生命科学和地球科学基础上的生态系统科学，注入新的生机和活力。生态系统科学强调人类社会与自然界、有机物与无机物的统一，强调生命是包括大气圈、水圈、岩石圈、生物圈在内的地球系统的中心，从生态学角度解释地球的存在、演进和发展。由于自然界自身反馈机制所具有的自我调节能力，生产者、消费者、分解者、无生命物质之间进行着连续不断的能量转换和物质变换，维持着一定的生态平衡，形成稳定的生态系统。一旦来自外界的干扰超过生态系统自身的调解能力，平衡就要被打破，能量物质交换遭到破坏，使生物与环境之间失去平衡，发展变得不可持续。当今世人形成共识，最主要的"外界干扰"来自人类社会。传统的发展已使大量物种灭绝并制造出一批"人工物种"，震撼着生态系统的稳定。以人为本的科学发展要重新审视人类在自然界的位置，自觉而又积极地回归生态系统。

四是总体经济效益论。自 20 世纪 30 年代凯恩斯主义盛行把国民生产总值（GNP）作为衡量经济发展最主要甚至是唯一的指标以来，工业化规模经济膨胀造成的不良后果在很大程度上抵消了它所带来的效益。以人为核心的科学发展不能无视这种传统经济发展产生的负面效益，必须在注重企业个体经济效益的同时，注重社会总体经济效益；在顾及近期经济效益的同时，顾及长期经济效益，树立新的社会总体经济效益发展观。

一是质量效益发展观。传统的经济发展片面追求产量、产值和利润，主要通过生产规模数量上的扩大，即外延式扩大再生产实现，造成资源利用率不高、污染严重等"工业病"。科学发展立足于社会总体经济效益最大化，要尽可能地减少资源的浪费和治理污染的费用，就不能一味地走外延式扩大再生产道路，转向以提高产品质量、提高劳动生产率为主的内涵式扩大再生产。在经济增长数量和质量问题上更强调质量，以质量求发展，靠质量实现总体经济效益最大化，是科学发展经济的一个显著特点。

二是广义空间效益发展观。有两种不同的投入产出：狭义的投入产出为生产经营产出与投入成本之比，广义为全社会产出与投入成本之比。传统经济发展只注重前一种投入产出，科学发展更注重后一种投入产出。在发展指标设定上，科学发展也要跳出单一的国民生产总值、国内生产总值（GDP）的束缚，选择包括经济、社会、文化、环境、健康、生活质量等在内的更能反映广义空间效益的指标。采用这类综合指标不仅有利于比较科学地评价发展的能力和达到的水平，而且可以清除国际间外汇比价不尽合理等因素影响。广义空间效益发展观要打破仅仅就本企业、本地区看待经济效益的狭隘观念，把包括资源、环境、社会发展在内的外部效应纳入评价视野，从经济增长和发展造成的内部结合上看待效益，对待发展。

三是长远时间效益发展观。经济发展当前的效益自不待言，科学发展总体经济效益发展观，要求在重视近期经济效益的同时重视长远时间效益。不能以牺牲长期效益为代价换取近期效益，不能以牺牲后代人的利益换取当代人的利益。要兼顾代际公平，兼顾近期和长期效益，更加注重长远时间效益是其区别于传统发展的一个重要标志。由于更注重长远时间效益，发展不仅需要经济成果的积累，还需要看这种发展对自身能力的影响，有利于提高还是削弱自身发展的能力，削弱自身能力的发展是不可取的。长远时间效益发展观应将重点放在科学发展能力的培育上，保证新的发展潜力的不断涌现。

五是社会协调发展论。社会表现为物质生产、人口生产、环境生产、精神产品生产交叉生产过程中，交叉组合形成的生产力与生产关系、经济基础与上层建筑的总和。以人为核心的科学发展观，就是要随着生产力和生产关系的改变，发展相应的社会事业，建立起促进人的全面发展的经济基础；上层建筑也要随着改变，进步的意识形态以及先进的政治、法律等的政府组织、管理应运而生。可见，社会的协调发展带有整合的性质，是多种生产有条不紊发展的整合器，应予充分重视。结合科学发展实践，以下三个方面的协调发展更应引起关注：

首先，经济与社会的协调发展。发达国家和某些发展中国家发展的历史表明，先发展经济，待到经济发展后再来解决人口、失业、污染、贫困等社会问题的路子是不可取的。这不仅增加了解决社会问题的难度，同满足人的全面发展需要的宗旨也是背道而驰的；而且社会问题积累到一定程度，也会妨碍经济的发展。科学发展主张在发展经济的同时，及时公平合理地解决社会问题，使经济和社会协调发展，同步发展。

其次，一次、二次、三次产业的协调发展。产业结构怎样，既表明经济发展的不同阶段，也说明社会进步的程度，医疗、卫生、教育、科研、环保、商饮、服务等第三产业占国内生产总值的比例，从一个重要的方面反映经济、社会发展的水平及其协调状况。从理论上说，处在不同发展阶段上的国家第三产业应占适当的比例，过高可能陷入福利国家的泥潭而妨碍发展，过低则可能阻碍技术进步和改革，同样有碍于发展。

最后，内外关系协调发展。随着经济的发展和科学技术的进步，国家、地区之间的距离拉近了，联系空前加强，相互影响，日益加深。当前，在科学发展深入人心和一系列国际公约公布于众的情况下，不仅一个国家的经济、人口、环境发展受到周边以及更多国家关注，而且政治、文化、法律等社会状况同样受到关注。科学发展推进到今天，各国都在塑造自己的形象，集人口、资源、环境、经济、社会发展于一体，树立发展互动平衡的总体形象。协调好内部与外部的发展关系，忠实履行国家承诺，不仅有助于这一良好形象的塑造，而且是切实推进本国乃至全人类的科学发展所必需的。

笔者之所以对以人为核心的科学发展观做出上述阐释，是因为《决定》在完善城镇化健康发展体制机制中，提出"推进以人为核心的城镇化"新理念。这个新理念，事关包括城市化在内的发展全局，是对城市化发展的总的要求，带有纲举目张性质。按照上面的阐释，推进以人为核心的城市化，就要以满足城乡人民全面发展的需要为宗旨，摒弃脱离满足人民需要各种虚张一类的城市化；就要以人力资本为主要驱动力，摒弃盲目扩张"摊大饼"式外延城市化；就要在城市化过程中，摆正人口、经济、社会、资源、环境诸要素之间的关系，形成人口数量质量结构比较合理、资源节约型、环境友好型、总体经济效益比较高、社会发展比较协调的城市化。与这样的要求比较，目前的城市化差距大、水平低比较突出，改革的任务相当艰巨。

2. 消除"二元体制"障碍

上文在农业转移人口市民化论述中，已经涉及城乡"二元体制"问题，这是市民化最大的障碍。我国城乡"二元体制"由来已久，渗透户籍、就业、就学、医疗、养老和失业保险等诸多领域，形成多方面、多层次的不平等。这给城市化的正常推进设置了一道道路障。在当前城市化加速推进的新形势下，成为必须清除的藩篱。

与国际社会比较，我国城市化最大的不同，是长期拥有世界上最大数量的流动人口，其中绝大部分已成为事实上的城镇常住人口。然而他们又不是真正意义上的城镇居民，成为大部分时间在城镇从事城市建设，小部分时间回到农村与家人团聚；生产和生活主要在城镇，教育、医疗、就业等待遇却与市民有别的，往返于城乡之间的"两栖人口"。他们在城镇居无定所，往往从一个工地转移到另一个工地，工资收入一般做"三三制"分配：自己生活费用占1/3，寄回农村家里占1/3，春节回家路费和其他开销占1/3。如此，他们对经济增长的贡献，主要表现为固定资产投资的增长；寄回农村家里款项中的大部分，也用来盖房子等家庭基本建设。要使这部分收入转变为消费，最主要、最有效的办法，是使进城务工经商转移人口在城镇定居下来，变成同市民一样的城市居民。对此，《决定》指出："要创新人口管理、加快户籍制度改革，全面放开建制镇和小城市落户限制，有序放开中等城市落户限制，合理确定大城市落户条件，严格控制特大城市人口规模。"①

这里有一个问题，需要讨论清楚。按照国际社会城市化阶段性理论，我国已进入S曲线中上部加速推进时期，这一时期

---

① 参见《改革开放以来历届三中全会文件汇编》，第193页。

城市规模结构以中小城市人口和农村人口向大城市转移为主要特征。然而当前我国却要"全面放开建制镇和小城市落户限制,有序放开中等城市落户限制,合理确定大城市落户条件,严格控制特大城市人口规模",有"抑大放小"之嫌。对此,需要进行具体分析,弄清城市化发展的阶段性和我国具体发展阶段的关系,以采取相应的战略决策。

中国原本是一个农业大国,城镇人口占比很低,新中国成立后长期处在城市化 S 曲线第一阶段,城市化起点很低。改革开放后经过最初 20 年的大提速、大发展,大中小城市规模结构已经发生很大改变。统计数据显示:1990 年与 1999 年比较,50 万人以下中小城市人口占比由 19.41% 下降到 13.87%,降低了 5.54 个百分点;50 万 ~ 100 万人由 32.49% 上升到 35.19%,升高 2.7 个百分点;100 万人以上大城市由 48.10% 上升到 50.94%,升高 2.84 个百分点。大、中、小城市结构这种变动表明,到 20 世纪后期,中国城市化事实上已由"以小为主"过渡到"以大为主",并且继续向前推进(见图 3)。[①]

图 3 表明,进入 21 世纪以后,这种"以大为主"的城市化呈加速推进态势。1999 年与 2010 年比较,不仅 50 万人以下

---

① 1990 年数据见《中国统计年鉴 1991》,中国统计出版社 1991 年版,第 653 页;1999 年数据见《中国人口统计年鉴 2000》第 481 ~ 489 页;2010 年数据依据《中国统计年鉴 2011》第 93、371 页提供的数据计算。

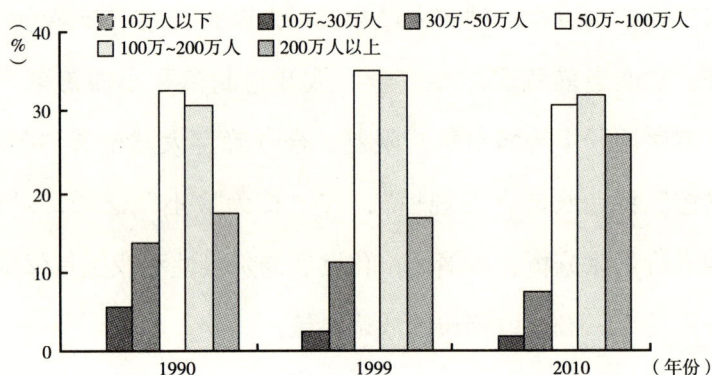

图3 1990～2010 年大、中、小城市结构变动

城市占比由 13.87% 下降到 9.49%，降低 4.38 个百分点；而且 50 万～100 万人占比也呈下降趋势，由 35.19% 下降到 30.47%，降低 4.72 个百分点；100 万～200 万人由 34.35% 下降到 32.25%，降低 2.1 个百分点；200 万人以上则由 16.59% 猛升到 27.79%，升高 11.2 个百分点，其中 400 万以上超大城市升高 6.36 个百分点。这种情形以北（京）、上（海）、广（州）都市圈式城市化最为典型。众所周知，城市化都市圈理论源于 20 世纪 70 年代法国和意大利地理学家和经济学家，尤以戈特曼的"大都市圈"理论和佩鲁的"增长极"理论为代表。提出并论证了发达国家几个大城市中心圈 GDP 占本国 GDP 的 65%～80%，都市圈式城市化成为最重要的经济"增长极"模式。不过，一是该理论被看做对发达国家经济发展过程中的一种区域性解说；二是当时我国城市化率尚处在

20% 以下起步阶段，并没有引起国人多少关注。20 多年过后，我国"重小轻大"城镇化诸多矛盾暴露出来，并且事实上已经过渡到"以大为主"的第二阶段，这一理论才迅速在我国传播开来。虽然我国"北上广"三大都市圈正在形成之中，GDP 占比和质量还远不能同美国纽约都市圈、日本东京都市圈、英国伦敦都市圈等相提并论，但是正在向着这样的目标迈进，并且已经初具规模。这说明，我国城市化在"以小为主"向"以大为主"过渡中，已经行程过半，超大城市的地位、功能和主导作用，正在日益明显地展现出来。现在城市化结构方面的问题，可用"小城市过小、大城市过大"来概括。所谓"过大"、"过小"，都是相对"市"而言，大城市规模过大、"市"过小，因而不能发挥出大城市中心、主导、辐射的功能；小城市规模小、"市"更小，也难以发挥小城市对周边地区社会经济发展的作用。在这种情况下，仍然需要截大（规模）补小（规模和"市"），所以才有"抑大放小"户籍管理政策出台。

消除城乡"二元体制"障碍，实行差别化户籍管理改革是第一步，待将来条件成熟时，实行全国不分城乡统一的居民户籍管理制度，改革才算完成。但是户籍制度改革仅仅是管理上的改革，实质性的改革如同《决定》指出的那样，要"逐步推进城镇基本公共服务常住人口全覆盖，把进城落户农民完全纳入城镇住房和社会保障体系，在农村参加的养老保险和医疗保险规范接入城镇社保体系。建立财政转移支付同农业转移人口市民化挂钩机制，从严合理供给城市建设用地，提高城市土地利用率"。① 也就是说，要将进城落户农民全部纳入城镇住房和社会保障体系，建立财政转移支付同农业转移人口市民化相衔接，有利于城乡统筹发展的体制机制。

---

① 参见《改革开放以来历届三中全会文件汇编》，第 193 页。

把握未来

——人口发展战略"三步走"

一个时期以来，"战略"一词风靡全球，无数战略竞相出台，弄得人们眼花缭乱。因此，在讨论人口发展战略之前，有必要对"战略"概念做出界定。

各种战略具备一定的共同属性：长期性——发展战略的要义是取得最终胜利，不计较一时一地的得失；全局性——发展战略所要解决的是全局而不是局部的问题。在取得全局胜利的路上，要经得起波折和失败，以"失败是成功之母"总结经验教训；阶段性——大凡发展战略，一般都要分作几个阶段进行，不可能一蹴而就。

中国人口发展战略"三步走"：第一步，实施控制人口数量、提高人口素质、调整人口结构相结合的战略，以"控制"为主。主要目标是将高生育率降低到更替水平以下，完成人口再生产向着低出生、低死亡、低增长类型转变。第二步，在生育率下降到更替水平以下至人口零增长之前，继续实施"控制"、"提高"、"调整"相结合的战略，逐步由"控制"为主转变到以"提高"和"调整"为主；协调人口与经济、社会、资源、环境的关系，谋求协调和可持续发展的战略。第三步，人口零增长以后步入负增长，依据届时经济、社会、资源、环境状况，实施全方位理想适度人口发展战略。即人口数量是适当的，素质是比较高的，年龄、性别、城乡、地域等的结构是合理的，与资源、环境、经济、社会发展是协调的。

当前处在人口发展战略第二步。一方面要坚定不移地将"后人口转变"推进下去，不能半途而废；另一方面，必须把握好转变的速度和节奏。过慢，因循守旧、裹足不前难成大事；过快，急于求成、欲速则不达。只有把握好转变的速度和节奏，才能以最小的代价取得最大的效益。

一　目前的人口态势

人口发展战略只有建立在客观现实的人口基础之上，才能掌握未来人口变动和发展的主动权，做出相应的政策选择。为此，首先需要弄清人口变动的历史、当前的状况和未来的走势。

1. 人口变动的历史轨迹

迄今为止，中国仍是世界第一人口大国。然而何时起成为"人口老大"的，却无确切的史料可查；至少从世纪开元时起，就已经坐上这把第一的金交椅了。然而按照人口转变理论，中国人口变动同样经过漫长的由高出生、高死亡、低增长到高出生、低死亡、高增长的转变，又经过由高、低、高向低、低、低增长的转变，而且在"三低"路上已经走过 20 年的路程。远者且不论，因为更远的人口变动对未来的影响渐行渐远；新中国成立 65 年来，经历将近一个人口预期寿命的时间，其影响是最为直接和深刻的，因而需要将变动的脉络梳理清楚、造成的影响搞清楚。

65 年来的中国人口变动，大致经过一个人口再生产类型转变、两次生育高潮和两次生育低潮，同社会经济发展相似呈大起大落走势。变动的轨迹，如图 1 所示。①

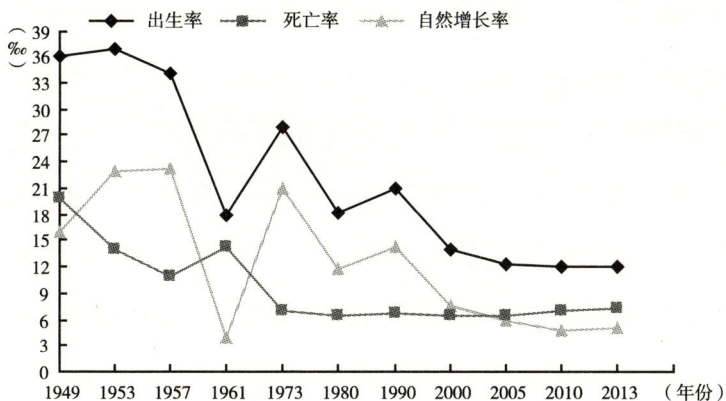

图 1 1949～2013 年中国人口自然变动

① 《中国统计年鉴 1990》，中国统计出版社 1990 年版，第 90 页；《中国统计年鉴 2013》，第 96 页；国家统计局 2013 年统计年报，国家统计局网站，2014 年 1 月 20 日。

　　图1表明，1949～1952年为人口再生产类型转变时期。出生率在36‰以上，死亡率逐步有所下降，自然增长率由16‰上升到20‰，完成由高、高、低向高、低、高的转变。1953～1957年为第一次生育高潮，出生率年平均达到34.4‰，死亡率年平均下降到12.2‰，自然增长率年平均达到22.2‰。1958～1961年为第一次生育低潮，出生率年平均下降到21.9‰，死亡率上升到年平均为16.6‰，自然增长率下降到年平均为5.3‰；1960年出生人口数量不抵死亡人口数量，自然增长率下降到－4.6‰。1962～1973年为第二次生育高潮，出生率年平均上升到34.8‰，死亡率年平均下降到8.0‰，自然增长率上升到年平均为26.8‰；1963年创造出出生率为43.4‰、自然增长率为33.3‰的新纪录，成为65年来人口增长史上的珠穆朗玛峰。1974年以来出生率经历持续下降趋势，2013年比1973年降低15.9个千分点，年平均降低0.4个千分点；死亡率经历先是微降到后是微升过程，主要受人口年龄结构老龄化和老年人口年龄别死亡率较高影响，2013年比1973年微升0.1个千分点；人口自然增长率下降16.0个千分点，年平均降低0.4个千分点。65年来人口自然变动的轨迹说明，虽然出生、死亡、自然增长变动的基础是社会经济发展的水平和经济结构的性质，根源是边际孩子成本—效益规律作用的结果，但是人口生育政策的作用和影响，

还是确定无疑的。自1980年中央提倡一对夫妇生育一个孩子以来，控制人口增长的生育政策不断得到加强，独生子女率不断提高，促使人们生育观念和生育行为发生变革，造成人口超经济发展的率先下降。用20多年的时间，生育率下降到更替水平；随即又在"后人口转变"路上前行了20年，目前已经推进到"后人口转变"中期，终于可以望得见人口零增长航船的桅杆了。

2. 目前的人口态势

要把握中国人口变动的脉搏，对未来人口变动和发展的趋势、目标、图像做出科学的估量，为人口决策提供可靠依据，就要明了当前的人口现状和存在的主要问题，弄清目前的人口态势。中国自20世纪70年代大力控制人口增长、切实加强计划生育以来，取得了举世瞩目的成绩。有的将这个成绩归结为少出生3亿人口，有的说少出生4亿人口；然而如前所述，对少出生的人口要做客观的分析，对政策因素的作用要做出科学的考量。笔者以为，最值得重视的成绩，是总和生育率（TFR）下降到2.1更替水平以下，净再生产率（NRR）下降到1.0以下，把我们带入低生育水平国家行列，步入"后人口转变"阶段。如今，在"后人口转变"路上前行20多年，中国人口变动和发展出现的新态势更为明朗。对目前主要的人口态势，可用"五大人口高峰"不同程度提前到来来概括。

其一，"后人口转变"加速推进，人口总量高峰将提前到来。中国生育率经历了自 20 世纪 70 年代以来的持续下降，90 年代中期下降到更替水平以下，近 20 年来继续有所下降。总和生育率由 1970 年的 5.81，下降到 1991 年的 1.98，目前已下降到 1.60 左右。[①] 一个人口最多的发展中国家，率先跻身于世界低生育水平国家行列，有着重要的意义。根据联合国经济和社会事务部人口司提供的资料，2005～2010 年中国与世界总和生育水平比较，如图 2 所示。[②]

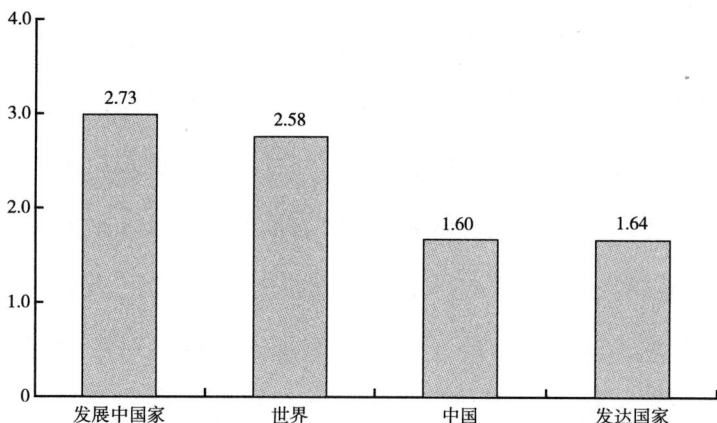

图 2   2005～2010 年中国与世界总和生育水平比较

---

① 国家统计局人口与就业统计司编《中国人口主要数据手册》，1995 年；目前的总和生育率，是依据近年人口调查数据推算的。

② 参见 United Nations, *World Population Prospects: The 2008 Revision*, pp. 48 – 52。

评价一个国家或地区的人口增长势能，主要依据该国家或地区的人口年龄结构，将其区分为年轻型（增长型）、成年型（稳定型）和老年型（减少型）三种基本类型。中国40年生育率长期持续下降，从根本上改变了人口的年龄结构，完成由年轻型向成年型、成年型向老年型的转变。1970年与2012年比较，全国0～14岁少年人口比例由39.7%下降到16.5%，降低23.2个百分点；15～64岁成年人口比例由56.0%上升到74.1%，升高18.1个百分点；65岁以上老年人口比例由4.3%上升到9.4%，升高5.1个百分点；人口年龄中位数由19.7岁上升到35.2岁，升高15.5岁。显示我国人口年龄结构在步入老年型以后继续推进，目前总和生育率下降到1.6水平，增长势能或增长惯性不断减弱。预测表明，中国人口零增长一天已经向我们招手，不是遥遥无期而是指日可待。生育率假设按照较低的低位增长方案预测，零增长到来要早一些；生育率假设按照较高的高位增长方案预测，零增长到来要晚一些；最大的可能是按照生育率适中的中位增长方案预测，人口零增长将在2030年全国人口达到14.65亿时到来。这比国内外以往的预测峰值人口数量减少近1亿，时间也提前10多年。2030年以后，由于人口的惯性作用，总人口将呈减少的走势，预计2050年可减至14.01亿；到2100年可减至10.24亿，实现全国人口100年后10亿左右的目标。低位、中位、高位三种方案的预测，人口数量变动趋势，如图 3 所示。[①]

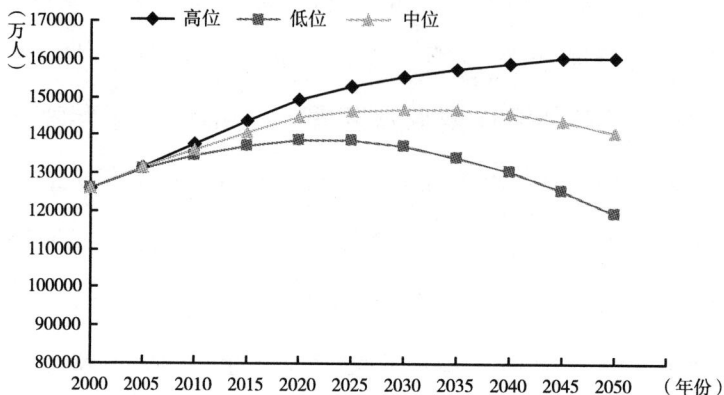

图 3 2000～2050 年高位、中位、低位三种方案人口预测

其二，劳动年龄人口增长越过峰值，开启"后黄金时代"。从 20 世纪 80 年代开始，15～64 岁劳动年龄人口增长迅速，进入劳动力空前增长高潮期。预测劳动年龄人口绝对数量，可由 1980 年的 6.44 亿、2000 年的 8.67 亿，增加到 2017 年峰值时的 10.01 亿，分别增长 55.43% 和 15.45%；其后呈减

---

① 参见田雪原等《21 世纪中国人口发展战略研究》，社会科学文献出版社，2007 年，第 439～454 页。本书以后中国人口预测数据，均引自该书。三种预测方案总和生育率（TFR）的设定，2000～2005 年高位预测为 1.90，中位为 1.75，低位为 1.65；2005～2010 年高位为 2.00，中位为 1.80，低位为 1.56；2010～2020 年高位为 2.13，中位为 1.83，低位为 1.44；2020～2050 年高位为 2.15，中位为 1.80，低位为 1.32。

少趋势，2030 年可减至 9.89 亿，2050 年可减至 8.62 亿，相当于 21 世纪初的水平。劳动年龄人口所占比例，可由 1980 年的 64.47%、2000 年的 68.70%，上升到 2009 年峰值时的 72.35%，分别升高 7.88 和 3.65 个百分点。其后转而下降，2020 年可下降到 69.00%，回落到 2000 年的水平；2030 年可下降到 67.42%，相当于 20 世纪 90 年代初期的水平；2050 年可下降到 62.96%，相当于 20 世纪六七十年代的水平。中位方案劳动年龄人口以及总体人口年龄结构变动预测，如图 4 所示。

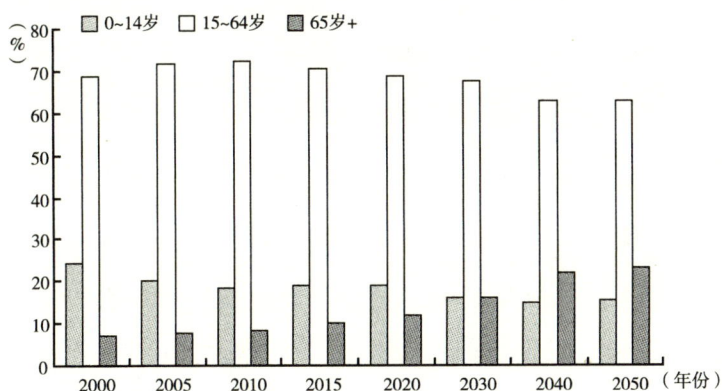

图 4 2000～2050 年中位方案预测人口年龄结构变动

中国自 20 世纪 80 年代开始步入劳动年龄人口所占比例高、老年和少年被抚养人口所占比例低，即从属年龄人口比较低的人口年龄结构变动的"黄金时代"，到现在持续了 20 多年以后，这一"黄金时代"带来的"人口红利"即将达到最高获利点；不过，过了最高获利点之后，还有一段较长时间的获利期，尚有较多的"人口红利"可以分享。然而不要忘记，获利期过后即转入"人口负债"期：少年人口负担较稳定，并且稳中略有升高；老年人口负担加重，并且呈累进式加重趋势。预测表明，2010年以后劳动年龄人口比例转而下降，2030年以后下降尤甚，2050年可下降到63%左右，相应的从属年龄比上升的速度和幅度都很大。尽管当前中国的就业问题主要表现为劳动力供过于求，并在今后相当长时间内也不至于发生劳动力不足的矛盾；但是必须看到，一是随着经济的发展和劳动年龄人口"黄金时代"的结束，劳动力廉价优势的丧失，将给竞争和经济的快速增长带来以往不曾有过的负面影响，一定程度上的劳动力结构性短缺将会发生；二是劳动年龄人口的相对高龄化问题颇值得关注。所谓劳动年龄人口的相对高龄化，一般以50~64岁占15~64岁的比例来计算，21世纪上半叶特别是前30年，中国劳动年龄人口的相对高龄化推进很快。这无疑会降低劳动力的活力，从而影响经济的发展和技术的进步。

其三，老年人口增长迅速，未来半个世纪内将迎来人口老龄化高峰。目前界定老年人口，发展中国家多采用60岁以上，发达国家多采用65岁以上标准，已有学者主张延长到70岁，理由是人口平均预期寿命大大延长了，只是尚未得到普遍认可。立足于人口寿命不断延长和社会经济不断进步发展观，我们选用了65岁以上标准。预测表明，中国65岁以上老年人口数量可由 2000 年的 0.87 亿，增加到 2010 年的 1.17 亿，2020 年的 1.74 亿，2030 年的 2.38 亿，2050 年的 3.23 亿；分别比 2000 年增长 34.48%、100.00%、173.56%、271.26%，增长幅度很大。与总体人口变动比较，2000～2030 年，老年人口年平均增长率达到 3.41%，总体人口增长率仅为 0.51%，老年人口增长率高出 2.9 个百分点；2030～2050 年，老年人口年平均增长率为 1.54%，总体人口增长率为 -0.21%，老年人口增长率高出 1.75 个百分点。老年人口与总体人口增长速度的这种反差，直接导致老年人口比例的上升。预测显示，65 岁以上老年人口比例可由 2000 年的 7.00%，上升到 2005 年的 7.86%，2010 年的 8.59%，2020 年的 12.04%，2050 年达到最高峰值时的 23.07%。虽然这一水平与届时发达国家 25.9% 比较尚有 2.83 个百分点的差距，但是与世界 15.9%、发展中国家 14.3% 的水平比较[①]，分别高出 7.17 个百分点和 8.77 个百分点，居于世界较高水平和发展中国家最高水平。

中国是在人均 GDP 1000 美元左右时步入老年型年龄结构社会的，2020 年全面建设小康社会完成达到人均 GDP 3000 美元左右，即使到 2050 年实现国家发展"三步走"第三个战略目标时，也仅相当于一般中等发达国家水平，半个世纪内将始终面临"未富先老"的矛盾，进入老年型和

---

① United Nations, World Population Prospects: The 2002 Revision, pp. 38－42.

达到老龄化严重阶段都有某种"超前"性质，老年社会保障将长期滞后于人口老龄化进程，这是在研究中国未来人口变动趋势和选择人口发展战略时，不得不充分注意到的重要问题。

其四，流动人口居高不下，目前已临近最高峰值。改革开放初期，全国有流动人口二三百万人。2000 年人口普查，现住地与户口登记地不一致的流动人口为 14439 万，扣除 2707 万本市区内人户分离的其他街道人口，其余 11732 万可视为跨省和省内的流动人口。其中流入市镇的流动人口占 78.6%，流入农村的占 21.4%，农村人口流入城镇扮演着流动人口主力军的角色[①]。随着人口城镇化的加速推进，21 世纪头 10 年是流动人口增长的高峰期；到 2010 年城镇人口比例上升到 50% 以上之后，由于农村作为流动人口源头的数量的减少，以农业剩余劳动力转移为主旋律的流动人口将渡过高潮期，出现跌落的走势。

目前社会各界对流动人口大量增加，持有不同的观点。有的认为，城市里涌进大量农村劳动力和流动人口，使城市住房、交通、水电等供应趋于紧张，劳动就业、社会治安、环境卫生、就医就学等的压力不断增大，需要从严控制。笔者以

---

① 依据国务院人口普查办公室、国家统计局人口和社会科技统计司编《中国 2000 年人口普查资料》第 726 页数据计算。中国统计出版社 2002 年版。

为，立足全面建设小康社会城乡经济和社会的全面发展，统筹城乡发展，需要加快人口城镇化进程，农村劳动力和人口逐步转移到城镇，是解决农业、农村、农民"三农"问题的根本出路。因为从根本上说，"三农"问题的根源在于广大农村自然资源和与其紧密相联的产出资本或生产资本的严重短缺，以及其与农村过剩人口的严重不相匹配，每个农民平均占有的自然资源、自然资本过少。改变这种资源和资本不相匹配的唯一办法，就是走人口城镇化之路，逐步将农村多余的劳动力和人口转移到城镇工商业上来。

其五，出生性别比持续攀升，当前仍在高峰区域。出生性别比是指一定时间（一般为一年）活产男女婴之比，以活产女婴为 100 活产男婴是多少表示，正常值为 103～107。20 世纪 80 年代以来中国出生性别比持续攀升，90 年代攀升更为显著。依据 2000 年第五次全国人口普查提供的数据回推，1990～2000 年逐年的出生性别比在 111、114、115、115、117、118、119、120、122、123、118 左右①。又根据国家统计局 2002 年全国人口抽样调查提供的数据，2001 年出生性别比为 123.6，创造了有统计数字可查的最高峰值；2002 年略下降到 119.9，但也属于相当高的水平。目前 120 左右的出生性别

———————
① 依据国务院人口普查办公室、国家统计局人口和社会科技统计司编《中国 2000 年人口普查资料》第 726 页数据计算。中国统计出版社 2002 年版。

比，在世界各国中属严重偏高国家，成为率先来临的第一个
人口高峰。

依据国家统计局 2002 年全国人口变动抽样调查提供的资
料，全国 0～19 岁人口中男性多出女性 2377 万①。即在未来的
20 年内，平均每年新进入婚育年龄人口中男性要多出女性 120
万人左右，从而造成较为严重的婚姻性别挤压，以及相关的教
育、就业等的性别挤压。性别挤压特别是婚姻性别挤压，对社
会安定和精神文明建设是一个巨大的冲击，当前已经到了非解
决不可和需要"紧急刹车"的地步。历史上，中国是一个性别
偏好较强的国家；然而中华人民共和国成立后，由于大力倡导
并实际上较好地解决了男女平等等问题，出现了出生性别比逐
步下降，到 20 世纪 70 年代已接近国际公认正常值的可喜变化。
那么后来又是怎样转而升高的呢？党和政府依然提倡男女平等，
并且采取了行政的、法治的、经济的等多种手段遏制出生性别
比升高，结果却收效不大。究其原因，主要是"对症下药"不
够，未能针对造成出生性别比升高的主要直接原因来有效施政。
2000 年人口普查数据显示：在 1999 年 11 月 1 日至 2000 年 10 月
1 日期间出生的活产婴儿中，第一孩出生性别比为 107.1，处于
正常值上限；第二孩上升到 151.9，第三孩上升到 160.3，第四

---

① 依据《中国人口统计年鉴 2003》，中国统计出版社 2003 年版，第 4 页提供的
数据计算。

孩上升到 161.4，第五孩及以上为 148.8，远远高出正常值①。本来按照人的生物因素一孩、二孩、多孩的出生性别比差别不大，一般情况下生育越多性别比还略有下降；我们却反其道而行之，可见二孩及二孩以上高出生性别比是关键。目前城镇总生育率为 1.36，农村为 2.06，农村二孩和二孩以上出生性别比"异峰突起"，是造成出生性别比升高的症结所在。为了有效遏制农村出生性别比升高并提升人口与社会协调发展的效果，促进社会安定和政治文明、精神文明建设，除了要大力加强宣传教育，强化法治管理，做好计划生育各项服务工作以外，必须从根本上摆脱生育子女数量多少受性别因素的影响和制约。

二　"三步走"人口发展战略

1. 人口战略的基本立足点

一个时期以来，"战略"一词风靡全球，无数战略竞相出台，弄得人们眼花缭乱。因此，在讨论人口发展战略之前，有必要对"战略"概念做出界定。战略（strategy），最早是军事方面的概念。在西方，strategy 源于希腊语 strategos，指军事和地方长官，后来发展成为军事术语，意指指挥战争总体的计谋

---

① 《中国 2000 年人口普查资料》，中国统计出版社 2002 年版，第 1681～1683 页。

和策略。在中国，战略思想的出现和应用可追溯到 2500 年前问世的《孙子兵法》，亦称《孙武兵法》、《孙子兵书》等。该兵法讲的是普遍适用的战争方略、计谋和策略，是克敌制胜的大智慧、大谋划，因而是一部战略性质的兵书。由此，千百年来将指挥战争谋略的战略推进到经济、社会诸多领域，形成当下工业、农业、科技、教育、文化、人口、资源、环境、国防等各个领域的发展战略。然而不管何种战略，都要具备一定的共同属性。主要是：

其一，长期性。发展战略的第一要义，是取得最终胜利，一切以"谁笑到最后谁就笑得最好"为转移，而不计较一时一地的得失。历史上楚汉相争的故事，就是一例。汉王刘邦屡战屡败，然而在战败之后，他能够重新整顿队伍，出榜安民取得民心，因而战败一次又以更强的姿态站立起来，直到最后夺取天下胜利。楚王项羽倒是屡战屡胜，但是每一次胜利都要以一定的牺牲为代价，趋势是越战越弱，直到最后霸王别姬而乌江自刎，以彻底失败告终。短期小打小闹式的胜利并非不重要，因为可以积小胜为大胜；但是小胜不能替代大胜，最终要靠大胜解决问题、获取全胜。发展战略需要的是最终的胜利，有一个以时间换空间的演变过程，长期性是一般发展战略的一个共同属性。

其二，全局性。这是发展战略的另一个重要属性。即发展战略所要的是全局的最终胜利，而不是局部的胜利。不错，全局性的胜利是由一个个局部胜利积攒而来的，因而不可忽视局部的胜利；但是局部胜利不能替代全局的胜利，谁取得全局性的胜利，谁才是真正的胜利者。因此，在取得全局胜利的路上，要经得起波折和失败，以"失败是成功之母"认真总结经验教训，以利再战，直至夺取最后的胜利。

其三，阶段性。大凡一个比较大一些的战略，一般都要分作几个阶段进行，不可能一蹴而就。譬如，抗日战争时期，我们的战略可分为战略防御、战略相持和战略反攻三个阶段。按照不同阶段，分别实行敌进我退、敌疲我打、敌退我追等不同的策略和战术，最后取得抗战的全面胜利。当前我们实行可持续发展战略、科教兴国战略等，也同样分解为不同的发展阶段，每个阶段的主攻目标、推进的路径和方法等不尽相同。

这里之所以花费一点儿笔墨讲一段发展战略具有的共同属性，是因为人口发展战略也要具备这样的属性，应从最起码的这"三个属性"上去制定和把握。除去这"三个属性"之外，特殊地说，人口自身所具有的数量、素质、结构之间关联的程度，与经济、社会发展以及资源、环境之间关联的程度，则是更需要格外关注的。因为这两个方面的关系，对人口发展战略的制约性更强、更直接。"有所得必有所失"，制定人口发展战略更需要铭记这一点。我们的目标，是制定所得值最大、所失值最小的属性战略。

按照这样的要求和思路制定人口发展战略，需要在弄清未来人口变动和发展趋势基础上，选择最优的方案。关于中国人口未来变动发展趋势，前文本部分中的图3已经提供了低位、中位、高位三种不同的方案人口预测。这里需要对三种方案预测做出比较分析，以便按照上面的指导思想、趋利避害原则，做出科学合理的选择。

上述低位、中位、高位三种方案预测，以实现人口零增长为"着陆点"的主要目标，可分别称之为"硬着陆"、"软着陆"和"缓着陆"三种方案。"硬着陆"低位预测方案，是指生育率继续有所下降，没有更多顾及生育率的继续下降对人口年龄结构以及对经济、社会发展的影响，故称之为"硬着陆"。总和生育率（TFR）设定2010~2020年为1.44，2020~2050年为1.32。"软着陆"中位预测方案，生育率保持相对稳定，稍有回升后即基本稳定在略高于现在的水平。总和生育率2010~2020年为1.83，2020~2050年为1.80。"缓着陆"高位预测方案，生育率逐步有所回升，达到更替水平后保持在相对稳定状态，人口零增长目标要推迟到来。总和生育率2010~2020年为2.13，2020~2050年为2.15。比较上述三种方案，无疑低位预测"硬着陆"方案控制人口数量增长最为有效，达到峰值时的人口数量分别比中位预测方案、高位预测方案减少0.78亿、2.13亿，时间也分别提前9年、29年；到2050年则分别减少2.10亿、4.08亿，数量之差很大，优点突出。

其最大的缺点是人口年龄结构变动过于急速，造成老龄化过于严重：2020 年 65 岁以上老年人口比例将分别高出中位预测方案、高位预测方案 0.50、0.88 个百分点，2050 年将分别高出 4.07、6.91 个百分点；特别是 2045 年该低位预测方案老年人口比例将上升到 25.62%，高出届时发达国家 25.30% 水平 0.32 个百分点，其后还要升高，这对于"未富先老"的我国说来，无论如何也是不能接受的。此外，劳动年龄人口减少过快也值得关注。该低位预测方案 2020 年 15～64 岁劳动年龄人口将分别比中位预测方案、高位预测方案减少 488 万、864 万，2050 年将分别减少 1.21 亿、2.25 亿；而且，劳动年龄人口的相对高龄化也要严重得多。虽然总体上说中国不至于发生劳动力绝对短缺，但是劳动年龄人口减少过快和相对高龄化，则会导致劳动力的结构性短缺和人力资本活力的减退，给经济、社会发展带来不利影响，因而是不宜采纳的。

"缓着陆"高位预测方案同"硬着陆"低位预测方案相反，其最大的优点是人口年龄结构变动比较平缓，老龄化速度比较缓慢，劳动年龄人口所占比例较高的人口年龄结构变动的"黄金时代"及其"人口盈利"、"人口红利"可维持时间要长一些，有利于保持中国劳动力的廉价优势；其最突出的缺点是人口数量控制较差，2020 年将分别比中位预测方案、低位预测方案多出 0.46 亿、1.05 亿，2050 将分别多出 1.97 亿、4.07 亿。显然，这对于人口和劳动力过剩的我国说来，是难以承受的。

相比之下，"软着陆"中位预测方案兼顾了"硬着陆"低位预测方案人口数量控制比较有效，"缓着陆"高位预测方案人口结构比较合理的优点；同时较好地克服了低位预测方案人口结构不尽合理，高位预测方案人口数量控制较差的缺点，人口总量 2030 年达到 14.65 亿峰值以后出现缓慢下降趋势，人口老龄化 65 岁以上老年比例 2050 年达到 23.07% 峰值以后逐步缓解，劳动年龄人口比例和结构比较适当，是适应我国当前人口态势和未来数量变动与结构合理化，促进人口与经济、社会以及资源、环境协调发展的比较理想的方案。因此，未来人口发展战略应建立在该"软着陆"中位预测方案基础上。这一方案的指导思想和基本点，可表述为：以全面、协调、可持续科学发展观为指导，通过人口数量、素质、结构的合理变动，积极稳妥地实现人口的零增长，促进人口与经济、社会以及资源、环境的协调和谐发展。这一人口发展战略与 20 世纪 80 年代初确定的"控制人口数量、提高人口质量、调整人口结构相结合并以数量控制为重点"的战略相比，有表现历史继承性相同的一面，这一战略仍然保留控制人口数量增长要义；也有展现当今时代和人口变动新特点不同的一面。一是指导思想不同，那时主要是将高速增长的人口尽快降下来，缓解和逐步消除人口和劳动力过剩的压力；现在是要将控制人口增长纳入科学发展观视野，推进人口与可持续发展战略的实施。

二是那时突出"以数量控制为重点",现在是在继续控制人口
数量增长的同时,还要兼顾其他方面,尤其是人口年龄结构的
变动,并且要逐步过渡到以人口素质提高和结构调整为主上
来。三是战略目标不同,那时是人口发展战略伊始的"第一
步",以生育率下降到更替水平以下为目标;现在是"第二
步"的零增长,还要涉及更长远一些的百年理想适度人口目
标。继往开来,承上启下,准确定位 21 世纪的人口发展战略,
是全面解决中国人口问题的百年大计、千年大计。

2. 人口发展战略"三步走"

站在 21 世纪可持续发展立场观察全球人口变动,尽管发
达国家忧虑生育率过低、劳动力供给不足和老龄化严重等问
题,事实上世界生育率和人口增长率自 20 世纪 70 年代下降以
来,80 年代和 90 年代继续有所下降,人口增长速度有所减
慢,因而有一种主张认为应该适当增加人口和抬高生育率;然
而,一是 2010 年发达国家人口的 12.37 亿,仅仅为当年世界
人口的 69.09 亿的 17.90%,对世界人口变动影响十分有限。
而发展中国家人口增长到 56.71 亿,占世界人口的 82.10%,
世界人口变动走势主要由发展中国家人口决定。二是虽然生育
率和增长率有所下降和减慢,但是仍旧有着较强的增长势能,
预计世界人口仍可由 2000 年的 61.15 亿,增加到 2020 年的
76.75 亿,到 2050 年可达 91.50 亿,并且要到 2100 年时才有

可能实现零增长和稳定下来。① 因此，控制人口的数量增长，仍然是全人类面临的共同性问题，是推进全球可持续发展战略的一个重要的主题。

中国人口与世界人口比较，有相同之处也有不同之处。迄今为止，中国是世界上人口最多的国家，要到 2030 年以后，才有可能将"第一人口大国"的交椅让给印度。从根本上说，中国人口问题属人口和劳动力过剩，即人口压迫生产力性质。这个问题经过近三四十年大力控制人口增长的努力，收到显著成效；然而还没有最后解决，人口零增长尚需时日，达到全方位的适度人口则需要更长的时间。因此，长期以来笔者始终坚持：全面解决中国人口问题需要大力控制人口的数量增长，并且在控制人口数量增长的同时，努力提高人口的素质和调整人口的结构，实行"控制"、"提高"、"调整"相结合的方针。不过不同时期重点应有所不同，最终达到人口数量、素质、结构比较协调，人口与经济、社会发展以及与资源、环境相协调，推动科教兴国战略和可持续发展战略的实施。基于这样的认识，着眼于长期、全面和具有阶段性特征的人口发展战略，可分为"三步走"实施：第一步，实施控制人口数量、提高人口素质、调整人口结构相结合，以数量控制为重点的人口发展战略。主要目标是将高生育率降下来，降到更替水平以下，

① 参见 Unitid Nations，*World Population Prospects：The* 2008 *Revision*，pp. 48 – 52。

实现人口再生产由高出生、低死亡、高增长向着低出生、低死亡、低增长类型转变。第二步，在生育率下降到更替水平以下至人口零增长之前，即"后人口转变"期间，继续实行"控制"、"提高"、"调整"相结合的战略，逐步由人口数量控制为主转变到以人口素质提高、结构调整为主；协调人口变动与经济、社会发展以及资源、环境之间的关系，谋求协调和可持续发展。第三步，人口零增长以后，由于惯性作用人口数量将呈一定程度的减少趋势，依据届时的经济、社会发展状况以及资源、环境状况，做出全方位理想适度人口战略抉择。所谓全方位理想适度人口，不仅人口数量是适当的，而且素质是比较高的，年龄、性别、城乡、地域等的结构是合理的，与资源、环境、经济、社会发展是协调的。

上述"三步走"人口发展战略，以 1991 年总和生育率下降到 1.98 进入"后人口转变"为标志，宣告第一步战略目标已经达到，人口再生产完成由高出生、低死亡、高增长向着低出生、低死亡、低增长类型的转变。如今第二步也已行程过半，预计可在 2030 年前后实现第二步与第三步的交接。需要充分地认识到，人口发展战略同中华民族伟大复兴的中国梦紧紧联系在一起，同当前转方式、调结构、促改革紧紧联系在一起，同信息化、工业化、城市化和农业现代化紧紧联系在一起，必须以对国家、民族和人类高度负责的精神，将这一战略切实推向前进。

三 走好人口战略第二步

1. 承上启下的第二步

以人口数量、素质、结构协调发展和人口与可持续发展为目标的人口发展战略第二步，处于承上启下位置，是实施总体人口发展战略全局的关键。只有走好第二步，才能巩固和扩大第一步取得的成果，将人口控制引向零增长具有决定意义的下一步；只有走好第二步，才能创造人口自身、人口与外界协调发展的环境，为第三步实现全方位的适度人口目标奠定基础。因此，走好人口发展战略第二步至关重要，必须审时度势、脚踏实地地走下去并且走好。

人口发展战略第二步，情况要比第一步复杂得多，走好困难也很多。其一，要在人口生育政策调整背景下，继续控制好人口的数量增长，完成第二步零增长控制目标。人口发展战略第一阶段，以人口数量控制为重点，方向、目标、政策都非常明确，虽然号称"天下第一难"，但还是顺利完成并于 20 世纪 90 年代初顺利实现人口再生产向"三低"类型的转变。不仅减少几亿人口出生，如前所述，经济发展是基础，政策外在因素通过内在因素而起作用；更重要的是进入"三低"类型以后，人口增长势能大为减弱，人口零增长一天的到来，已经依稀可见。第二阶段正是这样的承上启下位置，才使得情况变得比较复杂。一方面要继续控制人口数量增长，要在2030年前后实现人口零增长控制目标；另一方面又要进行生育政策调整，按照党的十八届三中全会通过的《决定》要求，启动实施一方为独生子女的夫妇生育两个孩子的政策。也就是说，要在生育政策调整——放开一方为独生子女夫妇生育两个孩子的情况下，完成并不轻松的人口零增长目标。这种"放"与"控"同时并行的政策与要求，实际操作起来难度不小，需要一定的智慧和技术。

其二，提高人口素质这个永恒话题，遭遇教育改革新浪潮。提高人口教育、健康、文明素质，是一个永恒的话题，任何战略阶段概莫能外。目前，提高人口健康素质进展较为顺利，"六普"出生时预期寿命达到74.83岁，步入寿命较长国家的行列。人口教育素质大幅度提升，初中义务教育迅速普及，总体人口教育素质提升出现一个飞跃。目前存在的主要问题，如前所述，是扩招带来的学生数量的大量膨胀，学校师资和设备跟不上等引发的教学质量不高的矛盾。应试教育偏重书本知识，学生对事物的反应和应对能力较弱，阻碍着智能开发和德、智、体、美全面发展人才的培养。因此必须对应试教育体制机制进行改革，着力提高受教育者的实际能力。这需要建立一套使教育者走进受教育者中间、受教育者融入教育者之中，二者携手走进科学的教育体制机制。不言而喻，这是真正的在深水区摸着石头过河的改革，难度委实很大。

其三，调整人口结构要求进行相应的改革，许多体制改革相当艰难。调整人口年龄结构要求推进与之配套的改革。如适应人口老龄化变动发展趋势，需要对社会养老保障体系、社会养老保险体制进行改革，确保空前增多的老年人口安全地度过人生最后一站。调整人口城乡结构、推进人口城市化，需要对城市化方针、政策、体制机制进行改革。要厘清"城"、"镇"、"市"概念的内涵与外延，还城市化"市"的本意；改革城镇脱离"市"盲目发展的体制机制，推进"补市"、"兴市"政策出台等；选准改革的突破口，打破城乡"二元体制"藩篱。

其四，人口与可持续发展包罗万象，改革涉猎广泛。人口与可持续发展，主要指人口与资源、环境、经济、社会可持续发展，凡是同人口相关的自然界和人类社会各个领域都是涉及的对象。譬如，控制人口增长与保护资源、环境两大基本国策，怎样通过改革使人口与资源、人口与环境相协调，构建资源节约型、环境友好型社会。人口和劳动年龄人口在经济转方式、调结构中处于何种地位，如何深化以人为本的体制机制改革。各项社会改革的最终目的是为了满足人的全面发展的需要，改革的主要驱动力在人力资本，社会改革同人口密切相关。可见，只有将人口纳入改革大潮之中，才能走好人口发展战略第二步。

2. 把握好转变的速度和节奏

人口发展战略第二步，具有鲜明的转变、过渡性质，是承接第一步、转变和过渡到第三步的一个特殊阶段。这个特殊阶段好比一个"齿轮"，"齿轮"直径大小、齿距宽窄、转速高低，既要同战略第一步的"齿轮"紧紧相扣，又要与战略第三步的"齿轮"相衔接，只有这样才能确保将第一步"齿轮"的能量顺利传递到第三步的"齿轮"上，才能完成全部发展战略预定的目标和任务。因此，把握好第二步"齿轮"转动的速度和节奏，是完成转变、过渡任务的关键。下面以把握好第二步人口数量控制目标和人口生育政策调整为例，说明如何控制好转变和过渡的速度和节奏。

前已叙及，人口发展战略第二步数量控制目标，是2030年前后实现人口的零增长。为什么要选定人口零增长战略目标？从目前现状来说，是要释放人口对经济、社会发展形成的压力；从长远来说，是要释放人口对资源、环境形成的持续压力。有人说，改革开放以来中国经济获得令世人瞩目的快速发展，如今已将日本远远地抛在了后边，稳居世界第二大经济实体位置，并且与第一大经济实体的距离越来越近了。如此，似乎人口压迫生产力已经不复存在，相反有可能出现新的生产力压迫人口现象。故人口数量不需要再加以控制，人口多是综合国力的表现，第一人口大国的交椅也不能让给他人。这话说得对不对呢？应该说，有一定的道理。不是吗？中国跃居世界第二大经济实体已有几年了，人均产量、产值也已达到中等收入国家水平，人口对经济发展的压力减轻了，有的地方甚至消失了。这是现实的客观存在。然而人口对经济、社会发展的压力果真全部消失了吗？恐怕不能这样说。曾几何时，2008年美国金融危机爆发后，中国火速抛出4万亿投资，其目的是为了阻止可能由此带来的经济下滑。为什么要阻止经济下滑、保住经济增长呢？权威的解释是：保增长就是保就业。如果经济下滑，就业需求下降，失业率就要大幅度上升，社会不稳定因素就会大量增加。社会稳定是压倒一切的硬任务。为了社会稳定，就要保增长、保就业。虽然劳动年龄人口占比和绝对数量均已越过峰值，出现下降和减少的趋势，但是下降的幅度有限、减少的数量不多，目前每年需要就业的劳动年龄人口仍在1000万人左右。其中大学本专科毕业生竟达700万人上下，还有数量可观的中等职业学校毕业生，以及研究生、留学归国人员等。总的情况是：就业压力是减轻了，但是并未消失，相当长时间内压力还比较大。更为重要的是，数量庞大的需要就业人口对转方式、调结构、提高全社会劳动生产率的压力依然存在。无论任何社会，生产和社会经济发展都离不开或者增加活劳动，或者提高劳动生产率两条途径。生产企业选择哪一种或者同时双选，要取决于成本比较。活劳动成本低，就舍弃提高技术构成、提高劳动生产率之路；活劳动成本高，就采取提高技术构成、走提高劳动生产率之路。我国长期走的是前一条为主的道路，妨碍着技术进步和劳动生产率的提高，也妨碍着经济发展转方式、调结构的顺利推进。这方面的情况，随着劳动年龄人口越过峰值压力在减少，向着有利于走后一条道路转变；但是到压力完全消失尚需较长时间，需慎言就业压力消失。至于人口在消费中的分母效应，人口数量变动对人均消费的影响，是尽人皆知的常识；但是也是实实在在的客观存在，"经济上去、人口下来"对提升幸福指数的作用不该忽视。这种作用在温饱问题解决之后，主要表现在消费的质量上，而不是数量上。启动消费杠杆拉动经济增长，着力点也应主要放在消费质量的提升上。而这又与劳动力市场供求状况、工资率高低相关联。受劳动年龄人口供给和就业压力仍旧存在影响，工资率翻番难度很大。有鉴于此，为了不至于使老龄化过于严重、劳动年龄人口供给保持在适当水平、人口代际结构保持在合理水平，在提倡一对夫妇生育一个孩子经过一代人——25～30 年以后，生育政策应该进行调整，启动一方为独生子女夫妇生育两个孩子的政策完全正确；笔者还主张有条件的省、自治区、直辖市，在保证除人数较少的少数民族外，可以普遍实行"限三生二"的政策。但是政策也不能造成大幅度的生育率反弹，不能妨碍 2030 年前后实现人口零增长目标。这就要控制好人口发展战略第二步转变和过渡的速度与节奏。

提高人口素质与教育改革、医疗改革，调整人口年龄结构与失业保障、养老保障改革，打破城乡分割的"二元体制"改革，以及人口与资源、环境可持续发展市场取向的改革等，情况基本类同，均应把握好转变和过渡的速度与节奏。一方面，我们要坚定不移地将人口发展战略第二步推进下去，完成承上启下人口发展战略百年大计、千年大计。俗话说："开弓没有回头箭"，"行百里者半九十"。中国人口发展战略推进到今天这一步十分不易，我们不能半途而废。另一方面，必须把握好这一转变、过渡的速度与节奏，以求顺利、健康地向前推进。过慢，因循守旧、裹足不前难成大事；过快急于求成、欲速则不达。只有把握好转变、过渡的速度与节奏，才能两利取其重、两害取其轻，以最小的代价取得最大的目标效益。

人口政策

——人口发展战略实施的推进器

　　人口政策是实施人口发展战略最重要的驱动器，中国不同时期的人口生育政策，服务于"三步走"人口发展战略。

　　在中华文化瑰宝中，以"多子多福"为轴心的人口观念源远流长、经久不衰。对上策动着统治阶级的人口生育政策，对下左右着广大民众的生育行为，构成中华民族人口再生产的精神支柱。只有弄清楚这根精神支柱的来龙去脉，才能洞察历代封建王朝直接或间接鼓励生育政策的真谛。

　　直接干预的人口政策固然重要，但间接干预的人口政策也不可小觑。因为它把人口的变动和发展纳入经济、社会发展之中，具有长期、稳定的作用。

　　为马寅初新人口论翻案，带动人口理论拨乱反正、正本清源，人口生育政策得以登上新的起点。1980 年中央书记处委托中央办公厅召开第五次人口座谈会，会议形成向书记处的《报告》、《汇报提纲》，明确指出：提倡一对夫妇生育一个孩子既非权宜之计，也非永久之计，而是着眼控制一代人的生育率——25～30年的一项特殊政策。一代人过后，生育政策理应进行必要的调整。笔者公开发文，建议实施"双独生二"、"一独生二"、"限三生二"的政策。

《决定》要求"启动实施一方是独生子女的夫妇可生育两个孩子的政策"，生育政策调整给出明确信号，预计不会造成生育率大的反弹。启动实施初期，出生率可能升高明显一些；随着时间推移，将会平稳下来。

一　人口生育政策溯源

人口生育政策，包括人口政策和生育政策两个方面。人口政策指关系人口数量、质量、结构变动和发展的政策，可视为广义的人口政策；生育政策顾名思义，是关于生育方面的政策，也可视为狭义的人口政策。生育政策直接作用于人口的数量变动，人口属性纯正；不像人口质量、人口结构政策牵涉到经济、社会等诸多领域和范畴，政策带有交叉性质。由此，一些论著也常常将生育政策说成人口政策。鉴于两项政策这种近亲血缘关系和习惯性表述，本书将两项政策放到一起，以人口生育政策命题阐发。

1. "多子多福"人口观源远流长

中国是世界文明古国之一。早在400多万年以前，中华民族便以黄河流域为中心聚居生活、繁衍子孙后代，留下光辉灿烂的中华文化。在中华文化瑰宝中，以"多子多福"为轴心的人口观念源远流长、经久不衰。对上策动着统治阶级的人口生育政策，对下左右着广大民众的生育行为，构成中华民族人口再生产的精神支柱。因此，只有弄清楚这根精神支柱的来龙去脉，才能洞察历代封建王朝人口生育政策的真谛。

（1）生殖崇拜

26 年前，笔者赴荷兰作学术交流。双休日，一位在当地颇有影响的教授邀请我外出观光，我欣然允诺。于是我们驱车沿着莱茵河畔信马由缰而上，穿山越岭，风景如画，不久进入德国境界。过埃森、杜塞尔多夫等知名城市，中午在科隆停了下来。简单用过午餐，便急着去看向往已久的科隆大教堂。我曾看过一点儿资料，科隆大教堂于 1248～1880 年兴建，历经 7 个世纪共 632 年，耗时恐怕列各国教堂建筑史之首；它是世界最高的教堂之一，与巴黎圣母院、罗马圣彼得大教堂并列为欧洲三大教堂，规模之大在世界上也是屈指可数的。来到跟前，果然百闻不如一见：一座长 145 米、宽 86 米、主体高 135 米的大教堂，全部采用磨光大理石建造，再配上两侧比主体高出 20 多米的尖塔，5 座巨大的响钟，在采绘镶嵌画玻璃窗掩映下，显示出耶稣"东方三圣王"基督教的威严和肃穆，典雅、秀丽和轻盈。参观完毕临上车前，同来的教授问我有何感想，我说："不虚此行。不仅中国有长城，埃及有金字塔、狮身人面像，欧洲的大教堂令人赞叹不已！"他问："还有一个与人口有关的建筑细节，你注意到没有？"我回答不上来，忙问是什么。他说："你看一下教堂门的设计和建筑，有什么特别的地方吗？"我还是不得要领，追着请问其详。他告诉我说："教堂的门与中国门的建筑不同，中国的门一般是两根柱子上面搭一条横木，方方正正；这里和欧洲许多基督教教堂的门上面呈人字状，向内雕进几层，好像一个去掉桃仁裂开的桃核"——说到这儿，他放慢了说话的速度，带有点儿解释性的继续说道："也像女性的阴门，上面是绽开的阴蒂，下面是洞开的阴道口——这不是低俗，而是生命之门，神圣之门，由人们对生殖的崇拜演进而来。"我感到很惊诧，有关欧洲生殖崇拜的雕像，过去在意大利、法国、奥地利等国看到过一些，基本上都是赤裸裸的；欧洲比较有名的教堂也看过十几个吧，还没有听到如此一说！然而闭上眼睛一回忆，过去看过的那些教堂特别是耶稣教堂的门和高大的窗子，大多同科隆教堂相类似，原来这里边还深藏着鲜为人知的生殖崇拜文化呢！

与德、法、意等欧洲国家相比，中国作为世界文明古国之一，生殖崇拜同样早就存在。生殖崇拜理念或生殖崇拜文化，可追溯到三皇五帝时代。中国可以考证的文明史，一般认为已有五千年，常说"上下五千年"。然而司马贞所著《补三皇本纪》，将司马迁《史记》记载的历史向前推进了二三千年。史书关于三皇五帝的记载不一，《吕氏春秋》、《史记·秦始皇本纪》、《春秋纬》、《白虎通》、《通鉴外纪》、《礼纬·含文嘉》等多部著作，提到三皇者共为六人：燧人、伏羲、神农、女娲、共工、祝融。其中伏羲和神农得票最多，各书均提到；其余四人各得一票，难分伯仲。后人研究取得较多共识的，是天皇燧人，因为他发明打击燧石取火（一说钻木取火），故称天皇；人皇伏羲，因为他研究天、地、人之间的关系，创造绘制八卦图，并发明了刻画符号记事、俪皮（成对的鹿皮）为礼婚嫁、作八卦、定节气等，故称人皇；地皇神农，因为他发明并推广了最初的农耕技术，成为开发大地之神，故称地皇。五帝的版本也不少，取得较多共识的是《史记·五帝本纪》所载，为黄帝、颛顼、帝喾、唐尧、虞舜。一般认为，五帝距今4300～5000年，三皇距今5000～8000年。三皇中天皇燧人和地皇神农留下来的传说和发现的器物有限，人皇伏羲的传说和发现的古物最多，影响也最大，最值得研究。于是三年前笔者曾到甘肃省天水市调研，看了大地湾文化、传说中伏羲创造绘制八卦图的挂台山和女娲故乡，所得教益颇多。尤其是伏羲的两大杰出贡献：一是绘制的八卦图中，蕴含着生殖崇拜的内涵。《易系辞》说：古者包牺氏之王天下也，仰者观象于天，俯者观法于地；观鸟兽之文，与地之宜；近取诸身，远取诸物；于是始作八卦，以通神明之德，以类万物之情。伏羲创制八卦，力图揭示天、地、人相互依赖万物变化的规律，重点揭示人类自身生产和人与自然之间发展变化的规律。决定这种发展变化规律的，首先是人种的繁衍，因而将生殖崇拜置于八卦的中心位置。郭沫若先生认为，八卦图中阴—阳的排列组合，象征着男女之间的结合，是生殖崇拜。其实，八卦图中那一对阴阳鱼不就是活生生的生殖崇拜吗？阴阳鱼首尾交合在一起占据八卦中心，八卦的演变，无论是按照乾、兑、坤、离、坎、艮、震、巽排列组成的二十四卦，还是由这二十四挂变化而来的六十四卦、五行八卦、阴阳八卦、太极八卦、先天八卦、后天八卦等，无穷的变化皆由中心阴阳鱼互动而生，由阴阳不同的结合排列而成。与中外其他那些生殖器官、生育行为的雕塑、雕刻、画像等赤裸裸的生殖崇拜比较起来，八卦的生殖崇拜更富有原生、推动、核心性，是将含蓄性、深刻性、全面性与科学性融合在一起，是由具体升华到抽象更高境界的生殖崇拜。

二是以俪皮为信物和证物的嫁娶制，开中国最早优生之先河。伏羲处于由母系氏族向父系氏族过渡阶段，在此之前为氏族内的群婚制，近亲结婚其生不繁，严重阻碍着人口的繁衍和健康。伏羲看到群婚制的危害，就想办法改革。据考证，当时伏羲氏族活动的天水地区为疏林带，俪（鹿）很多。于是他们规定：将俪皮由中间一分为二切开，左边的一半留在氏族内，右边的一半分给新出生的子女。结婚时男女双方都要出示各自的俪皮，如果与氏族留下的一半对得上，证明他（她）们都是本族的兄弟姐妹，就不得结婚；只有俪皮对不上或根本没有俪皮者，方才可以结婚。久而久之，以俪皮为信物和证物的婚姻，形成了只能与族外通婚的礼俗。这一礼俗推行开来，逐渐演变为族内与族外通婚、男婚女嫁的制度——尽管还不是一夫一妻制的婚姻制度，但是也足令本氏族人种兴旺起来，遂为打败吞并周围一些氏族部落奠定基础。伏羲率本部落由西向东征战，一直征战到河南，最后伏羲本人也葬于河南。伏羲是后来倡导"同姓结婚，其生不繁"的始祖，生殖崇拜加上禁止本族内婚嫁最早的优生，造就了伏羲氏族部落的强大。

为什么原始社会尤其在原始社会新石器时期，生殖崇拜会发生而且淋漓尽致地表现出来呢？人们会说，原始人愚昧，科学不发达，看到孩子从女人肚子里生出来无法解释，感到女性能生育很伟大，就对女性及其生殖器官崇拜起来，生殖崇拜最先是对女性的崇拜。这样的诠释无疑有它的道理，如果全然知晓结婚生育是怎么一回事儿，也就不必那么神秘和顶礼膜拜了。但是这样的诠释还不足以使人完全信服，试问：人类脱离愚昧、科学进步以后，就没有生殖崇拜了吗？不是的，这点下面还将做出分析；那么根本的原因在哪里呢？必须将生育置于那时人口生产、经济和社会发展之中，做出符合人口学、经济学、社会学规范的阐释。

迄今为止，原始社会是人类进化发展中占据时间最长的时期，占人类历史的99%以上。原始社会人类由使用简单的石块、木棒的旧石器时代，过渡到打磨石器、有了最初的陶器和饲养动物、懂得农耕的新石器时代，是一个艰难的巨大进步。

通过对伏羲故里的考察证明，这种进步的程度超出以往的估计。最紧要的一点，是将人置于天、地宇宙之中，探索相互运动变化的规律，创造绘制出包括生殖崇拜八卦在内的文化。为什么八卦将象征男女两性结合的图像置于中心位置，八卦的演变以阴一阳互动排列组合的方式为转移？可以说，这是作为人皇的伏羲以人为中心的宇宙观的体现，是他强盛本氏族的立足点。尽管新石器时代生产工具和战争所用武器比旧石器时代有了不小的进步，但是基本的力量就是赤条条的人的力量格局没有改变。而人的力量，一是由人口的数量决定，人口越多氏族的力量就越大；二是由人口的质量决定，人的身体越强壮氏族的力量也越大。哪个氏族部落人口数量多、身体素质好，哪个氏族部落就会强大起来，就会战胜吞并其他氏族部落。我们从伏羲氏族部落强盛、吞并其他氏族部落，直至征战到河南史诗般的传说中，看到一幅怎样由八卦图阴阳鱼发动、运转和决定命运的壮丽画卷，以生殖崇拜为驱动力的画卷。当地还传说，伏羲氏族部落的图腾是人面蛇身，在由天水向东征战过程中，吞并一个部落就在自己的图腾上加上被吞并部落图腾最有代表性的部分。久而久之，吞并的部落多了，自己图腾的头上身上加满了一个又一个五花八门的小图腾，这就是被后人称为"龙"的由来，"龙的传人"也由此而生。

伏羲处于母系氏族向父系氏族社会过渡阶段，伏羲以后遂演变为对男性的生殖崇拜。这一转变很重要，它对后来中国封

建社会的婚姻、生育乃至整个人口变动产生了莫大影响。各地
发现和出土的男性生殖崇拜雕塑、雕刻、绘画等，数量不断增
多，文字、天文、立法等隐含的生殖崇拜也陆续被发现。文字
上的表现，如"祖"字，原本没有左边的"示"，只有右边中
间向上鼓起的"且"字，形同男性生殖器。在西方社会，许
多国家信奉上帝创造人，上帝是人类的始祖；在中国，自从进
入父系氏族社会以来，女性在种的繁衍中被排斥在主流之外，
生殖崇拜演变成对男性祖先的奉先行孝，发生第二次升华——
逐步升华为封建社会多子多福、符合封建伦理道德的生殖崇
拜。

（2）"多子多福"人口观。说到封建伦理道德，自然离不
开儒家学说和儒家学说创始人孔子。关于孔子的人口思想，人
口学、历史学、社会学、经济学界已有不少论述，认为他承继
远古生殖崇拜，主张人口庶众，并且积极吸引外国（诸侯）
移民，是众民主义的先驱。但是孔子人口思想在儒家学说中占
有怎样的地位，如何融入儒家学说体系，却缺少有说服力的阐
发。笔者以为，孔子人口思想在儒家学说中占据着不可替代的
位置，是他周游列国讲学教化民众、推行立国安邦主张的一个
基本的出发点和立脚点。

众所周知，儒家学说的核心是"仁"。"仁"如何同人和
人口联系起来，孔子人口思想在"仁"字一盘棋上处于怎样
的位置？《论语》中说，颜渊问"仁"，孔子曰："克己复礼为

仁。一日克己复礼，天下归仁焉。"就是说，要想"为仁"，就要按照"礼"进行"克己"，遵循"非礼勿视、非礼勿听、非礼勿言、非礼勿动"[1] 的原则。"礼"是什么呢？齐景公问政于孔子，孔子对曰："君君、臣臣、父父、子子"[2]。亦即要按照君、臣、父、子规范去"克己"，才能走向"复礼"。"礼"包括生前和死后："生，事之以礼。死，葬之以礼、祭之以礼。"[3] 孔子不仅看重生前的"事"，还特别看重死后的"葬"和"祭"，这是孔子"孝"的时间含义。那么怎样才能不废祖祭、保持"香火"持续呢？只有人人留后不断子嗣，子子孙孙一代又一代地把"香火接力棒"传下去。孔子生活在距今 2500 年前，不言而喻，那时人口再生产处于典型高出生、高死亡、低增长阶段，加上春秋战国时期诸侯之间征战连年不断，人口死亡率始终居于很高水平，要不废祖祭、保持"香火"延续，只有多生多育，生得越多子嗣延续的概率越高。至此，孔子的人口思想已经呼之欲出："庶矣哉"[4]。庶，一般解释为众多之意，庶民百姓；但在宗法制婚姻家庭概念中，庶特指有别于"嫡出"的家庭的旁支，称妾为"庶母"，称妾所生之子为"庶子"。孔子"庶矣哉"人口思想赞美庶

---

① 参见孔子《论语》94 页，孔子中国画院《金龙阁》荣誉出品。

② 参见《论语》，第 99 页。

③ 参见《论语》，第 10 页。

④ 参见《论语》，第 107 页。

众，没有异议；是否为了人口庶众而鼓励纳妾？还不能断言。除此之外，孔子立足于广施仁政，达到"近者说，远者来"^①的目的。这里的"说"音悦，是说仁政可使本国国泰民安、百姓心悦，有利于人口增殖；仁政同样可以吸引外国（诸侯）的人前来，增加本国的人口。虽然孔子所处的时代不知人口学为何物，但是他的人口思想却暗合两千年后的人口迁移"推一拉"理论！孔子人口思想比较清晰的脉络，可用下式概括：

仁—礼—孝—庶—仁

这里，"仁"既是出发点又是终点，是儒家学说的核心；怎样才能达到和实现"为仁"的目的呢？只有按"礼"行事，非"礼"莫属；"礼"在家庭和代际关系上，表现为生前和死后的"孝"；要想使"孝"代代相传下去，就要保证"庶"——人口的增加；"庶"是伦理和对内对外施仁政取得的结果——从"仁"出发又回到"仁"。

孟子对孔子人口思想的发展，主要有两处：一处是大家非常熟悉并且至今耳熟能详的"不孝有三，无后为大"思想。孔子讲"事"、"葬"、"祭"生前和死后的"孝"，要使这样的"孝"有保证，就要人人生子传后。于是将生子传后提到"孝"的首位，视不娶妻生子或娶妻不生子断了祖祭的人为最大不孝。娶妻不生子列为"七出"之一，将个人淹没在家庭

伦理道德之中，成为尽孝守孝、传宗接代的工具。孟子的这句经典语录影响极为深刻，它唤起每个家庭对列祖列宗的怀念，每个家庭每个人都要对号入座，续上在家族家谱中的排位，以使世世同堂的大家庭经久不衰。它激起人们对生育男性孩子的渴望，娶妻生子感到十分荣耀；如果断子绝孙则要被骂成"绝户"，并且认为一定是做了什么缺德的事情得到的报应。时至今日，各种统计、调查资料表明，计划外生育中为了再要一个男孩子所占比例甚高，已有一个女孩儿还想要一个男孩儿所占比例更高。

另一处也是大家所熟知的，即"天时不如地利，地利不如人和"。孔子从"仁"的思想出发，通过"近者说，远者来"，达到人口庶众的目的。孟子将其发扬光大，在"天时"、"地利"、"人和"成功三条件中，视"人和"为最重要的条件。他结合战国时期土地大片荒芜的实际，解释说：土地广而人口少，常常有被吞并的危险；通过施仁政吸引"民归"，士归则可聚集人才，农归则可开垦土地，商归则可带来市井繁荣，"人和"是一个国家国力强盛最重要的条件和标志。孟子的"人和"思想也有很大影响，他阐述的实现"人和"的某些独到见解，至今仍被人们所称道、传颂和应用着。

这一时期反对的思想家也有。如法家韩非在《五蠹》中说："古者，丈夫不耕，草木之实足食；妇女不织，禽兽之皮足衣也。人民少而财有余，故民不争。是以厚赏不行，重罚不

用，而民自治。今人有五子不为多，子又有五子，大父未死，
而有二十五孙。是以人民众而货财寡，事力劳而供养薄，故民
争。虽倍赏罚而不免于乱。"似乎"货财寡"、"供养薄"和
"乱"，皆由"人民众"而生。无奈这种反对声音为孤家寡人，
在以众民主义为中流砥柱的历史长河中，仅仅是偶然泛起的几
个旋涡而已。

　　孔孟庶众、重男轻女的人口思想之所以传承下来，并且枝
繁叶茂地发展起来，得益于两次大的机遇——西汉董仲舒的
"独尊儒术"和宋朝程朱理学规范。西汉武帝（前 140～前
87）继位后，经过较长时间的休养生息，社会经济获得很大
发展，国防巩固，国力强盛。但是地方诸侯王公割据势力强
大，地主商人兼并农民土地严重，边境匈奴进犯骚扰不断，迫
切需要加强中央集权统治。在这种情况下，董仲舒提出：现行
的诸子百家学说观念不同，影响政令的统一和国家的强大，需
要用推崇君、臣、父、子之礼，维护皇权和大一统思想的儒家
学说取而代之，用官只选取儒学之人。汉武帝采纳了他的建
议，立儒学为官学，只讲授《诗》、《书》、《易》、《礼》、《春
秋》五部经典，将主张清虚自守的道家黄老学说等一律排斥
在外，"罢黜百家，独尊儒术"成为古代中国的正统思想。从
此，确立了儒家的正统地位，人口思想自然包括其中。另一次
机遇，是宋朝程朱理学规范。一般认为，北宋周敦颐开创理
学，他的弟子程颢、程颐加以发扬光大，二程是理学的奠基

者。他们从永恒不变的"理"或"天理"出发解释万物，认为自然界和人类社会都是按照一定的"理"运行和发展的，君臣父子就是通行于社会的"天下之定理"，是永远不可改变的。南宋朱熹（1130～1200）集北宋以来各派理学成果之大成，建立了比较完整的理学体系。他认为，天、地和人间一切事物的变动和发展，都是由先天存在、一成不变的"天理"支配的，我们的任务就是要"去人欲，顺天理"。树起"三纲五常"（三纲：君为臣纲、父为子纲、夫为妻纲；五常：一般指仁、义、礼、智、信）等"天理"道德标杆。像"三纲五常"以及其后的"三从四德"（三从：未嫁从父、既嫁从夫、夫死从子；四德：妇德、妇言、妇容、妇功）等封建道德伦理规范，具有一种无形的、舆论的、社会的约束力，不仅对后来中国社会政治、文化的发展有很大影响，而且对人口数量、性别结构、教育素质、人口政策取向等的影响，也是相当深远的。

经过"罢黜百家、独尊儒术"和程朱理学规范的儒家学说，成为封建社会居统治地位的意识形态，孔孟庶众人口思想也随着演变为封建社会多子多福人口观。封建社会多子多福人口观与孔孟庶众人口思想同属于众民主义，本质上没有什么不同；但是历经两千多年的封建洗礼，在不断深化、完善和广泛传播过程中，"多子多福"人口观逐步深入民众心中，成为多生多育的精神支柱，其升华和发展主要表现在：

其一，将"多子"与"多福"联系起来，明示增加人口的目的性。人们为什么追求"多子"？归根到底是为了"多福"，把"多子"与"多福"作为因果关系联系起来，深入民心。这一理念之所以被广大民众所接受，有其客观的经济基础。中国两千多年的封建社会建立在农耕经济基础之上，两千多年中生产工具无疑有不小进步，也有不少发明创造；但基本上是手工工具这一点没有改变，发明创造都是小打小闹，没有发明制造出任何机器工具。驱动力也主要来自人、畜的力量，少许借助水、风等的自然力量。手工工具可以看作人的体能有限度的延长、外在化和物质化，在劳动力、劳动资料生产要素中，劳动力始终居于主体和支配的地位。建立在男耕女织基础上的农耕家庭经济，劳动力主要是指男性劳动力数量的多少、质量的高低，成为家庭致富的决定性要素；打造建立在农耕经济基础上的封建帝国，人口和劳动力数量与质量怎样，则是国家强弱的决定性力量。因此，无论从微观家庭还是从宏观国家角度讲，多生多育、人丁兴旺都是国富民强的基本要素，最重要的力量。"多子"同"多福"密切相关，二者可以等量齐观。

其二，纳入封建伦理道德规范，"多子多福"成为一种富有震撼力的人口文化。孔孟将庶众人口思想置于以"仁"为核心的思想体系，仁—礼—孝—庶—仁清晰地表明一条合乎逻辑思维的路线图；孔孟之道经过董仲舒和二程、朱熹等的整理、补充和系统化，变成封建社会正统思想教条，"多子多福"人口观被纳入"三纲五常"、"三从四德"一类封建礼教之中，成为不可逾越的伦理道德界限。封建地主阶级大力渲染这一伦理规范，通过续家谱、建祠堂、建贞节牌坊以及小说、戏剧等形式，烘托"多子多福"人口思想的感染力，提升约束力，增强聚合力，久而久之成为一种宗教式的人口文化。"多福"不仅指家庭父母物质利益上的"福"，还指精神荣誉感上的"福"——只有多做好事、善事、多积德，才能修来多子的福分；如果德行不好或积德不够，就要无子绝后，成为不孝之人。这种观念一旦树立起来，就在无形、无声、无息之中，唤起民众强烈的生育欲望，主要是生育男孩子的欲望。

其三，拓宽人口庶众视野，涉足更多相关领域。孔孟庶众人口思想，主要从人口数量、性别、教育、流动等方面阐发；"多子多福"人口观涉及婚姻、生育、家庭、家族、职业、健康、伦理、道德、户籍、统计、天文、地理、土地和人丁税收等诸多领域。有些论著，如"三通"（《通典》《通志》《文献通考》）中有关人口户籍等篇章，已成为人口文献中的经典；有些论著虽然够不上人口专著，但是针对当时比较尖锐的人口问题展开的论述，体现了人口学具有的边缘、交叉学科性质，提升了人口在社会经济发展中不可替代的地位。人口问题总是同封建社会的基本矛盾交织在一起，特别同土地、田赋、丁税、战争等交织在一起，成为改朝换代、兴衰交替中的一个突出问题。

到了近代，"多子多福"人口生育观受到冲击，发生某些变化。严复作为启蒙思想家，从达尔文进化论优胜劣汰自然规律中受到启发，在《原强》、《保种余义》中说：中国人口虽众，但是"文化未开"，人口素质低和生育繁盛并存，是必须解决的人口问题。提出"开民智"，限制婚配，学习西方"择种留良"倡导优生。梁启超将人口纳入改良新政视野，在《禁早婚议》、《饮冰室合集》中，也阐述了倡导晚婚、禁止早婚的主张。他指出早婚有"五害"：一害于养生，有碍父母身体健康；二害于传种，有碍后代的成长；三害于养蒙，有碍子女的教养；四害于修学，有碍子女后代的学习；五害于国计，有碍国计民生。他从东西方对比中，发现愈是野蛮之人，其婚姻愈早；愈是文明之人，其婚姻愈迟的普遍规律，主张用晚婚提高人口质量。但他反对马尔萨斯人口论，认为人口按几何级数增长"实属杜撰"；积极和消极预防之法，"亦不可行"。

民主革命先驱孙中山先生，十分重视中国人口变动。认为西方殖民主义者之所以不能吞并中国，"是由他们的人口和中国的人口比较，还是太少。到一百年以后，如果我们的人口不增加，他们的人口增加很多，他们使用多数来征服少数，一定要吞并中国。到了那个时候，中国不但是失去主权，要亡国，中国人并且要被他们所消化，还要灭种"。① 但是孙中山并不主张大量增加人口，有时还对中国人口过多产生某些忧虑。

中国共产党创始人之一的陈独秀和李大钊，也有他们的人口思想。陈独秀曾发表《马尔萨斯人口论与中国人口问题》，李大钊曾发表《战争与人口问题》等论著。他们二人都反对马尔萨斯人口论，列举中外人口增长事实加以反驳；指出中国人口问题的根源在于腐朽的社会制度，不是人口超过生活资料增长，而是生活资料分配不均，封建地主阶级占有土地、资本家占有工厂生产资料造成的；强调革命是解决人口问题的根本出路，抨击马尔萨斯不在解决失业上寻找办法，却用限制人口来解决，是"用石条压平驼背"的拙劣行为。

反对的声音，主要来自 20 世纪二三十年代掀起的一股社会学派节制主义热潮。1918 年陈长蘅出版《中国人口论》一书，后又发表《三民主义与人口政策》；接着许仕廉发表《中国人口问题》、《人口论纲要》；陈达在《北平晨报》上创办《人口副刊》，后又出版《人口问题》一书；还有吴景超、李景汉等，也纷纷发表文章，一股社会学派人口节制主义兴起。他们的基本观点可归纳为：一是赞同马尔萨斯人口超过生活资

---

① 参见《孙中山选集》下卷，第 610 页。

料增长论断，认为我国人口已经超过"适中人口密度"，甚至达到"人满"的程度①。二是限制人口数量和改善人口品质。陈达在《人口问题》中认为②人口数量增长过快，必然导致人口品质降低。主张少生和优生，发展教育和科学，实行一男一女"一枝花"最多"两枝花"制。三是实行节育。认为解决中国人口问题有治标与治本两种办法，发展工农业生产、移民、公共卫生事业等，属于治标一类；提倡迟婚和节制生育，才是最有效的治本的办法。不难看出，社会学派人口节制主义受马尔萨斯人口论影响至深，他们的著作和文章的相继出版和发表起到了传播作用；同时有些观点，如适中人口密度、限制人口数量和改善人口品质等，具有一定的科学价值。然而社会学派节制主义局限在学术领域，没有引起更多人关注。长期以来，"多子多福"观念和由此形成的人口文化，直接催生出"多生多育"的人口生育政策。

2. 直接间接干预的人口政策

我们之所以花一点儿篇幅讨论历史上的人口思想，是因为古往今来任何社会政策，均是该社会占统治地位的主流思想的反映。弄清楚两千多年中国封建社会"多子多福"人

---

① 陈长蘅《中国人口论》，第 54 页，商务印书馆，1918。

② 陈达《人口问题》，第 307 ~ 308 页，商务印书馆，1934。

口思想的来龙去脉，如何深入民众，博得民心，才能摸准封建帝国人口政策的脉搏。尽管从战国起就有韩非等反主流人口思想异样声音存在，但是从这种"小国寡民"到清朝洪亮吉和汪士铎，以及 20 世纪前期社会学派人口节制主义，对两千多年的中国人口政策说来始终未能进入主流。近代改良派、革命派人口思想出现，他们是中国闭关锁国大门被打开之后，在向西方学习寻找救国救民方略过程中，涉猎人口问题时对传统观念所做的若干修正，也难以脱离庶众和多子多福传统人口思想的束缚，这可以在他们的人口思想中找到遗留的痕迹。

这种情况反映到政策层面，则是直接或间接干预的人口生育政策。这里按照时间顺序，可从分别举出的典型政策中窥其全豹。

(1) 直接干预的人口政策

可从几个主要的方面，做出阐释。一是直接鼓励人口增长的政策。如春秋战国时期，越王勾践被吴王夫差打败，回到越国便卧薪尝胆，制定了"十年生聚，十年教训"韬光养晦之策。"生聚"包括"生"——鼓励人口自然增长，"聚"——吸引外来迁入人口两层含义。就"生"而论，勾践做出三条规定：一是年轻男子不得娶年老女子，年老男子也不得娶年轻女子，婚龄相当以利生育。二是丈夫二十不娶，其父母有罪；女子十七不嫁，其父母有罪。三是生一男孩，奖两壶酒一犬；

生一女子，奖两壶酒一豚；生二人给予补助，生三人给予照顾。越国这些奖励生子、限制婚龄、晚婚、不婚的政策，实施后大见成效，终于迎来人丁兴旺、国力强盛的一天，举兵打败吴王夫差。

汉代高祖时期，规定"民产子"免徭役二年[①]；公元85年东汉章帝降诏，产子者免三年人头税，怀孕者奖谷三斛、其夫免一年人头税[②]。在罚的方面：公元前189年汉惠帝下令，十五岁至三十岁女子不嫁"五算"[③]，即征收五倍人头税。对女子不嫁开征人头税，产子即获免征，甚至怀孕也可免征一年且有奖励的人口政策，在当时说来力度已经够大了。

清初鉴于明末土地兼并严重，对政权建设和国家发展造成严重不利影响，遂对土地赋税制度进行改革。康熙时即实行"滋生人丁永不加赋"的政策，把税收总额固定下来，以减轻人民负担。但是由于地方官僚豪绅常钻人口流动的空子，把赋税转嫁到平民百姓头上，人头税必须改革。经过多年试验，1723年雍正皇帝下令实行"摊丁入亩"的政策。即取消按人头征税的制度，而将一县的丁役银钱总数分摊到田亩中，以田赋名义征收。这是封建税收制度的重大改革。它废除了

---

① 参见《汉书·高帝纪》。

② 参见《后汉书·章帝纪》。

③ 参见《汉书·惠帝纪》。

沿用一千五百多年的按人头征税办法，将添人加丁从加税的桎梏中解放出来，对清朝康（熙）、雍（正）、乾（隆）时期人口总量接连翻两番，以及其后的人口增长起到莫大的作用。

二是重男轻女的政策。孔子讲"唯小人与女子为难养也"，孟子讲"不孝有三，无后为大"；到了南北朝时期，齐明帝降诏："民产子者，蠲其父母调役一年"。[①] "调"即"赋"，这里已将奖励的范围扩大到父母双方，力度也加大到"调"和"役"两个方面。前面列举的汉朝奖励生育的政策，不是生育就奖，而是"产子"——生育男性孩子才给予奖励。唐太宗登基，曾下令："妇人正月以来生子者粟一斛"。[②] 元对一产三子家庭曾免税三年。明曾按例给粮至八岁。到了清朝，规定"一产三男俱存者，给布十匹，米五石"；"若男女并产及三女，不准行"。[③] 封建帝王鼓励多生多育的出发点，是多生育男性孩子，女性一般不在其内，性别歧视的形成由来已久。

三是提倡早婚早育的政策。最早有文字记载的《周礼·地官司徒》，有"令男三十而娶，女二十而嫁"的说法。设定了结婚的上限年龄。《墨子·节用上》有"丈夫年二十，毋敢不处家；女子年十五，毋敢不事人"，此为圣王之法越王勾践

① 参见《南史》卷6《梁本纪》。

② 参见《新唐书》卷2《太宗纪》。

③ 参见萧奭《永宪录》卷1。

"十年生聚"中"女子十七不嫁，其父母有罪；丈夫二十不娶，其父母有罪"，是用法令形式将结婚定在女子不得超过十七岁、男子不得超过二十岁。直至唐初，大多沿用这样的规定；到唐开元二十二年，将允许结婚的年龄下调至男十五岁、女十三岁①。明朝调整为"凡男年十六、女年十四以上，并听婚娶"。这正符合民间"男子十六精通，女子十四而化"的说法，开始生育也就锁定在男子十七岁、女子十五岁左右。② 特殊地说，男婚女嫁听从父母之命、媒妁之言，童婚、娃娃婚、指腹为婚作为补充形式大量存在，助推早婚早育社会风俗。

四是倡导大家庭的政策。儒家学说在"孝"的旗帜下将"我"的存在泯灭在伦理道德之中，变成仅仅是我父母的儿子或女儿；落实到家庭，就是维护父母的核心地位，把儿女子孙都笼络在父母、祖父母膝下尽孝，建立起以父母为绝对权威的大家庭。孔子有"父母在，不远游"的训教，子孙后代只有留在父母身边行孝才为本分。公元742年唐玄宗降诏："一家之中，有十丁以上者，放两丁征行赋役；五丁以上者，放一丁。即令同籍共居，以敦风教。"③ 这里放丁赋役同家庭规模成正比，用现代统计学解释，奖励是带有加权累进性质的。维

---

① 参见王溥撰《唐会要·婚嫁》。

② 参见万历《明会典》卷69。

③ 参见杜佑《通典》卷6《食货》6。

护大家庭不仅有奖，而且也有罚："诸父母在而子孙别籍异财者，徒三年"；"诸养子所养父母无子而舍去者，徒二年"。①久而久之，四世同堂、五世其昌联合式大家庭日渐繁盛，家族势力也逐渐扩大。

五是干预机械变动的人口政策。直接干预机械变动的人口政策，主要通过迁移、流动吸引人口增加，构成历代封建王朝人口政策不可或缺的一部分。如前面提到的越王勾践"十年生聚"政策中，"聚"即是吸引外来移民，通过吸引外来移民增加本国人口，增强基本国力和军事力量。在这方面，商鞅变法是一个成功的例子。商鞅看到周围韩、赵、魏等国"土狭而民众"，秦国则"人不称土"，就想把这些国家特别是三晋的人口吸引过来，使其从事农耕，发展农业生产，巩固后方，供给军需，支援战争。同时，吸引移民可以"捐敌"：三晋的人口来秦安家落户，敌国人口和军队数量必然随之减少，无形之中削减了敌国的国力和军事力量，增强了秦国的国力和军事力量。怎样吸引三晋人口迁移来秦从事农业生产呢？主要通过"废井田，开阡陌"改革。废除旧的井田制，招募移民开垦荒地，为他们提供多种便利，允许土地自由买卖，为吸引外来移民创造了最重要的条件，也是当时比较优厚的条件。同时，商鞅变法中的奖励办法规定，凡是农民生产的粮食、布帛超过一

---

① 参见《唐律疏议》卷12。

般产量的，免除本人的徭役和赋税；而弃农从事工商业或不务正业致贫者，全家罚做官奴。这样的奖罚并用政策，调动了本国和外来移民从事农业生产的积极性，为战胜并统一其他六国打下经济基础。

秦以后除小国封建割据时期外，汉、唐、宋、明、清等建立了中央集权的封建帝国吸引移民，主要表现为区域性的人口政策。如东汉以后，北方地区经历魏晋南北朝、安史之乱、五代十国长期战乱，人民流离失所，纷纷举家南迁，黄河流域田园荒芜严重。明朝建立后，朱元璋实行在北方"召民耕，人给十五亩，蔬地二亩，免租三年"，"额外垦荒者永不起科"的政策①，促使江苏、浙江、安徽、江西等省人口回迁，引导人口合理分布。更能体现封建帝国人口迁移政策的，是戍边屯田。类似今天新疆、内蒙古、黑龙江生产建设兵团的屯田，历代早已存在，无疑以军队为主体。同时也吸引内地移民前往，给予不同的优惠政策，对促进人口增长和边疆的巩固，起到一定的作用。

六是提高人口素质的政策。前文提到，早在七八千年以前，伏羲氏便以鹿皮为信物和证物，规定结婚时凡出示鹿皮能够对得上者，证明是本氏族兄弟姊妹，就不得结婚，开中国优生之先河，帮助了该氏族部落的崛起。孔子所说"同姓为宗，

---

① 参见《明史·食货志》。

有合族之义，故系之以姓而弗别，缀之以食而弗殊，虽百世，昏（婚）姻不得通，周道然也"。① 这里，孔子主要从"重人伦"角度讲同姓不婚，却正中"同姓为婚，其生不繁"的生物学原理。到公元483年，北魏孝文帝下诏："夏殷不嫌一族之婚，周世始绝同姓之娶，斯皆教随时设，政因事改者也。皇运初基，旧不暇给，古风遗朴，未遑厘改。自今悉禁绝之，有犯者以不道论。"② 自此以下各朝代，对同姓结婚的处罚严格起来。唐代规定："诸同姓为婚者，各徒二年，缌麻以上以奸论。"③ 明代规定："凡同姓为婚者各杖六十，离异。"④ 清代除沿袭明朝的规定外，增加同姓结婚"妇女归宗，财礼入官"的条款⑤。与禁止同姓结婚相关联的，是禁止近亲结婚。唐朝规定："娶同母异父姊妹，若妻前夫之女者，各以奸论。"且处罚很严："若妻前夫之女及同母异父姊妹者，徒三年；强者，流三千里；折伤者，绞。⑥"唐以后诸朝代，差不多都沿用类似条文，限制近亲结婚生育。这表明，历代封建统治阶级在禁止同姓结婚、近亲结婚上态度鲜明，政令不谓不严厉，对

---

① 参见何孟春注《孔子家语》。

② 参见《北史》卷3《魏本纪》。

③ 参见《唐律疏议》卷14。

④ 参见《明会典》卷14。

⑤ 参见《大清会典事例》卷756。

⑥ 参见《唐律疏议》卷26。

促进和保证中华民族子孙后代的健康繁衍起到相当大的作用。

在提高人口教育素质方面，早在战国时墨子的一席话，至今为国人传颂："一年之计，莫如树谷；十年之计，莫如树木；终身之计，莫如树人。一树一获者，谷也；一树十获者，木也；一树百获者，人也。"孔子重教，号称学生满天下，有弟子三千、贤人七十二。经过汉"罢黜百家，独尊儒术"和宋程朱理学规范两次升华，儒学被确定为官学，"四书"（《大学》、《中庸》、《论语》、《孟子》）和"五经"（《易》、《书》、《诗》、《礼》、《春秋》）被指定为教材，使孔孟学说包括后来发展了的"三纲五常"、"三从四德"成为深入民众占绝对统治地位的意识形态。孔子被尊为"圣人"，成为一种宗教，孝、悌、忠、信、礼、义、廉、耻成为束缚广大民众的精神枷锁，其中包含的人口思想影响至深至远。隋唐实行科举制度以后，文举考的是儒家经典，做官做事行的是孔孟之道，儒家学说及其规范成为衡量人口教育素质的标杆，提高人口教育素质之路偏离了应有的方向。

（2）间接干预的人口政策

所谓间接干预的人口政策，是指经济、社会政策中包含的对人口具有调节作用的政策。这种间接干预的人口政策不可小觑，因为它把人口的变动和发展纳入经济、社会发展之中，具有长期、稳定的作用。主要是休养生息、土地和税收政策中包含的人口生育政策。

①休养生息政策。休养生息是指一个朝代在经历战争和社会颠覆性动荡之后，为了恢复元气而发展农业生产、减轻人民负担和维持安定生活、稳定社会秩序而采取的一种让步政策。考察两三千年中国封建社会朝代更迭的历史，基本上是三段论：初期由乱而治——经过战乱而产生的新的封建王朝，实行一定程度上的让步政策，轻徭薄赋，适当减轻农民负担，恢复和发展生产，以期达到国富民强、安居乐业的目的；中期由盛转衰——土地兼并逐渐严重，农民负担逐渐加重，社会秩序逐渐混乱，封建统治阶级内部矛盾逐渐尖锐；晚期由衰至亡——丧失土地的农民越来越多，赋税徭役越来越重，国家财政越来越入不敷出，战争和农民起义越来越频繁，直至这一代封建王朝被推翻。在这种世代更替过程中，人口也随之呈有规律性的变动：初期由减少到增加，中期由增加到停滞，晚期由停滞到减少，随着朝代由盛转衰而增减。一般的规律是，人口增长主要在每个朝代中前期，与休养生息政策紧密相连；减少出生在由衰转亡期，是封建地主阶级腐败加剧和战乱不断的结果。考察秦以后主要朝代的封建帝王，如汉高祖刘邦、唐高祖李渊、宋太祖赵匡胤、明太祖朱元璋等，他们本身或为农民起义领袖，或与农民起义关系密切，深知农民为什么要起来推翻原来的封建朝廷，因而在夺取皇位后，一般都要实行程度不同的休养生息政策。如汉高祖取得政权后，出台一系列休养生息政策：承制定令，在秦法基础上修改成新的法令，保证人民有一

个战乱后的安静环境；广招贤士，网罗人才，使人力资源得到比较充分的利用；轻徭薄赋，实行按粮食产量"十五税一"，开荒耕种头几年免赋，号召战乱流民返回本土从事农耕；军队复员按功劳分给土地房屋，其中关东兵复员留在关中的免徭役十二年，回关东则免六年等。这些休养生息政策给农民松了绑，调动了广大农民生产劳动的积极性，缓解了农民同地主阶级的矛盾，也为人口增长创造了必要的条件。

②土地政策。土地是农业生产之本，是农民维持生计的命脉，土地政策怎样，关系到包括人口变动在内的方方面面。按照前面封建王朝盛——衰——亡"三段论"模式，一个朝代初期最重要的政策，就是解决前一个朝代衰亡期遗留下来的土地兼并问题。封建统治阶级应对的主要办法，自北魏至宋主要为均田，宋以后则实行土地买卖制度。

公元 485 年北魏孝文帝下令，将田分为桑田和露田两种。桑田为"世业"，不得买卖；露田及岁而受，年老则免，身没则还，并且超过部分可以卖，不足部分可以买。男子年十五以上受露田四十亩，妇人二十亩；奴婢依良丁，许受田、牛。唐朝效仿魏均田办法，实行租庸调制。公元 624 年唐高祖下令：丁男十八以上，给田一顷，其中二十亩为"永业"，余为"口分"；田少不足人的"狭乡"，较田多足其人的"宽乡"受田减半；工商宽乡减半，狭乡不受；对迁移人口的受田，也做了具体规定。受田的丁，每年缴粟二石，称为"租"。依地方出产，或缴绢、绫、缯各二丈，绵二两；或缴布二丈四尺，麻三斤，称为"调"。每年服役二十天，遇闰月加二天，不服役每天折缴绢三尺，称为"庸"。自北魏至唐的均田制的实施，在一定程度上满足了农民对土地的要求；特别是新的均田办法多在改朝换代之初发布实施，当时土地荒芜严重，人口减少许多，实行起来比较容易。经过初期由乱而治的发展，人口大量增加，土地兼并逐渐加剧，到了由衰至亡的晚期，土地高度集中到封建地主阶级手中，均田的成果便不复存在了。

唐朝租庸调均田制，经过安史之乱和唐末农民大起义，被彻底冲垮。宋以后，土地买卖规模越来越大，遂成为一种制度。一方面，土地买卖有利于封建地主阶级对土地的兼并，强化了这一阶级的统治力量；另一方面则摆脱了农民对地主的人身依附关系，使农民可以迁移流动到其他地方从事垦殖或租佃。

无论是均田制还是土地买卖制度，都有利于人口的繁衍和增殖。均田制使农民在失去土地之后，有可能在新的封建王朝建立初期得到某些土地，有一个相对安定的环境从事农业生产劳动，为人口增殖创造条件。土地买卖制度可使失去土地的农民另辟出路，或到边远地方开荒种田，或成为小工商业者，全社会完成向真正意义自耕农的过渡，完善了建立在个体自耕农基础上的小农家庭。即所谓"三十亩地一头牛，老婆孩子热炕头"的封建时代自给自足的小家庭。这种小家庭，最能体现多生多育、多子多福的真正含义，是封建时代滋生人口增长的温床。

③税收政策。直接干预人口自然变动和机械变动的税收政策，前文已做了概括的阐述；这里的税收政策，指直接干预人口变动政策以外的税收政策，尤其是变法改革形成的新政策。

考察中国历史上的税收政策，汉以前主要是田赋、身役，没有同人口的变动挂起钩来，同人口增长关系并不密切，但是也没有妨碍人口的增长。到了西汉，在征田税的同时开征人头税，无论生子的奖励还是大龄女子不嫁的处罚，都具有人头税性质。最主要的，是汉律将人头税分为 7～14 岁口赋、15～56 岁算赋，20～56 岁男丁的力役等不同档次。口赋、算赋的年龄和缴纳的赋税额，不同年代是有变化的；不过与田赋比较起来，远比田赋为多，成为主要的税收来源，直至清康熙五十一年推行"滋生人丁，永不加赋"赋税改革，长达一千九百年。按人丁征税，"小民逃亡，官吏隐匿"弊端严重，不利于人口增殖，封建朝廷税收也受到影响。于是公元1723 年清世宗下令推行"摊丁入亩"新的税收政策，结束了长期按人丁征税的历史。虽然"摊丁入亩"不是直接的人口政策，但是它使纳税与人口脱钩，人口增加可以不再缴税，其对多生多育、人口增长的作用，比任何一项直接的人口政策来得还要大。清朝从康熙到道光的一百五十年里人口接连两个倍增，就是最好的证明。

二 关键的决策

本书之所以花费较长篇幅阐述古代和近代的人口思想和人口生育政策，目的是"古为今用"。从这些非物质遗产中，不难看出：一是"多子多福"观念如何浸透上至最高统治阶层、下到黎民百姓头脑之中，"多生多育"一条红线如何贯穿生育政策始终；二是婚姻、家庭、迁移、教育、土地、税收等政策，包含怎样的人口思想和人口政策，人口政策怎样融入其中；三是人口政策融入其中带来什么样的结果，何以产生倍加的效益。这三条对于认识中国的人口问题、"多子多福"人口观念的根深蒂固、现实人口生育政策选择之艰难不无帮助，亦可从中找出有价值的东西。

1. 人口理论拨乱反正

（1）新中国成立后围绕人口问题的论战

1949 年中华人民共和国成立后，上述"多子多福"人口观念并没有退出历史舞台，相反却在新的历史条件下表现出来。对此，一些先知先觉人士表现出某种担忧，先后提出若干不同的观点和主张，由此展开了一场旷日持久的讨论和论战。

①社会学派节制主义再起。1953 年第一次人口普查的结果是，全国人口达到 60194 万，人口数量之多、增长速度之快

超出许多人的预料。对此，学术界有两种不同认识：一种主流派观点是，认为我国人口的迅速增长体现了社会主义制度的优越性，为大规模经济建设提供了巨大的人力资源，是"一五"计划和今后发展的可靠保证。另一种非主流观点是，感到人口增长过快、新生儿过多，学校和各项建设事业发展跟不上，需要考虑适当节制。前面提到的民国时期的社会学派节制主义的许多人还在，他们针对 1953 年人口普查公布的人口数据，做出新的分析，笔者称为社会学派人口节制主义再起。率先提出节育的，当属邵力子先生。早在 1954 年第一届全国人民代表大会上，邵力子先生在发言中讲到，人多是喜事，但在困难很多的环境里，似乎也应有些限度。他在《光明日报》、《人民日报》等报纸上发表《关于传播避孕常识问题》、《要做好节育问题的宣传和指导》、《有计划地生育孩子》等文章，建议放宽节育技术限制，不赞成以法令或权利限制人工流产和持久性避孕手术，并建议修改《婚姻法》，提高婚龄以节制生育①。

1957 年前后，民国时期社会学派节制主义代表人物陈长蘅、陈达、吴景超等人的思想再次被激活，纷纷发表文章，畅谈其人口理论和对解决人口问题的主张。可概括为四个方面：一是对马尔萨斯人口论认识的某些转变。20 世纪二三十年代，

---

① 参见国家人口和计划生育委员会编《中国人口和计划生育史》，中国人口出版社 2007 年版，第 33~34 页。

许多人口节制主义者奉马尔萨斯为先师，到了 50 年代认识上则有很大转变。他们或发表文章，或发表讲话，公开检讨过去受马尔萨斯人口论影响，把中国庞大的人口看作贫困根源等错误；同时也表示，他们同马尔萨斯有许多根本不同的地方。二是发展了"适中人口密度"说，指出超过这个适中数是会迟缓社会发展的；孙本文教授指出耕地面积和粮食产量均有一定的限度，提出"8 亿人口是我国最适宜的人口数量"。[①] 三是分析了人口增长过快的原因和存在的问题。陈达提出人口增长过快的政治、经济、教育、医疗等五个方面的原因，主张必须节制人口。四是提出解决人口问题的政策建议。强调"要想从根本上解决我国人口问题非节制人口不可，办法是实行节育"。[②] 主要是实行晚婚，部分学者主张绝育和人工流产。

社会学派人口节制主义的这些观点和主张，曾使人口问题讨论一度活跃。然而在当时特定历史条件下，基本属于"纸上谈兵"一类，其影响有限。尤其是 1957 年反击资产阶级右派斗争一起，社会学派节制主义几乎无一漏网，被划为右派。他们关于节制人口的理论和主张遭到无情的批判，被视为向党向社会主义进攻的"罪证"，其影响也淡化下去。

---

① 参见孙本文《八亿人口是我国最适宜的人口数量》，《文汇报》1957 年 5 月 11 日。

② 参见吴景超《中国人口问题论》，《新建设》1957 年 5 月号。

②马寅初先生的新人口论。但是关于节制人口的理论和主张并没有完结,经济学家马寅初先生提出更加完整系统的新人口论。马寅初(1882～1982),作为北京大学校长和著名经济学家、教育学家和人口学家,早在 20 世纪 20 年代初便涉足人口学研究,《新青年》杂志 1920 年第 7 卷第 4 期刊登他的第一篇人口学论文《计算人口的数学》。但是其后 30 多年,他几乎再没有任何人口学论著发表,而是集中精力研究财政经济。新中国成立后,他看到各项建设事业蒸蒸日上,很是兴奋;不过每当他回到家乡调查研究,发现小孩子日益多了起来,带回去的糖果越来越不够给小孩子分摊,遂引起一种担心:人口增加太快了,会拖住经济建设的后腿。他利用人大代表、人大常委委员工作之便,每到一地,总要同工人、农民、干部座谈人口问题。1954 年和 1955 年,他先后三次视察浙江省,用他自己的话说,旧时代浙江省 11 个府跑了 10 个府,详细地调查了人口问题,特别是农村人口与粮食增长的情况。1955 年他将调查得到的材料写成控制人口增长与科学研究的发言稿,准备提交人代会。在正式提交之前,先拿到浙江小组讨论。不料竟遭到一些同志的反对,有的还说他是马尔萨斯的那一套,有的说虽然他与马尔萨斯人口论有区别,但是思想体系是一致的,等等,未能取得大家的认同。尽管马老对这些意见不能接受,但他看到提意见者出于善意,便主动撤回发言稿。到 1957 年 2 月,毛泽东在最高国务会议第十一次(扩大)会上作了《关

于正确处理人民内部矛盾问题的报告》的演讲，其中谈到"我国人口多，是好事，当然也有困难"的论述，马老认为时机来到了，于是在会上宣读了他早已准备好了的原来的稿子，受到毛泽东等党和国家领导人的高度评价和重视。毛泽东同志说："在这里，我想提一下我国的人口问题。我国人口增加很快，每年大约要增加一千二百万至一千五百万，这也是一个重要的问题，……对于这个问题，似乎可以研究有计划的生育的办法"；"我们这个国家有这么多的人，这是世界上各国都没有的。要提倡节育，要有计划地生育。我看人类是最不会管理自己了。工厂生产布匹、桌椅板凳、钢铁有计划，而人类对于生产人类自己就没有计划了，这是无政府主义，无组织无纪律"。在3月1日的会上，他又说："实现有计划的生育，这一条马寅（初）老讲得好。"① 这里，毛泽东同志明确提出人口"有计划的生育"，还赞扬马寅初"讲得好"，使马老备受鼓舞。4月在接见《文汇报》记者时，他高兴地说："现在人口问题可以公开谈了，这说明我们国家进步真快，也说明这个问题的确很严重了，今年五月全国人民代表大会上我还要谈这个问题。"② 他在原稿基础上又做了必要的修改和补充，以书面发言形式提交6月召开的第一届全国人民代表大会第四次会

---

① 参见《中国人口和计划生育史》，中国人口出版社2007年版，第25页。

② 参见马寅初《新人口论》，北京出版社1979年版，第67页。

议。7 月 5 日《人民日报》全文发表，这就是他的《新人口论》。

《新人口论》连同马寅初在此前后发表的文章、演讲、答记者问，旗帜鲜明地阐述了他对人口问题的基本观点，实事求是地分析了我国存在的人口问题，提出解决问题的具体建议。概括起来，主要是一个前提、五大问题、三项建议。

一个前提，对当时人口增长的估计。这是新人口论的出发点和立足点。1953 年进行了第一次全国人口普查，我国总人口达到 60194 万，自然增长率达到 20‰。马寅初认为"这是一个静态的记录"，20‰的人口增殖率是根据 29 个大中城市、宁夏全省、其余各省每省选 10 个县普查，从出生率为 37‰、死亡率为 17‰推算出来的。他认为普查的数字在当时是正确的，但缺乏"动态的人口记录"，"拿 20‰来解释以后四年的情况（自一九五三至一九五七年），恐怕有出入"。他列举了七个方面的原因：结婚人数增加、政府对于孕妇、产妇和婴儿的福利照顾、老年人死亡率减少、国内秩序空前安定和死于非命的减少、随着社会制度的改变和结婚生育人数的增多、传统"多子多福"生育观念的影响、政府对于一胎多婴家庭的奖励和补助等。

五大问题，即人口增殖过快与经济、社会发展之间存在的五个方面的矛盾和问题。一是人口增加过快同加速资金积累之间的矛盾。指出："我国最大的矛盾是人口增加得太快而资金积累得似乎太慢";"要改善人民的生活,一定要扩大生产和再生产;要扩大生产和再生产,一定要增加积累……因人口大,所以消费大,积累小……我要研究的就是如何把人口控制起来,使消费的比例降低,同时就可以把资金多积累一些"。[1]二是人口增殖过快同提高劳动生产率之间的矛盾。《新人口论》指出:"积累资金最快的方法是提高劳动生产率",提高劳动生产率在加强技术装备的同时,"还要控制人口,因为如人口增殖任其自流,资金很难迅速地积累"。[2] 我国地少人多,农业劳动生产率的提高有赖于人口增长的控制。三是人口增殖过快同工业原材料供给之间的矛盾。马寅初指出:我们要积累资金,最好发展轻工业;然而发展轻工业所需的原材料大部分来自农业,若人口无限增殖,则"粮食必须增产,经济作物的面积就要缩小,直接影响到轻工业,间接影响到重工业。因此人口的增殖,就是积累的减少,也就是工业化的推迟,故人口不能不加以控制"。[3] 四是人口增殖过快同提高人民生活水平之间的矛盾。强调改善人民生活必须在发展生产的同时,控制人口的增长。五是人口增殖过快同科学技术进步之间的矛盾。指出:"现在我国科学工作的条件虽然有很大的改善,但

---

① 参见马寅初《新人口论》,北京出版社 1979 年版,第 3~4 页。

② 参见《新人口论》,北京出版社 1979 年版,第 12~13 页。

③ 参见《新人口论》,北京出版社 1979 年版,第 13~14 页。

是，由于受现有工业水平和国家财力的限制，还不能完全满足开展研究的要求，欲达到这个目的，唯有加速积累资金，一面努力控制人口，不让人口的增殖拖住科学研究前进的后腿"。①

三项建议。一是在一九五八至一九六三年进行普选时，再进行一次人口普查，以便了解在 5 年或 10 年中人口增长的实际情况，认真进行人口动态统计，在这个基础上确定人口政策。把人口增长的数字纳入第二个、第三个五年计划之内，使计划的准确性逐步提高。二是要大力进行宣传，破除"不孝有三，无后为大"、"五世其昌"等封建传统观念；待到宣传工作收到一定效果以后，再行修改婚姻法，实行晚婚，大概男子 25 岁、女子 23 岁结婚是比较适当的。如果婚姻法修改之后控制人口的力量还不够大，自应辅之以更严厉更有效的行政力量，主张生育两个孩子的有奖，生育三个孩子的要征税，生育四个孩子的要征重税，以征得的税金作奖金，国家财政不进不出。三是在节育的具体办法上，主张避孕，反对人工流产。

值得一提的是，马寅初在《新人口论》中，辟出专门一节阐述"马尔萨斯的'人口论'学说是反动的"，人口按几何级数增加、食物按算术级数增加是错误的，其本意"就在于从理论上维护资本主义制度及其政府"。并辟出另一节，讲《新人口论》在立场上和马尔萨斯的不同之点，"马尔萨斯从

---

①　参见《新人口论》，北京出版社 1979 年版，第 17 页。

掩盖资产阶级政府的错误出发",而《新人口论》则从提高劳动生产率,从而提高人民的物质和文化生活水平出发,与马尔萨斯所站立场截然不同。并且举出现实生活中的例子,说明人口多不利于机械化、自动化,现阶段不能搞更多的大型工业,只能大量发展中小型工业,因为中小型工业可以吸收更多劳动力就业。① 马寅初为什么要在《新人口论》中专辟两节批判马尔萨斯人口论、说明他的新人口论与马尔萨斯人口论的本质不同? 一方面表明他对马尔萨斯人口论的认识和态度,另一方面他也是心有余悸,想与之划清界限,以防别人把他与马尔萨斯联系起来、等同起来。不过命运还是不以他的意志为转移,此后批判《新人口论》的风雨袭来,这些都成为"不打自招"、"此地无银三百两"的证据。

③形而上学批判留下的后遗症。1957 年《新人口论》发表之后,马寅初着实兴奋了一阵子,他逢人便讲,我们国家进步真快,人口问题可以公开谈了,他还准备做出深入一步的研究。谁知天有不测之风云,就在马寅初兴致勃勃准备大展研究宏图的时候,反右派斗争开始了,首先是社会学派人口节制主义者全军覆没,主要代表人物全部成为右派分子。随着反右派斗争的不断扩大化,冲击的浪潮终于向马寅初袭来。1958 年 5 月 4 日在北京大学 60 周年校庆大会上,时任中共中央政治局

---

① 参见马寅初《新人口论》,北京出版社 1979 年版,第 6 ~ 8 页。

候补委员、主管意识形态的理论家陈伯达在庆祝会的讲话中，阴阳怪气地放出风来：马寅初要对他的《新人口论》作检讨。同时党的八大二次会议的工作报告中，也批判了农业增长速度赶不上人口增长速度、只看到人是消费者而没有看到人首先是生产者的观点。而在他身为校长的北京大学，则对他的《新人口论》进行了点名批判。全国性的报纸杂志，陆续发表批判文章，以批判《新人口论》为主，同时也对他的"综合平衡"、"团团转"理论进行了批判。当时加给马寅初的主要罪名，一是说他是马尔萨斯人口论彻头彻尾的鼓吹者，否定人口多是好事这一历史唯物主义原理；二是说他篡改马克思关于资本主义相对人口过剩规律的理论，把它搬到社会主义中国来是根本错误的，社会主义的人口规律是人口的不断迅速增长，不存在人口过剩问题；三是说他对广大人民群众缺乏感情，甚至是仇视劳动人民等。对于这些批判，马寅初很重视，力图从中找出自己的某些不足，以便修正；但是他对他的基本观点没有动摇，也没有妨碍他领导北京大学的工作。

第一次批判过后，迎来中华人民共和国成立 10 周年，对马寅初的批判进入第二阶段。此时笔者刚跨入北大校门不久，亲眼见到对老校长的批判。那时盛传以"党内理论家"著称的中共中央政治局候补委员康生，1958 年在北大纪念中国共产党成立 37 周年大会上的讲话中，给马寅初定的调子是马尔萨斯的"马"，不是马克思的"马"；后又听说康生亲自给理论界的一些领导写信，布置要像批判艾奇逊那样批判马寅初。
果不其然，北大燕园里大字报铺天盖地而来，就连燕南园马老
居室内外的墙壁上、过道上甚至书桌上，都贴满了大字报，大
小批判会开了一次又一次。最后马老终于被"批倒批臭"，北
大校长职务被解除，人大代表、人大常委也被无声拿掉，从学
坛、政坛上"蒸发"了。新人口论被"批倒批臭"了，取而
代之的是一边倒的形而上学的一套"理论"，留下严重的后
遗症。

一是把人口问题归结为政治问题，造成其后十多年无人敢
于问津。两次批判马寅初新人口论，将马寅初对现实存在的人
口问题的分析，说成揭社会主义的"疮疤"，"诋毁社会主义
制度"，《新人口论》是向党和社会主义进攻的"利剑"。几乎
所有针对马寅初控制人口增长的批判，都上纲为马尔萨斯人口
论，马寅初成了中国的马尔萨斯。影响所及，谁说中国存在吃
饭、穿衣、住房、就业、教育、卫生等人口问题，谁就是
"攻击"、"丑化"、"诋毁"社会主义制度；谁讲中国人口
"多了"、"过剩"，需要"控制"，谁就是宣扬马尔萨斯人口
论，致使人口问题成为谁也碰它不得的政治问题、"禁区"。

二是用"人手论"取代"人口论"，宣布社会主义不存在
人口过剩问题。在批判马寅初新人口论的上百篇文章中，有一
个共同的基调，说他把人看成了消费者，没有首先看到是生产
者，是"见口不见手"。推论下去就形成一种理论教条：人口

越多劳动力越多、劳动力越多生产越多、生产越多积累越多、积累越多发展越快，因而人口越多越好。甚至有人在《人民日报》上发表文章说：为什么人们只看到人有一张口，而不首先看到有一双万能的手呢？他认为"人口"一词本身就值得推敲，应该将"人口"改为"人手"，将"人口论"改为"人手论"。据此，社会主义永远不可能存在人口过剩问题，人口过剩是资本主义特有的人口现象。批判了"见口不见手"，却形成"见手不见口"；批判了人口劳动力与劳动生产率增长"对立论"，却形成了二者"互为条件、相互促进"论。

　　三是将人口质量与种族优生混同起来，谁讲人口质量谁就是仇视劳动人民。把马寅初的人口质量论说成"来源于资产阶级社会学者所倡导的优生学说，来源于法西斯主义所宣扬的种族论"，[①] "是对中国人的诬蔑，对帝国主义的效劳"。[②] 实际上，任何事物都有数量和质量两个方面，没有无一定质的量，也没有无一定量的质，质和量是统一体中不可分割的两个方面，人口也不例外。马寅初的人口质量论讲的是人的健康素质，其中反复强调的科学、教育、文化素质是人口质量中的核心，是颇有见地、无可责难的。

----

① 参见《人民日报》1958 年 6 月 6 日。

② 参见《经济研究》1960 年第 1 期。

四是在社会主义人口规律问题上，突出人口的不断迅速增长。批判马寅初新人口论的人口节制主义，必然强调人口的迅速增长，把这一点放在突出位置。一些批判常常引证苏联《政治经济学教科书》中的一段话："人口不断迅速增加，人民物质福利水平很高，患病率和死亡率很低，同时有劳动能力的人得到充分而合理的使用"作为经典，视为社会主义人口规律的实质，我国人口的迅速增长就是社会主义人口规律作用的结果。宣称："社会主义国家决不惧怕人口的高速增长，而是为人口的高速度增长创设一切有利条件。"[1] 后来有的也提及计划生育，但是正如提及者本人所说的：不是出于人口多的原因，"而是为了保护妇女健康和更好地教养后代"[2]。一条不容怀疑的铁律是：社会主义不能讲人口多、更不能讲"人口过剩"，只有"人口不断迅速增长是社会主义的人口规律"。

（2）为马寅初新人口论翻案

1978 年底召开的党的十一届三中全会，恢复了实事求是的思想路线。人口科学路线能不能恢复，怎样恢复这条路线，为马寅初的新人口论翻案成为全部问题的关键。如前所述，马寅初经过实地调查研究，实事求是地分析了我国存在的人口问题，提出了符合实际的解决方略和主张，最后却遭到不

---

[1]　参见《新建设》1955 年第 12 期。

[2]　参见《新建设》1960 年第 4 期。

应有的批判，被罢官革职，影响所及，使人口理论走上形而上学一套教条，此后 10 多年无人再敢触及。因此，不为马寅初新人口论翻案，人们的思想禁锢就不能打破，从事人口研究就心存疑虑，害怕有一天会成为马寅初第二、第三；不为马寅初新人口论翻案，就不能正视中国人口问题的性质，人口理论拨乱反正就是一句空话；不为马寅初新人口论翻案，就不能在人口科学研究中贯彻实事求是的思想路线，开创"双百"方针要求的学术繁荣新局面。在此历史节点上，为马寅初的新人口论翻案，成为人口科学拨乱反正、正本清源的关键，以科学理论指导人口实践的新的起点。

提到为马寅初新人口论翻案，不能不牵涉到《光明日报》1979 年 8 月 5 日发表的笔者的《为马寅初先生的新人口论翻案》一文。前已叙及，1959 年笔者作为初入北大的一名学子，一踏进校门便赶上第二次批判马寅初新人口论。当时知少识浅，利用课余时间找来马老的几篇文章和批判他的文章读了起来。越读越感到马老讲得有道理，而那些批判文章大多千篇一律，空喊政治口号，由此心中有些愤愤不平。后来马老无名"蒸发"，心中的不平又平添几分；再看看马老誓死为真理而战，铮铮铁骨掷地有声，便有意收集一些相关资料，并且一直保存下来。1976 年粉碎"四人帮"后，笔者曾动笔撰写为马老翻案文章，但是当时的形势是"两个凡是"当道，自然不得发表。十一届三中全会后，在实事求是思想路线鼓舞下，经过几易其稿，最后定名《为马寅初先生的新人口论翻案》，送到《光明日报》。为什么送《光明日报》？一是因为《光明日报》是教育科学方面的"当家报"，比较适合刊载这方面的理论文章；二是因为当年《光明日报》充当了批判马寅初新人口论的急先锋，理应对过去的批判有一个交代。报社收到稿子后很重视，告诉笔者准备作为"重头文章"刊用。在这一期间，曾有两篇为马寅初"鸣不平"的短文发表，报社领导告诉笔者说，是"下毛毛雨"，笔者的文章准备作为报社当年对马寅初错误批判的总清算发表。后来发表时，报社加了"编者按"，表达了这样的意思。所以，那篇为马寅初新人口论翻案的文章，不是"奉命"之作，而是笔者"蓄谋已久"——长达20年磨一剑的结果。发表时由于报社有上述"先下毛毛雨"考虑，因而不是最早的一篇，但它是报社对过去错误批判"总清算"的"重头文章"。

为马寅初新人口论翻案带动了人口理论拨乱反正，清除了以往的一些教条，也为新时期的人口政策提供了新的理论支持和必要的社会舆论。理论上的拨乱反正，主要体现在以下几个方面：

其一，关于"人口论"与"人手论"。前面提到，批判马寅初新人口论和其他人口节制主义，常常祭起理论上的一面旗帜，就是"见口不见手"，批判只看到人有一张吃饭的口，没有首先看到人有一双万能的手。以致有人主张将"人口"改为"人手",将"人口论"改为"人手论"。通过对错误批判的再批判，阐明对于一个正常的人说来，"口"和"手"是不可分的，将一个人分开"口"和"手"来阐述，本身就是不科学的。批判者提出"人手论"的本意，无非是强调人作为生产劳动的价值是主要的，作为消费意义是次要的、无足轻重的。他们的逻辑是，既然人有一双万能的手，就可以创造无限的财富，因而人口越多，创造的财富就越多，人口越多越好。如此，这样的批判便堕入"见手不见口"的形而上学泥潭。从理论层面说，人是生产者和消费者的统一。但是人作为生产者是有条件的，必须有相应的生产资料同劳动力相结合，才能成为现实的、创造价值的生产劳动者。作为消费者是无条件的，任何人从生到死都需要消费。从实际层面说，就要做出具体分析，是缺少生产资料，还是缺少劳动力。如果人口和劳动力处于过剩状态，人口增长越快就业和消费压力就会越大，这样的增长是不利于经济、社会发展的；如果人口和劳动力处于不足状态，人口增长则是有利于经济和社会发展的。20世纪批判马寅初新人口论时，中国处于短缺经济和人口过剩状态。此时还要强调人口和劳动力不足，人口越多越好，无异于雪上加霜，使人口形势变得更为严峻。

其二，关于人口与"四个现代化"。实现工业、农业、科技和国防"四个现代化"，是鸦片战争以来我国各族人民的梦想，与人口的变动和发展有什么关系？按照批判新人口论推崇的劳动力不足、人口越多越好论，加快现代化进程就要不断大量增加人口和劳动力。为马寅初新人口论平反将这种颠倒的理论重新颠倒过来，指出由于生产力发展水平不同，对人口数量和质量的要求也有所不同。我们进行社会主义现代化建设，要尽量采用先进技术，提高劳动者的技术装备和生产的有机构成，实现生产的机械化、自动化、电气化，大幅度地提高劳动生产率，必然会减少对劳动力的需求。有些部门如服务行业等，对劳动力的需求在总量上会有所增加，但是许多部门，尤其是直接从事物质资料生产的主要部门，对劳动力的需求会相对减少，并且有绝对减少的趋势。20世纪70年代末我国劳动力相当于第一、第二世界劳动力数量的总和，而现代化水平却相去甚远。所以，我国现代化对人口最基本的要求，就是控制人口和劳动力的数量增长，同时要大力提高人口的质量，尤其是人口科学、教育、文化素质。

其三，关于人口与物质资料"两种生产"。由于刚刚为马寅初新人口论平反，心有余悸问题还没有完全清除，人口理论研究还不得不求助于马克思主义经典作家的论述。于是从马恩《德意志意识形态》、《家庭、私有制和国家的起源》等著作中，寻找理论根据，特别是恩格斯的这一段话常被引用："根据唯物主义观点，历史中的决定性因素，归根结底是直接生活的生产和再生产。但是，生产本身又有两种。一方面是生活资料即食物、衣服、住房以及为此所需的工具的生产；另一方

面是人自身的生产，即种的繁衍。"① 据此，提出并论证了物
质资料生产是基础，人口生产必须与物质资料生产相适应；同
时人口生产也不是消极的，它可促进或延缓物质资料生产的观
点。结合我国实际，提出和论证了总体人口与生活资料，劳动
年龄人口与生产资料，人口科学、教育、文化素质与经济、技
术进步，人口城乡结构与产业结构等"两种生产"不相适应
的观点，提出在大力发展物质资料生产的同时，努力控制人口
数量、提高人口质量、调整人口结构，使人口生产同物质资料
生产相适应。

其四，关于适度人口论。适度人口（Optimum Population）
是 19 世纪末期英国经济学家坎南（Edwin Cannan）提出的，
认为在一定生产发展条件下，存在一个适宜的人口数量，能够
保证按人口分配的收入最大化；超过或低于这个适度人口数
量，按人口分配的收入就要减少。在此基础上，道尔顿
（Hugh Dalton）还提出一个数学公式：$M = (A - O) \div O$，其
中 O 代表适度人口，A 代表实际人口，M 代表人口失调的程
度。若 M 为正值，表示人口过剩；若 M 为负值，表示人口不
足；若 $M = 0$，则为适度。后来法国人口学家索维（A. Sauvy）
发展了适度人口学说，提出和论证了经济适度人口和实力适度
人口：经济适度人口，是取得最大经济利益的人口；实力适度

---

① 参见《马克思恩格斯选集》第 4 卷，人民出版社 1972 年版，第 2 页。

人口，是国家获得最大实力的人口，是更高一级的适度人口。尽管学术界对适度人口存在不同的观点，但是该理论在人口学理论中仍占有一定的地位。长期以来，我们把适度人口理论当做资产阶级理论、为资本主义制度涂脂抹粉而加以批判，阻碍了这方面研究的开展。为马寅初新人口论和人口节制主义翻案，肯定了适度人口作为一种人口学理论的意义，推动了这方面的研究。

其五，关于社会主义人口规律。批判马寅初新人口论之后，苏联《政治经济学教科书》关于"人口不断迅速增长是社会主义人口规律"的教条，统治理论界一二十年。粉碎"四人帮"后有所修正，演变为"人口有计划地增长是社会主义人口规律"，"不断迅速增长"演变为"有计划地增长"。总而言之，社会主义同"人口增长"结下不解之缘，社会主义事业的发展必然伴随人口的增长。通过为马寅初新人口论翻案，重新认识人口转变理论，研究人口再生产由高出生、高死亡、低增长——高出生、低死亡、高增长——低出生、低死亡、低增长的必然性，一般的发展规律，冲破社会主义人口只能不断增长的神话。提出人口变动和发展的客观规律，不但受到生产关系和社会制度性质制约，还受到自然的生物规律的制约，受到社会生产力发展水平、资源稀缺程度、食物供给能力以及环境状况的制约。因此，社会主义人口规律的实质，是人口的变动和发展同社会经济的发展相适应，以促进社会的进步和发展。

通过为马寅初新人口论翻案，在这些关系人口与发展重大问题认识上的转变，理论上的拨乱反正，一反过去存在的诸多教条，明确了我国人口问题属于人口压迫生产力，即人口过剩性质，才能在其后做出进一步控制人口数量增长，提倡一对夫妇生育一个孩子等战略决策。更清醒地认识到人口数量过剩与素质不高的矛盾，必须在控制人口数量增长的同时，大力提高人口健康、教育和文明素质。为马寅初新人口论翻案，带动了人口理论的拨乱反正；人口理论的拨乱反正，开启了实事求是认识和分析我国人口问题的大门，为 20 世纪 80 年代以来的人口政策的提出和实施，做了必要的理论准备。

2. 关键的决策

前面关于人口问题的讨论和论战，反映新中国成立后，随着社会经济的发展和人口的不断迅速增长，如何认识、对待和解决人口问题已经提上议事日程，相应的政策也已陆续出台。20 世纪 50 年代初期，人口快速增长的情况已为党和国家领导人看到，他们或召开座谈会，或成立"节育问题研究小组"，并在 1956 年"二五"国民经济计划报告中写进"适当地提倡节制生育"字样，展露了新中国最早人口政策的雏形。如前所述，毛泽东等领导同志也曾赞赏过马寅初先生的新人口论，主张生育要有计划。然而批判新人口论出现人口越多越好论，

1958 年"大跃进"出现人口和劳动力"不足"论，致使控制人口增长和计划生育的实施受阻。但是人口不断增长的压力在增大，国家不得不采取干部下放、知识青年到农村去等减少城市人口的做法，政策上也不得不考虑。60 年代前期，中央领导和有关文件重提控制人口和计划生育，只是"文化大革命"无政府主义泛滥，有关政策也难以落到实处。进入 70 年代，全国人口突破 8 亿，面对严峻的人口形势，国家开始加大人口控制的力度，生育政策也逐步明朗起来。1971 年国务院批转《关于做好计划生育工作的报告》，把控制人口增长的指标首次纳入国民经济发展计划。70 年代后期提出"晚、稀、少"，强调的核心是"少"，遂演变为"一个不少，两个正好，三个多了"的生育政策。有的地方将"少"压缩到生育 1 个孩子。1978 年国家明确提出"提倡一对夫妇生育子女数最好一个、最多两个"，并将"国家提倡和推行计划生育"首次写入《中华人民共和国宪法》。1979 年 12 月，国务院计划生育领导小组办公室在成都召开工作会议，提出"提倡一对夫妇最好生一个孩子，是我们计划生育工作的着重点转移"新认识、新理念，政策收紧节奏不断加快。

在国家政策收紧的同时，一些地方政府和群众也出现同样的动向。1978 年 7 月，河北省制定的计划生育文件中，提出"鼓励一对夫妇生育子女数最好一个，最多两个"。上海、北京、天津、江苏、吉林、山西等省市制定的关于计划生育的文件中，都提出一对夫妇只生育一个孩子的要求。来自基层自愿生育一个孩子的呼声日益高涨。1979 年 3 月，山东省烟台地区荣成县农民鞠洪泽、鞠荣芬（女）等 136 对夫妇，向全公社、全县育龄夫妇发出《为革命只生一个孩子》的倡议书。该倡议书说："我们这 136 对夫妻，通过学习党中央的指示，决心听党的话，只生一个孩子，不再生二胎。我们少生一个孩子，就是为四化多做一份贡献。因为，我们个人的幸福是和整个社会联系在一起的。只有实现了四个现代化，我们的晚年生活才有保障。"天津医学院 44 位职员工，也发出一对夫妇只生育一个孩子的倡议书①。这说明，人民群众中的一些先知先觉者，对一对夫妇生育一个孩子已经有了一定的认识，并且开始行动起来，提倡一对夫妇生育一个孩子有呼之欲出之势。

1980 年 3 月下旬至 5 月上旬，中央书记处委托中央办公厅，连续召开 5 次人口座谈会。第一、第二次会议在中南海西楼会议室举行，正式出席会议人员，包括国家计委、国家民委、卫生部、民政部、公安部、农业部、劳动总局、团中央、全国妇联等部门负责同志 25 人，从事神经、妇产、泌尿、遗传、避孕和控制论等方面的自然科学家 19 人，从事人口、经济、社会等来自社科院、高校和部委研究部门的社会科学家

①　参见《中国人口和计划生育史》，中国人口出版社 2007 年版，第 96 页。

19 人，共 63 人。头两次会议，由中央办公厅副主任冯文彬同志主持。他开宗明义，说明中央准备研究人口问题，书记处委托中央办公厅召开有各方面专家和负责同志参加的座谈会，广泛征求大家的意见，讨论今后 20 年和更长远一些时间的人口政策。他简要地回顾了人口和计划生育走过来的路子，政策上经历了"晚、稀、少"，"一个不少、两个正好、三个多了"，以及"最好一个，最多两个"等发展阶段，现在则提出提倡一对夫妇生育一个孩子。到底我们应该制定什么样的人口政策，特别是提倡一对夫妇只生育一个孩子怎么样、行不行，可能遇到哪些问题，如何应对等，请大家畅所欲言，发表意见。

四月，座谈会转到人民大会堂安徽厅和广西厅召开，参加人员有所减少，社会科学界仅剩下几位同志，自然科学界也减少一小半的样子，中央和国务院有关政府部门负责同志没有多大变动。这次会上，问题的讨论更集中一些，更深入一些，专业性也更强一些。第四次讨论回到中南海第二会议室，人员减少到20 多人，带有总结的性质，讨论座谈会取得的共识，人口政策的核心内容和表述，对可能遇到的问题的估计，应对的政策措施等。散会前，国务院分管领导陈慕华同志就如何向中央书记处报告，谈了她的想法，与会同志也谈了一些意见，并把撰写座谈会向中央书记处的报告（以下简称《报告》）的任务，压到笔者头上。报告初稿写出后，陈慕华同志又召集两次小型会议，讨论和修改报告稿。最后一次会议在中南海勤政殿举行，中央和国务院有关部委领导同志 20 多人出席，讨论座谈会向中央书记处的报告稿，提出进一步修改的意见。根据这次在书记处办公室讨论提出的意见，笔者对报告做最后一次修改。5 月初，陈慕华同志办公室将准备 5 月 12 日向中央书记处汇报的《人口问题汇报提纲》（草稿），（以下简称《汇报提纲》），通过内部交换寄给我，此后再没有做过其他改动。在向中央书记处《报告》的基础上，又起草了陈慕华副总理准备向五届人大三次会议的报告稿，精神与向书记处的《报告》一致。在此期间，据笔者所知，宋健等同志做了许多重要的工作，获悉他和一些同志在起草《中共中央关于控制我国人口增长问题致全体共产党员、共青团员的公开信》（以下简称《公开信》）等。至此，由中央办公厅主持召开的 1980 年人口座谈会，以及座谈会后产生的《报告》和《汇报提纲》全部完成。《公开信》则迟一些时候，于 1980 年 9 月 25 日正式发表。

中央听取汇报后，定下提倡一对夫妇生育一个孩子的大计，这对后来人口政策的形成和发展至关重要。笔者亲历座谈会并担负《报告》的起草工作，平心而论，这不是如有的文章或网上帖子所说的那样，是"草率"和"不负责任"的决定；相反，对提倡一对夫妇生育一个孩子的必要性、可能遇到的问题、如何应对等，均做了当时能够做到的最大限度的民主讨论，尽可能地科学分析和论证。这里，就当时讨论的一些主要问题，特别是《报告》和《汇报提纲》对主要问题的阐述，历史地再现出来。这种再现，不仅是简单的情况描述，还想结合近30年来的实践，做出理论与实践相结合的阐释，给出实事求是的公正评价。

（1）要不要提倡一对夫妇生育一个孩子

这是座谈会提出的一个前提性质的命题，只有这一命题成立，才有必要探讨生育一个孩子可能带来的种种问题。座谈会对这个问题形成共识，没有反对意见。主要是对我国人口现状和未来变动发展趋势，取得一致认识。1980年全国人口接近10亿，具有人口基数大、年龄构成比较轻、增长势能比较强的显著特点。这一年的总和生育率，国家统计局的数字是2.24，联合国的数字是2.55，均在2.10更替水平以上。即如果保持当时的生育水平，人口将要一直增长下去；就是下降到更替水平，由于人口年龄构成较轻所决定，也要增长相当长一段时间才能达到零增长。预测表明，如果一对夫妇平均生育2个孩子，20世纪中叶全国人口也要突破15亿，然后才能缓慢下降，到21世纪结束时，人口总数仍将在14亿以上。座谈会上发言的人，异口同声地说：中国人口太多了，住房困难，生活必需品的供应紧张，粮食、棉布等生活必需品均按计划凭票供应；劳动就业困难，经济发展不能为新增劳动年龄人口就业提供必要的就业机会，"三个人的活五个人干"严重地阻碍着劳动生产率的提高，知识青年上山下乡也不是长久之计；人口多，消费大，每年国民收入中很大一部分被新增长人口消费掉了，妨碍着积累的增加和现代化建设事业的发展；人口增长快，学校、医院等公共事业的发展跟不上，人口教育、健康素质的提高受到限制，造成数量过剩而素质不高的被动局面等。与会者从不同部门不同角度讲述人口问题的严重性，认为应当加大控制的力度。对于这些人口问题，座谈会向中央书记处的《报告》和《汇报提纲》进行了梳理和归纳，是这样反映的：

一是人口基数大。目前全国总人口已经达到 98000 多万（包括台湾省 1700 万），占世界 434000 万人口（1979 年年中数字）的 22.7%。人口基数如此庞大，出生率和自然增长率即使降低很多，每年出生和净增人口的绝对数量，仍旧维持在一个相当大的数目上。

二是增长速度快。虽然 20 世纪 70 年代以来人口自然增长率下降很快，但是 30 年平均的自然增长率仍然高达 20‰，比旧中国高 1 倍，比 1979 年发达国家的平均 7‰高 1.9 倍，全国人口在 30 年的时间里，净增 43000 万。

三是人口年龄构成轻。根据抽样调查推算，1978 年 15 岁以下人口占 35.6%，15 ~ 29 岁人口占 27.8%，两项合计即新中国成立后出生的人口占 63.4%。而 30 ~ 64 岁人口仅占 31.8%，65 岁以上人口仅占 4.8%。这种年轻型的人口年龄结构，使已经进入或即将进入婚育年龄的人口特别多，未来人口增长的势头比较强。

人口的这种状况，同国民经济和四个现代化建设之间，存在比较尖锐的矛盾。主要表现在以下几个方面：

其一，总体人口同生活资料的增长不相适应。1953～1979年，全国居民消费总额增长 2.8 倍（按当年物价计算），然而由于同期人口增长 66%，按人口平均的消费额只增长 1.3 倍。每年新增加的消费额中，约有 58% 被新增加的人口消费掉了，用于提高原有居民消费额部分只占 42%，使居民生活水平的提高受到限制。20 多年来，全国每人平均占有的粮食一直在600 斤上下。1979 年我国粮食总产量比 1957 年增长 70% 以上，而每人平均占有量只增长不到 6%。棉花、油料的平均每人占有量，则有不同程度的降低。1977 年，全国城镇每人按人口平均的住房面积也比新中国成立初期减少 0.9 平方米；大、中学校的发展跟不上青少年人口的增长，升学率比较低；医疗卫生、公共交通等事业的发展，也不能满足人口增长的需要。

其二，劳动年龄人口同生产资料的增长不相适应。新中国成立以来，安排劳动力就业一直是一个"老大难"问题，迄今尚未很好解决。1979 年国家下大力量解决就业，安排了 800万多人，成绩很大，但是仍有待业人员 400 万多人。由于大量安排待业人员就业，严重影响了劳动生产率的提高。在农业方面，则遇到人口多、耕地少的矛盾。新中国成立初期，全国每人平均占有耕地 2.7 亩，现在已降到 1.6 亩。目前，世界人均耕地 5.5 亩，比我们多 2 倍以上，我国已属于人多地少的国家。

其三，人口质量同四个现代化建设发展需要不相适应。实现"四化"，就要尽量采用先进技术，大幅度地捍高劳动生产率，这就需要大量专业人才和熟练劳动力。然而，目前我国只有 520 万大学生，占总人口的 0.5％ 左右；只有 21000 万中学生，点总人口的 22％；在青少年和成年人口中，却有 1 亿左右的文盲和半文盲。我国每万人中在校大学生为 9 人。此外，由于我们没有注意优生，每年出生大量遗传病儿，现在全国有遗传疾病的总人数约 2000 多万，仅傻子不少于四五百万人。如果不注意这方面的问题，就会增加社会和国家的负担。

上述人口问题如何解决？座谈会上的发言和《报告》、《汇报提纲》均指出，经济的发展和社会的进步是基础，加快四个现代化建设，就是为人口问题的解决奠定必要的基础。但是经济发展和社会进步不可能一蹴而就，必须在大力发展经济，加快现代化建设的同时，努力控制人口的数量增长和提高人口的质量，贯彻落实各项计划生育政策。也有的同志颇为激动，讲全世界不到 5 个人就有一个中国人，我们为什么要这么多人口？应该来一个"急刹车"；会下也有的同志问我：搞一个"无婴年"行不行？大家的愿望可以理解，尽快将人口出生率和增长率降下来，使国家摆脱人口多的困扰，集中力量加快现代化建设；但是操之过急也不行，"无婴年"恐怕属操之过急一类。

（2）生育一个孩子会遇到哪些问题

座谈会气氛活跃，来自不同部门、不同方面的专家和领

导，提出许多可能产生的问题，并讲出各自的看法，《报告》
和《汇报提纲》均给出明确的回答。归纳起来，主要有：

①会不会引起智商下降。座谈讨论中，卫生部的一位领导
同志在发言中，列举民间的一种说法，叫做老大憨、老二聪
明，但是最聪明、最机灵的要数老三，俗话说"猴仁儿""猴
仁的"。那么，提倡一对夫妇生育一个孩子只留下老大，老
二、老三都没有了，会不会引起儿童以致整个人口的智商下降
呢？此话一出，语惊四座，一些同志交头接耳议论开来：是不
是这样？如果真的是这样，就不能提倡生育一个，老二、老三
都不可少，否则人口智商下降，谁能负得起这个责任！于是会
议主持者赶紧组织力量查阅资料，进行分析和论证。经过一番
努力，最后拿出两点结论性意见：

第一，生育孩子次序同聪明不聪明没有必然的联系。"老
大憨"、"老二聪明"、"猴仁儿"等说法，都拿不出有力的科
学依据，最多只是有些地区群众中有这样的一些说法而已。群
众的说法，同过去多生多育有很大的关系。因为生育的子女
多，第一个孩子（老大）率先长大，自然担负着协助父母照
料比其小的弟弟、妹妹的义务，往往表现出宽容大度，带有一
些憨厚的劲头儿；后来出生的弟弟、妹妹常常围着大哥、大姐
转，显得要更调皮一些、更活泼一些，给人以"老二聪明"
和"猴仁儿"更聪明的印象。记得当时有的同志列举美国飞
行员的材料，美国空军飞行员中约有 40% 为第一个孩子（老

大）。众所周知，空军飞行员对身体素质、科学教育素质以及反应能力要求很高，而所占比例高达 40% 的"老大"都能适应，说明"老大憨"不能成立。座谈会还举出其他一些例子，证明生育胎次同智商不存在必然的联系。

第二，要放到商品经济中去分析。虽然 1980 年改革开放处在"摸着石头过河"初期，但是经济学界已有一个共识，过去高度集中统一的计划经济再也不能继续下去了，要走发展商品经济的路子。而要发展商品经济，交换价值升值，势必冲击人们的传统观念，婚姻和生育观念将要随着发生某些改变。可以预料的是，诸如婚前性行为、未婚先孕、离婚率升高，以及买卖婚姻增多等，发生的可能性增加了。婚姻和生育行为的这种变化，会改变怀孕和实际生育的孩次。作为留下来的"老大"，并不一定都是所怀的第一个孩子，聪明的老二甚至是"猴仨儿"的老三所占的比例会增多起来。今天看来，当时这样的估计并不过分，实际情况有过之而无不及。一些调查表明，婚前性行为和未婚先孕、先育，远比人们估计的要严重得多。综合以上两点认识，得出提倡一对夫妇生育一个孩子不会降低人口智商的结论，有力地支持了这一决策的出台。

②会不会发生人口老龄化。座谈会上的讨论，向中央书记处的《报告》和《汇报提纲》，对提倡一对夫妇生育一个孩子会不会引起人口年龄结构老龄化，回答是肯定的：生育率和出

生率的持续下降，必然带来人口年龄结构老龄化。《报告》写道：座谈会上有人"担心人口'老龄化'和劳动力不足，不是没有理由的。在西欧、北欧人口较少的一些国家，当他们的人口自然增长率降低到接近零以后，确实出现过这个问题。我国由于人口数量多，年龄构成轻等特点所决定，情况与那些国家有很大的不同"。在《报告》提出的低、中、高三种预测中，即使以生育率下降最快、老龄化最严重的低方案而论，"2000 年 65 岁以上老年人口仅占全部人口的 8.9%，2017 年占 16.2%（相当于现在世界人口老龄化最严重国家的水平），2021 年每 5 个人中有一个 65 岁以上老人，2027 年每 4 个人中有一个 65 岁以上老人"。怎样应对和解决老龄化问题呢？《报告》提出，要采取防患于未然的办法。即到一定的时候通过对生育率进行必要的调整，适当抬高生育率和出生率，将老龄化控制在一个合理的范围之内。《汇报提纲》浓缩了《报告》的基本观点，指出在 20 世纪余下的 20 年里，不用担心人口老龄化问题，20 年以后，也可以通过出生率的适当调整，加以解决。

③会不会出现劳动力短缺。劳动力是劳动年龄人口中，扣除因伤残等原因失去劳动能力的人口。劳动年龄人口有 15 ~ 59 岁或 15 ~ 64 岁两种口径，是从人口学年龄角度定义的，与实际能否劳动不是一个概念。劳动年龄人口是劳动力供给的源泉，劳动力供给的变动主要取决于劳动年龄人口的变动，因此

提倡一对夫妇生育一个孩子是否会发生劳动力短缺，实际上是劳动年龄人口怎样变动，是否会出现劳动年龄人口数量减少过快、所占比例下降过低的情况。

座谈会对此很关注。因为从人口学角度观察，总体人口粗略地分成 0～14 岁少年人口、15～59 岁或 15～64 岁成年人口、60 岁或 65 岁以上老年人口三个组成部分。前已叙及，少年是消费人口，最多是潜在的生产劳动人口；老年则是退出劳动年龄，成为事实上的纯消费人口。我们说人是生产者和消费者的统一，现实中只有劳动年龄人口才能名副其实地做到。劳动年龄人口不但要生产自身需要的消费，还要生产满足少年人口和老年人口需要的消费，是生产满足全部人口消费需要的担当者。劳动年龄人口是总体人口中的主体，是处于支配和主导地位的人口。从经济角度观察，在社会生产和再生产过程中，生产、交换、分配、消费是相互联系、相互制约的整体，任何一个环节都不可缺少。但是生产同交换、分配、消费比较起来，不能不居于首位，不能不处于主导地位。生产不仅决定着可供交换、分配、消费对象的数量和质量，而且生产的性质决定着交换、分配、消费的性质和形式。因此，一端是总体人口中处于核心和主导地位的劳动年龄人口，另一端是物质资料生产中处于主导和支配地位的生产，任何社会对劳动年龄人口变动给予格外的关注，是理所当然的。然而，在 1980 年人口座谈会上，与会者对这个问题却没有太大的不同意见，也许是当时每年安排新劳动力就业压力太大的缘故，劳动年龄人口减少一点儿，是大家巴不得的事情。《报告》和《汇报提纲》按照当时的人口发展规划，对未来劳动年龄人口从而劳动力的变动趋势，做出的估计和预测是这样的："劳动力在未来的 32 年时间内一直是上升的，从 1979 年的 54000 万上升到 2012 年的 79000 万。2013 年以后开始下降，但直到 2046 年才能降回到目前的水平。"认为在此期间，总体上不存在劳动力不足的问题。这一估计和预测与目前的实际情况比较，虽然有某些出入，但是大的变动趋势没有错，基本上是一致的。

④会不会形成"四二一"家庭代际结构。座谈会上，有一位领导同志提出：如果一对夫妇生育一个孩子，等到孩子结婚后再生育一个孩子，这个家庭不就成了老年人"为四"、成年人"为二"、少年人口"为一"的"四二一"家庭结构了吗?! 一时间，他的话引来一股热议：有的说，四个老人怎么养活？有的说，这一代独生子女的责任太重了，承担不起啊! 等等。看来，这个问题也必须澄清，结合家庭规模的演变予以澄清。

其一，"四二一"家庭结构中的老年人"为四"，是不可能普遍存在的。假定 25 岁结婚并生育一个孩子的父母，35 年后都活到 60 岁，40 年后都活到 65 岁以上，就个案而论，这种假定某些家庭是可能的；就全社会而言，则不可能，不具有普遍性。因为每一个年龄组人口均要按照一定的年龄别死亡率通过其生命期，每年均有一定数量的人口死亡，四个 25 岁成年人口不可能全部活到 60 岁、65 岁以上。

其二，同样的道理，"四二一"家庭结构中的成年人"为二"，因为受到年龄别死亡率的影响，也要打一点儿折扣。20 世纪 80 年代初的年龄别死亡率大致是：0 岁组为 0.03880、1 岁组为 0.00703、5 岁组为 0.00172、10 岁组为 0.00076、12 岁组为 0.00068（最低值）、20 岁组为 0.00144、30 岁组为 0.00167、40 岁组为 0.00290、50 岁组为 0.00687、60 岁组为 0.01320、70 岁组为 0.04658、80 岁组为 0.11681、90 岁组为 0.27888，90 岁以上年龄别死亡率要更高一些，呈典型 U 形曲线分布。中国人口年龄别死亡率的 U 形曲线分布，同世界人口年龄别死亡率分布基本类同。成年人口 35 岁以前处于年龄别死亡率较低阶段，存活率相对较高，不如老年人口减少得快是事实；但是年龄别死亡率再低，每年也总要死亡一定数量的人口，成年人口为二代际结构不可能不变。

其三，"四二一"家庭结构中第三代人"为一"是否存在呢？取决于现行的生育政策。只有独生子女政策坚持两代人以上，即独生子女结婚后也生育一个孩子，"为一"才有可能成立。要想不出现第三代"为一"的家庭代际结构，生育政策就要明确规定独生子女结婚允许生育两个孩子。事实上，相关省、区、市在提出一对夫妇生育一个孩子时，差不多都申明双方均为独生子女者结婚，可以生育两个孩子的政策。如今，《决定》出台启动实施一方为独生子女夫妇生育两个孩子的政策，"为一"更不会成为普遍的现象。

除了上述问题外，座谈会还提出和讨论了出生性别比问题，强调要严格禁止人为的胎儿性别鉴定，防止有意识的性别选择。少数民族的计划生育政策问题，应当区分人数较多和较少的不同民族，实行有差别的生育政策。优生优育问题，降低遗传性缺陷和遗传性疾病发生率，宣传近亲结婚的害处，普及遗传学知识，开展遗传性疾病的检查和咨询门诊，使畸形、呆傻等低能儿占的比例迅速降下来。《报告》和《汇报提纲》还对经费问题做出初步估算，指出实行独生子女奖励政策所需费用"是一笔庞大的支出"，需要考虑；但是"与因此而少生人数节约的费用相比，这还是一个小数"，这样的人口投资是值得的。

三　与时俱进的政策调整

1. 兼顾目前与长远

1980 年中央做出提倡一对夫妇生育一个孩子的重大决策，开启了以此为中心的人口生育政策，引来国内外不同的声音。就笔者接触所见，赞同者居绝大多数，认为这是解决中国人口过多的行之有效的决策，对改变世界人口过快增长态势具有举足轻重的作用，将世界 50 亿人口日、60 亿人口日成功地向后推迟好几年。就是不大赞同、存有疑虑的国际人士，听到关于有关情况的说明后，转而表示理解和同情，认为这是中国的创举，对人类做出的一大贡献。反对者也有之，例如美国人艾尔德出了一个小册子《屠杀无辜》，污蔑中国计划生育人工流产，拿来一些道听途说的数字推论总体，这只能说明他的立场。易富贤推出《大国空巢——走入歧途的中国计划生育》，仅就书名便可知该书对中国计划生育人口政策所持的态度了。笔者以为，这些都不那么重要。中国已有13.6亿的巨量人口，大凡世界上比较重要的人口现象，差不多均可在中国找到。因而可以顺手拈来若干事例，以此来断定和推论总体是没有任何意义的。就提倡一对夫妇生育一个孩子决策而论，最为重要的一点，是立足于科学论证之上的结果，还是随意决定甚至是"拍脑袋"的结果。这个问题，前面已经做出了论证，答案是前者而不是后者。这里需要说明的是，不仅如此，这一决策还是立足于现实与长远发展相结合之作。就是说，既立足于现实，着眼于当前人口问题的解决；又兼顾到长远，充分估量到这一政策实施以后可能带来的后果，尽可能地做到防患于未然。因此是两利取其重、两害取其轻、审时度势、瞻前顾后的决策选择。如今，实施这一政策已经过去30多年，当年对人口年龄结构老龄化、劳动力供给、家庭代际结构、出生性别比、人口城市化、少数民族人口等所做出的阐发，基本上都得到了印证；起码在大的变动和发展趋势上，没有发生背离或者方向性的偏差。这里以年龄结构老龄化问题为例，说明如下：

提倡一对夫妇生育一个孩子会不会引起年龄结构老龄化，以及老龄化进程、可能带来哪些问题、如何解决等，是座谈会热议的焦点之一。《报告》和《汇报提纲》对此做了相应的分析和阐述，我们不妨用实践是检验真理的唯一标准做出衡量和判断。

①有没有考虑人口老龄化问题。上述情况表明，无论《报告》还是《汇报提纲》，均考虑了随着生育率和出生率的下降，预期寿命的不断延长，人口年龄结构老龄化是不可避免的，合乎规律的发展。1980 年 9 月发表的中共中央关于控制我国人口增长致全体共产党员、共青团员的公开信，也将"人口的平均年龄老化"，列为"有些同志担心"的问题之一，做出必然发生但是不用担心的诠释。因此，说 1980 年提倡生育一个孩子时根本没有考虑人口老龄化，没有考虑由老龄化引起的社会问题，是不符合实际的。

②对老龄化的估计和预测。座谈会《报告》曾具体地讨论和论述了人口老龄化趋势和问题。关于老龄化发展趋势，当时提出 3 种预测方案：

一是从 1980 年起一对夫妇平均生育 2.3 个孩子，2000 年 65 岁以上老年人口比例为 7.2%，2020 年为 12.3%，2030 年为 16.6%。

二是从 1980 年起一对夫妇平均生育 1.5 个孩子，即一半育龄妇女生育一个孩子，另一半生育二个孩子，2000 年 65 岁以上老年人口比例为 8.3%，2020 年为 16.2%，2030 年为 23.9%。

三是从 1980 年起生育率大幅度下降，1985 年一对夫妇平均生育一个孩子并继续保持下去，2000 年 65 岁以上老年人口比例为 8.9%，2020 年为 19.0%，2030 年为 29.6%。

《报告》和《汇报提纲》，是按照生育率下降最快的第三方案提出老龄化可能达到水平的严重程度，即对老龄化可能达到的水平做了最高的估计。回过头来看，已经过去的 30 多年的实际情况，要比这一预测低许多。以《报告》和《汇报提纲》与实际统计数据相比较，65 岁以上老年人口比例，1990 年分别为 6.66% 和 5.57%，《报告》和《汇报提纲》高出实际 1.09 个百分点；2000 年分别为 8.95% 和 6.96%，《报告》和《汇报提纲》高出实际 1.99 个百分点；2005 年分别为 10.26% 和 9.07%，《报告》和《汇报提纲》高出实际 1.19 个百分点[①]。这说明，1980 年中央在做出提倡一对夫妇生育一个孩子决策时，对由此造成的人口年龄结构老龄化的估计，是充分的，是留有一定余地的。

---

① 实际数字参见《中国人口统计年鉴 2006》，中国统计出版社 2006 年版，第 102、104 页。

③应对人口老龄化的基本方针。基于上述对人口老龄化趋势和可能达到的水平的认识，《报告》和《汇报提纲》一方面指出，在 20 世纪余下的 20 年里不存在老龄化问题，下一个世纪头 20 年也不严重；另一方面指出老龄化可能带来的主要问题，一是会不会发生劳动力供给不足问题；二是会不会发生社会和家庭老年负担过重问题。对于前一个问题，《报告》在劳动力部分做了阐释；对于后一个问题，提出两项应对的策略和措施：

一是在对老年负担系数做出比较可靠预测基础上，通过对生育率的调整，将老龄化从而老年人口负担系数控制在一个合理水平。《报告》和《汇报提纲》以及以笔者受命以个人名义撰写的《附件：提倡一对夫妇生育一个孩子多长时间为宜》，提出提倡一对夫妇生育一个孩子是今后二三十年，主要是 20 世纪内的事情，进入 21 世纪以后生育率应该做出适当的调整，以避免人口年龄结构过度老龄化，超出社会和家庭的负担能力。而这一点，是可以通过生育政策的及时调整，合理提高出生率的办法加以解决的。

二是有计划地实行社会保险。《报告》和《汇报提纲》在肯定继续发扬我国家庭养老传统的同时，提出必须大力发展社会养老保障事业，有计划地实行社会养老保险。《汇报提纲》说："鼓励一对夫妇最好生育一个孩子，从现在起就应有计划地对老年人实行社会保险，解决老有所养的问题。目前，全民所有制单位职工实行退休制度，绝大多数集体所有制单位和农村人民公社还没有实行这一制度，老无所养，'养儿防老'还是一个客观事实。这个问题一定要解决。保险公司已提出了三个方案，应按什么原则考虑，需要明确下来，以便进一步研究具体办法。独生子女大量增加以后，需要各有关部门积极配合，大力支持，使各项政策和有关规定能够适应计划生育的要求。在住宅建设、生活服务设施、看病住院等社会服务方面，都要考虑'老有所养'的问题，使无子女照顾的老人幸福地度过晚年。"

应当说，这在30多年以前提倡生育一个孩子人口决策时，能够对人口老龄化和解决老龄问题做出如此考量，明确基本的方针和应当采取的措施，已经是非常难能可贵的了。不过笔者以为，还需随着实践的发展，做出进一步的研究。于是笔者承担"七五"国家社科重点项目"中国老年人口调查和老年社会保障改革研究"，在时任中共中央政治局委员、国家计委主任宋平同志的指导和支持下，在国家统计局城乡调查队帮助下，完成了中国1987年60岁以上老年人口抽样调查，根据抽样调查数据汇总资料、报告，出版了《中国老年人口》、《中国老年人口经济》、《中国老年人口社会》专著三部，算是对《报告》和《汇报提纲》的补课承诺。全部问题的核心在于：提倡一对夫妇生育一个孩子要搞多长时间。这在《报告》后面的附件中，专门做出"提倡一对夫妇生育一个孩子多长时间为宜"的论证，着重阐发控制一代人的生育率问题。因为控制住一代人的生育率，也就自然地控制了下一代做父母的人口数量，因而可以起到有效控制人口增长的作用。为什么不能搞两代人、三代人？如果实行两代人生育一个孩子的政策，人口年龄结构就会发生向着"倒金字塔"方向转化，而"倒金字塔"的年龄结构没有先例。理论上没有立论依据，实践上"倒金字塔"结构必然导致出现劳动力供给不足，社会负担过重等问题，是不能开此先例的。控制好一代人的生育率，是未来二三十年特别是 20 世纪（20 世纪）内的事情。亦即提倡一对夫妇生育一个孩子既非权宜之计，搞上三年五载见到效果就赶紧收兵，那样要不了多久，其效果就会自然消失殆尽；也非永久之计，半个世纪甚至一个世纪地长期搞下去，结果人口数量控制可能成效显著，然而人口年龄结构过度老龄化、"倒金字塔"就会发生，这是必须避免的。因此，提倡一对夫妇生育一个孩子既非权宜之计，也非永久之计，而是一段时间，具体说是未来二三十年特别是 20 世纪内的事情。这样的时间概念，其真正的含义，就是控制住一代人的生育率，从而达到既使人口的数量增长受到有效的控制，又使人口年龄结构老龄化限制在一定范畴之内，不至于过于严重的目的。

2. 人口生育政策调整

作为当年参加中央人口座谈会和向中央书记处起草《报告》和《汇报提纲》的笔者，"控制一代人生育率"自然铭刻在心。因此，当 2009 年"一代人"30 年上限已到之际，便沉不住气了。于是，在《人民日报》上发表《中国人口政策回顾与展望》(《人民日报》2009 年 12 月 4 日)，承担中央宣传部、国家新闻出版署组织的《辉煌历程——庆祝新中国成立60 周年重点书系》之一，完成《中国人口政策 60 年》专著并公开出版发行。文章和专著对中国人口问题的性质、人口发展战略、人口生育政策的来龙去脉、未来决策选择等，做出再现当年、展望未来理论联系实际的阐发。关于当前人口生育政策为什么要调整和怎样调整，提出"双独生二"、"单独生二"和"限三生二"三项建议。具体阐释如下：

其一，全国不分城乡，双方均为独生子女者结婚一律允许生育两个孩子。这一条现在即可实施。当前，已婚育龄妇女独生子女领证率在 30% 左右，城镇远高于农村，实行"双独"结婚生育两个孩子，生育率升高极其有限，可不附加任何条件。

其二，农村一方为独生子女者结婚，允许生育两个孩子，现在可以开始实施，城镇可从"十二五"开始实施。对于农村说来，由于独生子女率较低，"一独生二"影响有限；对于城镇说来，由于独生子女率普遍很高，一方为独生子女结婚者比例不会很高，对生育率影响也不会很大。特别是到"十二五"城镇 30 岁以下育龄妇女将进一步减少，影响要更小一些。然而实行"一独生二"的生育政策，对于"一独"方的父母家庭养老和改变家庭人口年龄结构说来，有着现实的意义。

其三，在有效制止三孩及以上多孩生育条件下，农村可不分性别普遍生育两个孩子。目前全国农村实际的总和生育率仍在 2.0 上下，如果除人数较少的少数民族外均不得生育三个及以上孩子能够做到，实行"限三生二"政策可使生育率大体上维持现在的水平，不会造成大幅度反弹和影响 2030 年人口零增长目标的实现。不分性别的"限三生二"，改变目前农村只有独女户可以再生育一个孩子的政策，对治理出生性别比升高说来，将发挥不可替代的作用。

《决定》要求"坚持计划生育的基本国策，启动实施一方是独生子女的夫妇可生育两个孩子的政策，逐步调整完善生育政策"。① 对此进行测算表明，启动实施"一独生二"政策后，不会引起大的生育率反弹。2013 年人口出生率为 12.08‰，2014 年实施后出生率可升高 1.0 ~ 1.5 个千分点，达到 13.08‰ ~ 13.58‰ 的水平。增加出生的人口，为 150 万 ~ 210 万。"双独生二""一独生二"政策已经开放，距离"限三生二"政策只有一步之遥，也已为时不远了。

---

① 参见《改革开放以来历届三中全会文件汇编》，第 211 ~ 212 页。

科教兴国

——深化教育科技领域改革再启程

1982～1983 年笔者在美国东西方中心做访问学者，有机会深入民间，了解到美国儿童与中国儿童心理和性格上的差别。美童开朗好强，凡事总喜欢说"我能行"、"试试看"，充满自信；国童对于从未做过的事情，常说"能行吗"、唯恐"做不好"，信心不是很足。经过一番调查和分析后，发现这与社会经济发展水平、传统、教育等，有着密切的关系。

一个时期以来，中日两国每年都要举办一定规模的中学生联合暑期夏令营。发现：论书本知识，总体上中国学生占优；论随机应变能力，日本学生偏强。这就不能不发人深省：这种差别意味着什么，我们教育的目的和目标是什么？也使人们联想到钱学森之问：为什么我们的学校培养不出优秀的人才？

党的十八届三中全会通过的《决定》指出：要深化教育领域综合改革，"形成爱学习、爱劳动、爱祖国活动的有效形式和长效机制，增强学生社会责任感、创新精神、实践能力"。这在全国恢复高考 35 年后，使我们看到缩短和消除同发达国家教育差距新的希望。

当前，包括管理在内的科技体制机制，存在同应试教育相类似"应试"式的一套管理体制。总体上人口科学教育素质还比较低，科技投资效益比较低，技术和专利转化为现实生产力的能力还比较低，科研成果的质量还不够高。这"三个比较低"和"一个不够高"，说明科技发展和科研方式与经济发展方式有些类似，以数量扩张型而不是以质量效益型为主。"应试"式、扩张型科技体制机制，是强势政府和弱势市场作用下的结果。要明确政府与市场的关系，去行政化是科技体制机制改革的方向。

深化科技体制改革，要建立健全鼓励原始创新、集成创新、引进消化吸收再创新的体制机制。还要健全技术创新市场导向机制，建立产学研协同创新机制，健全技术创新激励机制等。

一　科教兴国任重道远

立国不可没有明确的战略。1995 年 5 月《中共中央、国务院关于加速科学技术进步的决定》中，首次提出科教兴国战略。以科学技术是第一生产力作指导思想，坚持教育为本，把科技和教育摆在经济、社会发展优先位置，把增强国家的科技实力及其向现实生产力转化的能力，提高全民族的科学教育素质转化为提高劳动生产率和创新的能力，使经济建设转移到依靠科技进步、提高劳动者素质和提高劳动生产率为主上来，推动现代化和国家走向繁荣昌盛。如今将近 20 年过去，《决定》提出新的改革目标、任务和改革的路径，科教改革扬帆再启程。

1. 治国战略客观存在

考察人类社会 400 多万年的历史，大凡规模较大一些的国家，在不同历史发展阶段，均有比较明确的发展战略。不管人们意识到还是没有意识到，这种发展战略都客观存在。谁能够适应这种战略，谁就会赢得胜利；谁违背这种战略，谁就可能遭到失败。

众所周知，历史上经济时代的划分不在于生产什么，而在于怎样生产和用什么样的工具进行生产。如此考察迄今为止的经济时代，其大致可划分为三个基本的阶段或时代。第一阶段为手工工具时代，涵盖农业社会完结的原始、奴隶、封建社会，长达几百万年。虽然这一时代科学、技术不断进步，人类在与大自然洪水猛兽搏斗中不断壮大和发展自我，但是从技术上考察，一是生产工具均为手工工具，改进、革新也没有脱离手工工具性质；二是生产动力主要为人、畜以及水、风能等自然力，生产的基本方式为劳动者使用手工工具从事各自的劳动。

在这种情况下，立国和强国的战略自然着眼于"人丁兴旺"，因为"人丁"是最主要、最基本的生产力。如春秋战国时期越王勾践被打败，实施"十年生聚，十年教训"的战略。"生聚"中的"生"，即鼓励臣民生儿育女，规定男子20岁不娶、女子17岁不嫁有罪；生了孩子予以奖励，生3个孩子政府给雇奶母。"聚"是吸纳外来移民，与"生"结合在一起，促使人口机械增长和自然增长。经过这样的"生聚"和吸取被打败、被迫卧薪尝胆的"教训"，越国重新强大起来，最后打败吴国，留下西施浣纱、伍子胥过关、勾践卧薪尝胆的历史佳话。

春秋战国时期，儒家学说兴旺起来。孔子阐述儒学的核心是"仁"，要以"仁"治国安天下。他认为"地有余而民不足，君子耻之"，[①]"得众则得国，失众则失国"。[②]如何"民足"和"得众"呢？《论语·子路》记载："叶公问政。子曰：近者悦，远者来"。即国家要使百姓安居乐业，人民不肯向外迁移；而国外的人口闻风而至，吸引各种人才而来。而做到这一点的关键是统治者要施仁政："上好礼，则民莫敢不教；上好义，则民莫敢不服；上好信，则民莫敢不用情；夫如是，则四方之民，襁负其子而至矣"。[③]农业社会无不把人丁兴旺、国泰民安作为立国安邦之本，这是手工工具条件下立国战略的

---

① 参见孔子《礼记·杂记下》。

② 参见孔子《礼记·大学》。

③ 参见孔子《论语·子路》。

必然选择。

第二阶段为机器工具时代，即传统的工业化社会时代。机器与手工工具相比有着本质的不同：动力不再以人、畜和自然力为主，转而依赖蒸汽机、内燃机、电动机，目前已大规模应用核动力，以消耗大量能源为特征。机械已不再是简单的运转和传递工具，材料更发生革命性变革，强度、硬度、弹性、耐腐蚀、耐高温等性能不断改善。适应工业化社会的发展战略，其立足点一是寻找广阔的市场，需求是市场经济发展的动力。二是要有较充足的原材料，以保证资本的循环和周转。三是要有足够数量并且比较廉价的劳动力供给，确保成本不至于上涨过高。因此，在工业化前期主要资本主义国家无不将自己的战略立足点建立在开拓国外市场和对外扩张上，以船坚炮利占领别国领土，建立和发展一个又一个的殖民地，以致侵略与反侵略、掠夺与反掠夺战争不断，甚至演变成为世界大战。

第二次世界大战后情况发生很大变化。一方面出现一个相对稳定的和平发展时期，另一方面开始了新的技术革命。以微电子技术为前导，包括新材料技术、海洋技术、宇航技术、生物工程等的发展冲破原有机器工具的束缚，科学与技术在经济和社会发展中的地位与作用空前提高。这就使得发展战略立足点发生转移。典型的例子是日本：在领土不足的幌子下，明治维新后其逐步走上"武力立国"道路。"二战"中发展到顶峰，侵略中国和东南亚，其后又发动太平洋战争，梦想建立

"大东亚共荣圈"。"二战"失败，梦想破灭，由"武力立国"转向"贸易立国"和"技术立国"，在短短几十年内发展成为世界经济大国。值得注意的是，当前安倍晋三首相上台后，自认为羽毛已经丰满，经济和军事力量都不含糊，加剧了与周边国家岛屿争端的矛盾，又是参拜靖国神社，又要修改宪法，似有重新回到"武力立国"战略的可能。这使人们不得不静观其变，不能不防。

当前，已经进入以智力工具为代表的第三个发展阶段。无论手工工具还是机器工具，均可视为人的手臂的延长和功能的增强，不同程度地放大了人的体能。第三阶段智力工具时代则是人的大脑和智能的放大、延伸、物质化和外在化，以信息化作为主要的标志。20世纪下半叶，国外学术界提出并论证了全球化、工业化和后工业化、城市化、信息化、区域经济一体化等重要发展趋势，最具影响力的是信息化和经济全球化。20世纪60年代提出信息化概念，其后的讨论将"信息化"解释为在由工业化向信息化社会过渡中，信息产业逐渐占据主导和支配地位的过程。随着实践的发展，信息化研究的广度和深度不断扩展和深入，提出突破计算机化局限包括计算机化、通信现代化、网络技术现代化涵盖"三 C"（Computer, Communication, Control）的信息化；包括交换和传输的数字化、通信和网络管理服务"融合"（Convergence）等在内的"四 C"的信息化；以及包括信息环境、从有形信息产品向模拟信息产品转变过程的信息化等。尽管不同学科、不同部门对信息化所下定义有所不同，但是在基本支撑点上则取得越来越多的共识。

一是信息技术、信息产业在社会经济发展中的地位和作用不断增强。在信息化过程中，传统物质生产部门所占比重下降与信息部门所占比重上升互相变动，从事信息生产和服务的信息产业的价值得到确立和提升，成为独立和不可取代的产业，在社会经济发展中起到主导和决定的作用。信息产业创造的价值和财富与日俱增，这点只要看一看当今世界富豪排行榜，就十分清楚了。在《福布斯》杂志公布的 2006 年全球富豪排行榜中，美国微软公司创始人比尔·盖茨以 500 多亿美元蝉联首富，这已是他连续 12 次稳坐世界富豪第一把交椅；第二为美国投资家沃伦·巴菲特，其拥有 420 亿美元资产；第三为墨西哥电信业大亨拥有 300 亿美元资产的卡洛斯·斯利姆·埃卢，他将原居于第三位的印度钢铁大王拉克稀米·米塔尔挤到了第五位。2013 年《福布斯》杂志再次发布世界富豪榜，卡洛斯上升到第 1 位，盖茨下降到第 2 位，而巴菲特下降到第 4 位。历史发展到今天，发生了巨额财富由钢铁大王、汽车大王、石油大王等手中，向 IT 业、电信业等信息产业主宰者的转移，信息产业集中了越来越多的财富。信息化和与信息化相关的"土豪"地位显赫，彰显信息化"土豪""钱霸"是最主要的特征。

二是信息资源价值不断增值。信息化意味着在商品生产和劳务中物质财富消耗不断降低，信息劳动所占比例不断升高，信息市场规模不断扩大并成为整个市场经济中越来越重要的市场，最终导致信息资源价值的增值。信息化极大地缩短了时间、拉近了空间距离，一台互联网上的计算机，可将纽约、伦敦、东京、香港等金融市场指数变动一览无余，将某种产品期货报价尽收眼底，搜索到世界主要国家经济、科技、文化、社会发展的动态，从而为经济和社会发展提供各种必要的动态数据，信息资源升值当在情理之中。随着信息化向纵深推进，应用现代电子技术等手段开发利用信息资源，实现信息资源共享，提高社会的智能和潜力，已成为不可阻挡之势。

三是信息化迅速提升着工农业物质生产部门和服务业的效率和效益。信息化在推进信息产业快速发展的同时，用先进的信息技术武装工农业物质生产部门、服务业非物质生产部门、劳动和管理等国民经济和社会发展一切部门，从而使劳动生产率、社会工作效率和效益全面提高。与此相适应，经济增长转向主要依赖人的智力投资和人力资本积聚的增长，产业结构转变到与信息产业密切相关、低耗高效为主的产业上来，实现经济增长方式的根本性转变。

上述信息化给社会经济发展带来了一系列革命性变革，一个国家及其地区的发展，都不可能没有明确的与信息化、现代化相适应的战略。科教兴国就是这样的战略之一。早在民主革命胜利前夕，毛泽东同志在党的七届二中全会上的讲话中，便提出由落后的农业国变成先进的工业国的奋斗目标；其后在讲话和文章中，他又多次谈到要实现工业现代化、农业现代化、科学文化现代化、国防现代化。1964 年周恩来根据毛泽东建议，在第三届全国人民代表大会第一次会议上所作的《政府工作报告》中，郑重提出：在 20 世纪内，把中国建设成为一个具有现代农业、现代工业、现代国防和现代科学技术的社会主义强国，以及分"两步走"的设想。第一步，用 15 年时间，建立一个独立的、比较完整的工业体系和国民经济体系，使中国工业大体接近世界先进水平；第二步，力争在 20 世纪末，使中国工业走在世界前列，全面实现农业、工业、国防和科学技术的现代化。改革开放总设计师邓小平同志将其量化为，到 20 世纪末国民生产总值达到人均 1000 美元，实现"小康之家"水平。2012 年党的十八大报告指出，要促进工业化、信息化、城镇化、农业现代化同步发展，可视为"新四化"。不过笔者以为，现代化也应以人为核心，置于科学发展观指导之下，目前还应同转方式、调结构结合起来。这表明，科教兴国战略是目标和方式方法的统一，是基本的立国之道。

2. 提升人力资本时不我待

古时候，有一种称之为"抓周"的习俗。即在孩子一周岁的时候，桌子上摆满各种玩具和包括文具在内的生活用品，让孩子自己任意抓取，以此测试孩子的兴趣和志向。《红楼梦》第二回"贾夫人仙逝扬州城，冷子兴演说荣国府"就有这样一段：冷子兴与贾雨村谈论贾宝玉，雨村称宝玉"奇异"、"只怕这人的来历不小"；子兴冷笑道："万人都这么说，因而他祖母爱如珍宝。那周岁时，政老爷试他将来的志向，便将世上所有的东西，摆了无数叫他抓，谁知他一概不取，伸手只把些脂粉钗环抓来玩弄；那政老爷便不喜欢，说将来不过酒色之徒，因此不甚爱惜。"而宝玉呢？长到十来岁的时候，竟然说出："女儿是水做的骨头，男子是泥做的骨头，我见了女儿便觉清爽，见了男子便觉浊臭逼人。"① 宝玉生平表明，"抓周"真的应验了。此等"抓周"近似命运占卜性质，缺乏科学根据。然而也折射出某种思维，不妨稍事讨论一下。

其一，作为父亲的贾政，希望宝玉"抓周"抓到什么。宝玉抓到脂粉钗环他很恼火，认为将来一定会成为"酒色之徒"。那么他希望宝玉抓到什么、长大之后做什么呢？《红楼梦》其后的章节中做出描述，他希望宝玉抓到的是书籍、文具、官印一类的东西，指望像他一样继承家业，封妻荫子，使官宦世家得以延续下去。贾政的希望代表着那个时代做父母的普遍心愿，尽管具体的希望有大有小、不尽相同，但是共同的一点是望子成龙。直至今日，父母望子成龙心情之切也没有消

---

① 曹雪芹、高鹗：《红楼梦》，人民文学出版社 1972 年版，第 19 页。

退，非但没有消退，甚至还有增无减。从 20 世纪 80 年代提倡一对夫妇生育一个孩子、家庭拥有孩子数量收紧以后，独生子女"80 后"父母望子成龙变得突出。读书不惜任何成本和代价争进"重点班"、"实验班"、"奥数班"，公务员考试录取率几百分之一甚至上千分之一。除了时代不同、"成龙"的内涵不一样之外，就对子女的期望值而言，可以说有过之而无不及。

其二，贾政想通过什么样的教育，达到他所期望的目的。《红楼梦》第 19 回通过袭人与宝玉的一段对话，道出贾政教育原委。袭人对宝玉说："你真爱念书也罢，假爱也罢，只在老爷跟前，或在别人跟前，你别只管嘴里混批，只作出个爱读书的样儿来，也叫老爷少生点儿气，在人跟前也好说嘴。老爷心里想着：我家代代念书，只从有了你，不承望不但不爱念书——已经他心里又气又恼了——而且背前面后混批评。凡读书上进的人，你就起个外号儿，叫人'禄蠹'……这些话，你怎么怨得老爷不气，不时时刻刻的要打你呢？"① 这一席话，通过袭人之口讲出贾政的教育精要，随意而又十分贴切。宝玉不爱读书，袭人劝他至少不要在人前"混批"，给老爷留点儿面子、让老爷少生点儿气——说明贾政奉行的是"教好儿孙在读书"；读什么书呢？自然是圣贤之书。而宝玉却将读圣贤之

---

① 《红楼梦》，人民文学出版社 1972 年版，第 221～222 页。

书上进的人冠以"禄蠹",使得老爷生气,"时时刻刻的要打你",老爷信奉孔孟之道、遵从儒家经典、循规蹈矩读书做官昭然若揭。他希望以"书中自有黄金屋、书中自有颜如玉"激励宝玉,通过发奋读书,拿出"头悬梁,锥刺股"精神,达到一朝金榜题名、书香门第继世昌的目的。该"读书做官论"理应批判,因为读的书是封建礼教一套孔孟之道;所做的官,是欺压广大农民、维护封建皇权统治的官僚。但是也要辩证地看待,这一套教育范式毕竟给了读书人一条出路,一条走向社会上层参政的通道。虽然这条通道充满荆棘和污秽,科举考试弊病丛生,但是也不乏贫苦读书人金榜题名后成为体恤民情的清官,甚至成为诗人、词人、文学大家,数学、天文、地理、水利等方面的专家,以及著名工程设计者、建造者。所以,"抓周"有一定的积极意义,有些地方至今尚保留着这一习俗。

如果说"抓周"是古代最早启蒙教育的序幕,那么在当代,婴儿尚未出生就推行胎教了,可见今天人们对教育的高度重视。为什么人们对教育情有独钟?归根结底是因为教育在现今社会经济发展中,有着不可替代的地位和作用。笔者在前面阐述过的手工工具、机器工具、智力工具三个时代中,使时代向前发展、创造时代文明的驱动力不尽相同。手工工具时代的驱动力,主要来自自然资本,即自然界提供的自然资源价值。考察古代社会发展最快、最早展现古代文明的国家,均是气候、土地、河流等自然资源比较优越的国家。在西方,很早就有四大古代文明一说；在中国，1900 年梁启超在《二十世纪太平洋歌》中，提出中国、印度、埃及、罗马为四大古文明国家。后来人们做了一些修正，形成黄河—长江流域、印度河—恒河流域、尼罗河流域、底格里斯河—幼发拉底河流域四大文明。这些地区社会经济和文明发展形成较早，同自然资源—自然资本雄厚，特别是大河文化发展密切相关。到了 18 世纪产业革命发生后，社会经济和文明发展的驱动力转移到产出（生产）资本上来，欧洲、北美、日本以巨大工业产能和船坚炮利称霸于世。机器工具时代与手工工具时代不同，动力以化石能源为主，机械工具的复杂程度手工工具无法与之相比，要求科学技术大幅度提升，教育必须先行发展。第二次世界大战后，科学技术更是一日千里，当前已经拉开智力工具时代序幕，主要工业化国家纷纷抢占现代化高地，科学技术成为现代化和社会经济发展的主要驱动力，教育的基础地位和作用得以充分体现。归结为：实现现代化科技是关键，基础在教育，科教是立国和兴国之本。

践行科教兴国战略，不断增强人力资本积聚是保证。所谓人力资本，是指人的知识、技能、经验和健康所具有的价值。从历史进程角度观察，目前是我国增强人力资本积聚的最佳时期。就经济发展而论，2013 年中国 GDP 总量达到 568845 亿元，人均 41804.7 元。以人民币与美元之比 6.15∶1 计算，GDP 总量折合 92495.2 亿美元，有效地增强了作为第二大经济体的实力，形成同第一大经济体进一步接近的态势；人均 GDP 6797.5 美元，按世界银行标准，跨进中高收入门槛。在这种情况下，转变经济发展方式、调整经济结构要求更为强烈，也有了进行的可能。而转方式、调结构根本的立足点，是要提高劳动生产率，提高企业的技术构成，归结为提高人力资本上来。

就人口结构变动而论，2030 年以前经历和即将经历的"后黄金时代"，为人力资本提升提供了两个方面的有利条件：

一是劳动年龄人口占比和绝对数量的下降和减少，使人口以质量换数量战略具备了得以实施的条件。前已叙及，我国经济经过改革开放 35 年来的高速增长，1979～2012 年年平均增长 9.8%；但是，如此之高的增长速度不可能再长期继续下去，未来将进入经济中速增长时期。笔者预测，2015～2030年，GDP 年平均增长率保持在 5%～7% 亦属不低。按此增长率计算，2030 年 GDP 总量可达 1303803 亿～1796876 亿元，即增长 1.3～2.2 倍。显然，要达到未来较长时间国民经济 5%～7% 的持续增长目标，在劳动年龄人口占比和绝对数量双双下降的情况下，只能求助于劳动生产率的不断提升，走依靠科技进步和人力资本积聚增强的发展道路。关于劳动年龄人口占比和绝对数量"双降"情况，参见图 1。[1]

———————

① 《中国统计年鉴 2013》，中国统计出版社 2013 年版，第 97 页；田雪原等：《21世纪中国人口发展战略研究》，社会科学文献出版社 2007 年版，第 451 页。

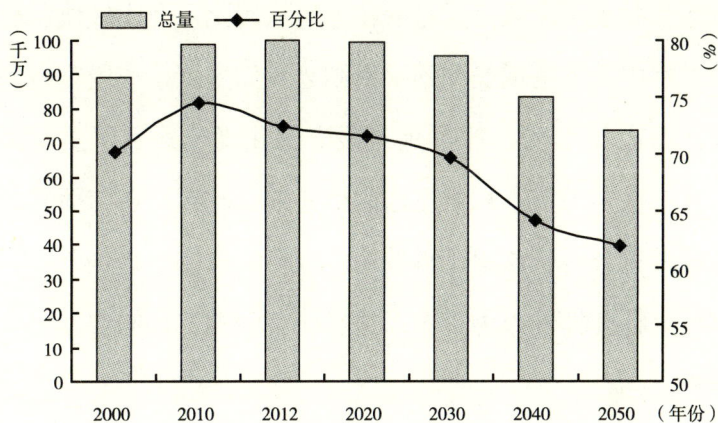

图1　2000～2050年15-64岁劳动年龄人口变动预测

图1显示，2010年15～64岁劳动年龄人口占总体人口的比例为74.5%，达到峰值。之后呈逐步下降趋势，2030年可下降至67.4%，降低7.1个百分点，年平均降低0.36个百分点。劳动年龄人口绝对数量于2012年达到10.04亿峰值，之后转而减少，2030年可减至9.88亿，不到20年减少1600万，年平均减少近90万。劳动年龄人口占比下降、绝对数量减少，意味着劳动力供给的下降和减少，从而腾出较大的空间，需要以提高劳动者素质和劳动生产率来弥补填充，因而形成劳动年龄人口以质量换数量的格局，为人力资本积聚的增强提供广阔空间。

二是老少被抚养人口从属变动差异较大，基本劳动供给较有保证。我国人口年龄结构老龄化具有速度比较快、累进增长和城乡、地区分布不平衡的特点，总体上老年从属比上升比较快、达到的水平比较高。然而在老年从属比上升比较快和比较高的过程中，累进增长和不平衡则为我们提供了一段难得的机遇期。即在21世纪上半叶前半段老龄化尚未达到严重阶段以前，为加快人力资本积聚提供的机遇期。此点，在前面老龄化部分曾做过分析，这里不再赘述。少年人口变动趋势怎样，有没有给大幅度提升人力资本以适当的空间呢？这需要做出具体的分析。

受现有人口年龄结构，主要是育龄妇女年龄结构变动影响；同时党的十八届三中全会做出《决定》后，也必然受启动实施一方为独生子女父母可以生育两个孩子政策影响，预测2020年以前生育率、出生率会有一定程度的反弹。与此相适应，少年人口占比将先升后降、继而呈震荡徘徊走势。预测表明，0~14岁少年人口绝对数量，可由2012年的22287万增长到2020年的27391万，增加5104万，增长22.9%，年平均增长2.61%。同期总体人口可由135404万增长到144427万，增长6.66%，年平均增长0.81%。二者比较，少年人口增长率高于总体人口增长率1.80个百分点。然而此后，少年人口绝对数量却经历2020~2040年持续缓慢减少过程，2040年将减少到21980万，比2020年减少5411万，大致与目前水平相当。在此期间，0~14岁少年人口占比，可由2012年的占16.5%提升至2020年的占18.97%，升高2.47个百分点，年平均升高0.31个百分点。其后缓慢下降，2040年可下降到占15.15%，比 2020 年降低 3.82 个百分点，年平均降低 0.19 个百分点。
2040～2050 年无论少年人口绝对数量还是占总体人口比例，均
变动不大：2050 年绝对数量略增加到 22068 万，仅比 2040 年增
加 88 万；占总体人口比例 2050 年略提升至 15.74%，仅比 2040
年升高 0.59 个百分点（见图 2）。①

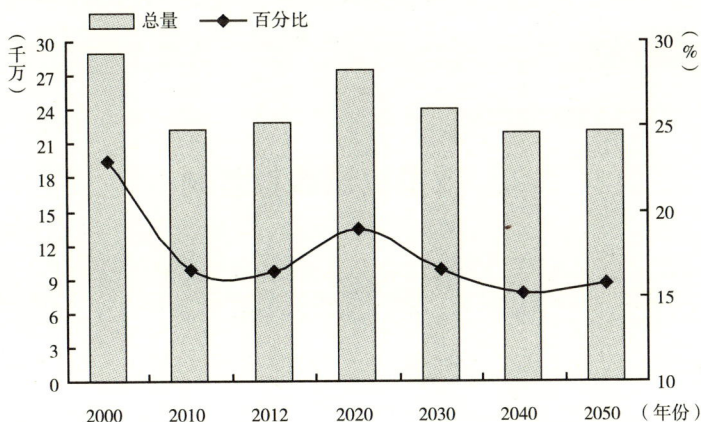

图 2　2000～2050 年 0～14 岁少年人口变动预测

　　无论实施人口的"以质量换数量"战略，还是在"后黄
金时代"寻求基本劳动供给较有保证的机遇期，都以 21 世纪
上半叶前期最为有利。步入 21 世纪中期以后，劳动年龄人口
数量减少和占比下降加速，老年从属比上升到较高水平，立
足人口视角，人力资本积聚远不如前期。立足经济发展视角，

①　《中国统计年鉴 2013》，中国统计出版社 2013 年版，第 97 页；田雪原等：《21
世纪中国人口发展战略研究》，社会科学文献出版社，第 451～452 页。

转方式、调结构早在 20 世纪便提了出来，并且也做出相当大的努力；但是转不动、调不了，收效甚微。《决定》的发布，表达了全党全国人民企盼改革的强烈愿望，是改革再次扬帆起航的标志，实现中华民族伟大复兴中国梦的决心。可谓天时、地利、人和三条件齐备，我们必须不失时机地举起科教兴国的旗帜，大力提高人口科学教育素质，不断增强人力资本积聚的能力。

二　改革应试教育体制

笔者在社会调查中，曾经问过多个老师和学生：在教学师生互动中，什么样的教师和学生才是最优秀的？一些教师答道，课备得好、上课讲得好、作业留得好、所教学生成绩好。学生回答道，认真听课好、作业完成好、考试成绩好。不错，在现实教学中，能够做到这几好就是比较优秀的了；然而这些是在什么样的框架下的"好"呢？是在教师和学生井水不犯河水、教师与学生泾渭分明框架下"好"的答案。如果打破这种框架，从师生互动角度寻求最佳答案是什么呢？笔者以为，能够带领学生一起走进科学、智库的教师，是最优秀的教师；能够跟随教师一起探索科学来龙去脉、用学来知识解释现实的学生，是最优秀的学生。这个看起来简单的问题，其实与"钱学森之问"大有关系，与现行应试教育体制机制大有关系。

1. 改革教育方针

教育方针是发展教育事业所要遵循的指导思想和原则，因而是教育体制形成的灵魂，是教育改革首先要弄清楚的问题。事实上，不管人们是否意识到，任何时代、任何国家都有着自己一定的教育方针。这个方针既要建立在一定的社会经济基础之上，也要同该社会意识、思想、传统、文化等融合在一起。特别同文化的关系更为紧密，人们常常把二者放在一起，统称为"文体教育"、"文化水平"。不讲广义，也不讲狭义，就一般意识形态意义上的文化而言，当今世界存在三大主流文化：西方自由主义文化、儒家文化和伊斯兰文化。由于伊斯兰文化介于西方文化与儒家文化之间，还带有明显宗教的色彩，教育方针也有自己的特殊性，故本书不多加赘述。这里仅就与西方文化、儒家文化密切相关的教育和教育方针，略作一些比较分析。

以美国为代表，包括欧、美、澳等主要发达经济体的西方文化，推崇抽象的自由、平等、博爱，其教育也推行与之相适应的方针。一般情况下，课程设置、教师聘任、招生考试等，均由学校自主决定；公立、私立各类学校自由发展；各种学说、学派、思想并存，在市场规则下运行和获取发展的机会。在这样的教育方针指导下，总体上形成社会办学校格局，通过自由竞争、优胜劣汰体制机制，推动教育事业发展。

儒家文化和教育与之不同。儒家文化是以孔子儒家学说为支柱，注重传统伦理关系的文化。从形式逻辑角度观察，如果说西方文化是从小到大的文化，强调群体由个体组成，群体要以个体的存在和发展为前提，是以小为主、小决定大的文化的话，那么儒家文化则是从大到小的文化，从传统的君臣父子、男尊女卑，到现代先国后家、先集体后个人一套明文规定，或者虽无明文规定但已形成这样的潜规则，强调的是小要服从大的大一统文化。举一个日常生活中的例子，说明这个情况。笔者的一个孩子在美国加州大学洛杉矶分校读书，笔者从北京给他写信，笔者的名、姓连同地址写在信封左上角。他的名、姓和地址写在信封中央，注意书写的顺序是：第一行写抬头（女士/先生）、名、姓；第二行以下写收信人地址。也要注意：先写系、学院，再写学校；地址先写门牌号、街道，再写收信人所在的城市、邮政编码；最后写美国。整个一个由小到大：由名到姓，由院系到学校，由街道到城市、国家。往国内写信就不同了：先写寄往中国，后写所寄的省（自治区、直辖市），再写区、街道、门牌号码，最后写收信人姓和名。整个一个由大到小。这种从微观到宏观和从宏观到微观的思维定势，反映了两种文化的本质差别，也有人称之为西方文化为微观文化，儒家文化为宏观文化。

儒家文化浸润到教育中来，表现为"学而优则仕"、"劳心者治人，劳力者治于人"的教育理念和方针。毫无疑问，这样的教育理念和方针，着眼点在于培养封建统治阶级需要的人才。以清朝为例，所学内容主要为四书五经一类儒学经典，后乾隆皇帝指定方苞编撰八股文《钦定四书文》作为教材；通过童试初步考试取得秀才资格后，进行乡试、会试、殿试三级正式考试，层层考取举人、贡士、进士，有的要经过复试；最后按考取的功名高低，分配相应的官位走马上任做官。师生关系唯师命必从，"为师一日，则终身为父"。在这样的教育方针和体制下培养出来的人，只能一小部分人进入社会上层，成为封建统治者中的一员；绝大多数仍然留在农村从事农耕终生，只能寄希望于下一代重走读书、赶考、做官的老路。而绝大多数人还是被排斥在外，再进行下下一轮的循环。这一套科举制度维系了上千年，到了晚清走到了尽头，终于在1905年退出历史舞台。

1949年中华人民共和国成立，揭开中国教育发展史新的一页，新的教育方针也就此诞生。怎样评价新中国教育方针和教育改革，笔者以为，最重要的是弄清"为什么人、走什么路、培养什么样的人"三个基本问题。只有弄清楚这三个基本问题，才能客观地评价65年来教育方针的演变，才能为深化改革找到正确的方向和思路。

什么是教育？教育是一个复合词，由教和育组合起来构成。教是讲授、传授，有使、令的意思；育是生长、发育、培育，有承受使、令的含义。二者组合到一起，教育的内涵主要取讲授、传授、生长、培育之义。外延以学校教育为主，可视为狭义教育；广义教育涉及不同规模、不同类型的社会教育和家庭教育。然而，无论狭义教育还是广义教育，都离不开"为什么人、走什么路、培养什么样的人"三个基本问题。教育方针就是根据不同时期国家对教育的具体要求，对这三个基本问题做出的阐释，并且尽可能浓缩为简明的抽象概括。站在这样的立场审视新中国成立 65 年来的教育方针，一个基本的认识是：1957 年毛泽东同志在《关于正确处理人民内部矛盾的问题》中提出和阐述的教育方针是基础。不同历史时期依据党的工作重心转移所做的修改，是对这一基础和基本方针的修正和补充。

毛泽东同志在领导中国革命和建设中，对文化、教育格外重视。早在 1934 年第二次全国苏维埃代表大会所作的报告中，就提出苏维埃文化教育的总方针："在于以共产主义的精神来教育广大的劳苦民众，在于使文化教育为革命战争与阶级斗争服务，在于使教育与劳动联系起来。"① 革命胜利后，1957 年他明确提出："我们的教育方针，应该使受教育者在德育、智育、体育几方面都得到发展，成为有社会主义觉悟的有文化的劳动者。"② 可以说，毛泽东同志的这段话是我国教育方针的奠基之笔、定弦之

---

① 参见中共中央文献研究室编《毛泽东著作专题摘编》，中央文献出版社 2003 年版，第 1631 页。

② 参见中共中央文献研究室编《毛泽东著作专题简编》，中央文献出版社 2003 年版，第 1633 页。

音，其深远影响一直持续至今。虽然这段话文字很短，又是对受教育者说的，但是通过对受教育者提出的要求，渗透了教育和教育者的指导思想和原则，实际上回答了教育的三个基本问题。要想"有社会主义觉悟"，教育就必须以共产主义精神施教，解决为什么人、为谁服务的问题；要想造就"有文化的劳动者"，就必须一反过去"学而优则仕"这一千古不变的教条，强调教育同实践联系起来，走教育与生产劳动相结合的道路；而使受教育者在德育、智育、体育几方面都得到发展，表明教育的目标是培养全面发展的新人，解决了培养什么样的人的问题。沿着这一教育方针，1961 年在《教育部直属高等学校暂行工作条例（草案）》（高教六十条）中，将其修改和完善为：教育必须为无产阶级政治服务，必须同生产劳动相结合，使受教育者在德育、智育、体育几方面都得到发展，成为有社会主义觉悟的有文化的劳动者。这里，走什么路、培养什么样的人，同 1957 年毛泽东提出的教育方针相一致，没有什么不同；最大的不同在于"两个必须"：必须为无产阶级政治服务、必须同生产劳动相结合，更鲜明地将为什么人的问题落实在"两个必须"上。

然而由于历史的原因，在一次次极"左"思潮泛滥下，教育界成为重灾区。批"白专道路"、反右派斗争，直至史无前例的"文化大革命"，将"突出政治"、"阶级斗争"极端化，最后演变为"白卷先生"推倒考试制度，甚至"知识越多越反动", 全国高校工农兵大学生化, 党的教育方针遭到严重破坏和摧残。党的十一届三中全会恢复了实事求是的思想路线, 确立了以经济建设为中心, 进入了改革开放新的历史时期。教育事业也同党和国家工作重心转移、改革开放相适应, 教育方针增添了新的内容。改革开放总设计师邓小平提出: 教育要面向现代化, 面向世界, 面向未来。"三个面向"给教育方针带来新的活力, 并写入1985年的《中共中央关于教育体制改革的决定》。该决定提出: 教育必须为社会主义建设服务, 社会主义建设必须依靠教育, 实现由原来"教育为无产阶级政治服务"向"教育必须为社会主义建设服务"的转变, 与改革开放、现代化建设融合在一起。其后, 在国民经济和社会发展十年规划和"八五"计划、《中国教育改革和发展纲要》、《中华人民共和国教育法》、《中共中央国务院关于深化教育改革全面推进素质教育的决定》等文献中, 人才培养加进"美"、目标加进"接班人", 演变为坚持教育为社会主义现代化建设服务、为人民服务, 坚持教育与社会实践相结合, 以提高国民素质为根本宗旨, 以培养学生的创新精神和实践能力为重点, 努力造就有理想、有道德、有文化、有纪律, 德育、智育、体育、美育等全面发展的社会主义事业建设者和接班人。增加了教育为人民服务、教育与社会实践相结合的内容, 是新历史条件下的与时俱进。党的十七大报告提出: 要全面贯彻党的教育方针, 坚持育人为本、德育为先，实施素质教育，提高教育现代化水平，培养德智体美全面发展的社会主义建设者和接班人。

党的十八届三中全会通过的《决定》，对现阶段的教育方针做出新的阐述。指出："全面贯彻党的教育方针，坚持立德树人，加强社会主义核心价值体系教育，完善中华优秀传统文化教育，形成爱学习、爱劳动、爱祖国活动的有效形式和长效机制，增强学生社会责任感、创新精神、实践能力。强化体育课和课外锻炼、促进青少年身心健康、体魄强健。改进美育教学，提高学生审美和人文素养。"不难看出，《决定》对教育方针做出具有创新意义的阐发。将"立德树人"提到首位，具有纲举目张性质，包含"为什么人、走什么路、培养什么样的人"的全方位意义。对立什么样的"德"、树什么样的"人"，后面做出具体阐释；这里的"立德树人"，主要还在阐述"为什么人"的宗旨。接下来将"走什么路"与"培养什么样的人"联系起来，通过完善社会主义核心价值体系、中华优秀传统文化"两个教育"，形成爱学习、爱劳动、爱祖国活动的有效形式和长效机制，增强学生的社会责任感、创新精神、实践能力；通过强化体育课和课外锻炼，促进青少年身心健康、体魄强健；通过改进美育教学，提高学生审美和人文素养。即将德、智、体、美培养目标和培养手段整合到一起，提出全面发展目标要求，从中引出改革的方向。

2. 改革应试教育体制

教育方针不断修正、与时俱进，但是深入民众特别是深入到广大师生的程度，却不尽如人意。笔者记得，1961 年北大在贯彻高教六十条时，大膳厅外面东墙上就挂着两条醒目的大标语：教育为无产阶级政治服务，教育与生产劳动相结合；横着的一条是：德育智育体育全面发展。而在当今现实生活中，包括高校老师、同学在内，能够说出教育方针的人不能说凤毛麟角，但确实为数不多，而且回答也不够完全。什么原因呢？需要探讨一番。笔者以为，一方面对教育方针提炼和概括不够，阐释和宣传不够，不那么深入人心，没有在广大师生和民众中间扎下根来。另一方面，教育方针在教学和教育事业发展中贯彻和体现不够，存在不同程度的脱节现象。这就不能不联系到我们的教育体制机制是否同教育方针协调一致，需要对不够协调的体制机制进行改革。不过本书不谈全面的教育改革，主要就应试教育特别是以高考为轴心的应试教育改革，进行讨论并提出改革的取向和思路。

（1）总结改革的历史经验。大、中、小学校大大小小的招生考试改革，进行过多次。具有全局性、影响最大的改革，主要有两次。一次是 1977 年恢复高考，另一次是 1999 年高校扩大招生。下面分别做出阐发。

1977 年恢复高考。恢复由于"文化大革命"而中断十年的高考制度，面向应届高中毕业生以及上山下乡和回乡知识青年、复员军人、干部、工人、农民，以统一考试、择优录取的方式选拔人才上大学，重新树立起尊重知识、尊重人才的旗帜，是教育战线拨乱反正、正本清源的一次成功的杰作，意义深远。它将"文化大革命"中被搞得四分五裂的教育体系重新整合起来，将七零八落的教授、教师和干部、职工重新组合起来，将失落多年的教材、教具、实验室重新编制和修整起来，科教兴国才得以再度起航。如今将近37年过去，正是在恢复高考的路上前行，才源源不断地造就数以亿计的各行各业需要的人才，人力资源大国的优势才得以发挥。统计数据显示，20世纪80年代每年招生的大学本科和专科生为28.1万~60.9万人，90年代为60.9万~220.6万人，21世纪前10年为220.6万~661.8万人，2010~2012年为661.8万~688.8万人；1980年与2012年比较，招生人数增长23.5倍。大学本科毕业生，20世纪80年代每年在14.7万~61.4万人，90年代达到61.4万~95.0万人，21世纪前10年达到95.0万~575.4万人，2010~2012年达到575.4万~624.7万人；1980年与2012年比较，大学本科毕业人数增长41.5倍。同期研究生招生增长162.1倍，毕业生增长1021.0倍。出国留学人员增长187.1倍，学成回国留学人员增长1683.6倍。[1] 正是这些数、

---

① 《中国统计年鉴2013》，中国统计出版社2013年版，第684~685页。

物、化、生、地等理科人才，文、史、哲、经、法等社会科学人才，工、农、医、水、林等工程技术人才的大量涌现和不间断地增量供给，才支持了信息化、工业化、城市化和农业现代化的蓬勃发展，自然科学和社会科学的创新式发展。

我们在肯定恢复高考的重要意义的同时，同其他任何事物一样，也要注意其可能带来的某种负面影响。最主要的是，恢复高考重新点燃了人们通过考试达到子女成龙成凤目的的热情，由此发展到应试教育的极致，带来了极大的负面影响。这还有着人口方面的原因。恢复高考不久，1980 年党中央正式发出提倡一对夫妇生育一个孩子的号召。由于家庭生育子女数量缩小到一个孩子，父母望子成龙的希望也只能寄托在唯一的一个孩子身上，便千方百计地寻找"成龙"的途径。于是从上幼儿园起，便不计成本地进行择优选择。在北京，一些家长不惜重金往蓝天、北海等知名幼儿园里挤；初中、高中更是要挤进北大附中、人大附中、四中、八中等重点中学；还要拼命挤进重点班、奥数班、实验班，以便下一步考取北大、清华等一流名牌高校。久而久之，形成以考进一流名牌大学为宗旨的应试教育范式。

教育改革的另一项大动作，是发源于 1999 年的高校扩大招生。前面提到的大学、研究生招生和毕业人数的海量增长，与扩大招生直接相关。考察国内外高等教育发展的历史，像中国扩招以来如此飞速般的高等教育发展实属罕见。2000～2012年，普通高校由 1041 所增加到 2442 所，增长 1.35 倍，年平均增长 7.36%；专任教师由 46.3 万增加到 144.0 万，增长 2.11 倍，年平均增长 9.92%；在校学生由 556.1 万增加到 2391.3 万，增长 3.3 倍，年平均增长 12.92%。[①] 高校如此大规模扩招，大大提高了高中生升学率。1978 年大学普通本专科招生 40.2 万，普通高中毕业生 682.7 万，大学招生：高中毕业生 = 40.2 : 682.7 = 1.00 : 16.98；2000 年这个比率增大到 220.6 : 301.5 = 1.00 : 1.37；2012 年进一步增大到 688.8 : 791.5 = 1.00 : 1.15。[②] 亦即高中毕业生考入大学的升学率，由 1978 年的 5.89%，提高到 2000 年的 73.17%，2012 年的 87.02%。[③] 需要说明的是，大学招生人数中包括小部分非高中毕业生社会人口，因而实际高中毕业生考入大学占比可能要低一些；但是这部分社会高考人口数量十分有限，高中毕业生还是占总体考试人口的 95% 以上。大学招生占高中毕业生之比的迅速提高，反映了扩招大大提高了高中毕业生升学率的实际。如今，人们已经不再为考不上大学发愁，发愁的是能不能考上一流名牌大学、重点大学。此外，大学扩招刺激了教育投资大幅度增长，目前终于达到中长期教育发展规划占 GDP 4% 的目标，有效地推动了经济的增长。扩招拉长了劳动年龄人口

---

① 《中国统计年鉴 2013》，中国统计出版社 2013 年版，第 683~685 页。

② 《中国统计年鉴 2013》，中国统计出版社 2013 年版，第 684~685 页。

③ 依据《中国统计年鉴 2013》第 683~685 页数据计算。

受教育的时间，推迟了成为经济活动人口的年龄，从而减轻了因劳动年龄人口激增而带来的就业压力。最具长远意义的是，提高了总体人口的教育素质。以第二次（1964 年）、第四次（1990 年）、第六次（2010 年）人口普查为例，每 10 人中受大专以上教育人口占比，由 0.42% 提升到 1.42% 、8.93%；高中和中专由 1.32% 提升到 8.04% 、14.03%；初中由 4.68% 提升到 23.34% 、38.79%；小学由 28.33% 提升到 37.06%，2010 年下降到 26.78%，主要是 0～14 岁的少年人口减少 6753 万、占总人口比例下降 6.3 个百分点所致。相反的情况，则是文盲、半文盲人口的迅速减少。上述 1964 年、1990 年、2010 年三次人口普查，文盲、半文盲人口由 23360.58 万，减少到 18018.88 万、5470.08 万；占总体人口比例由 33.63% 下降到 15.89% 、4.08%。① 总起来看，1964 年与 2010 年人口普查比较，大专以上人口占比提升 8.51 个百分点，高中和中专提升 12.71 个百分点，初中提升 34.11 个百分点；小学下降 1.55 个百分点，文盲、半文盲下降 29.55 个百分点。2012 年"六普"受初中以上教育人口所占比例已达 61.75%；如果去除分母中学龄前人口和老年超高龄人口，这个比例还要高出许多。近两三年来这个比例还在提升，劳动年龄人口受教育水平已经普遍达到初中以上，其中大专以上占比提升更为迅速。这说明，扩招

---

① 《中国统计年鉴 2013》，中国统计出版社 2013 年版，第 95、101、683～685 页。

在推动大众化教育过程中，发挥了相当大的威力和作用。

然而扩招也带来一系列问题，集中在三个问题上。一是招生规模超过学校承载能力，导致不同程度的教学质量下降问题。一些学校一下子扩招几百、几千学生，师资力量不足、教室和实验室不足、学生宿舍和食堂等生活设施不足矛盾凸显。统计显示，1993年普通高校学生与教师之比为8.00（教师＝1），扩招前1998年提高到11.62；1999年扩招开始至2002年，每年以2个百分点左右提升，2002年升至19.00。与1993年比较，9年提高137.5%。值得注意的是，其间教师数量也在以比较快的速度增长，只是增长的速率要慢于扩招学生增长的速度。扩招主要是扩大招生学生，同时也在扩招教师；然而扩招学生生源雄厚，扩招教师就捉襟见肘了，社会上并没有相应的教师储备。学校师资力量、教室和实验室、学生宿舍和食堂等生活设施"三个不足"结合起来、相互影响，直接导致教学质量的下降，彰显扩招的一大缺陷。

二是扩招形成的后续效应，造成大学生就业难的社会问题。目前普通高校学制在四年左右，1999年扩招学生一般在2003年毕业，大学生就业难立即显现出来。1999年大学毕业生为84.8万，2003年增加到187.7万，4年时间增长1.2倍。更为棘手的是，其后呈累进式的增长，2005年突破300万，2008年突破500万，目前已突破700万。这在劳动年龄人口占比和绝对数量越过峰值的情况下，大学毕业生供给却呈爆发式增长，不能不是一个难题。难在哪里？难就难在一是数量巨大，成为新增就业人口主体；二是受过高等教育就业群体，所受教育同现实经济发展水平、经济结构需求不相适应，供给与需求矛盾突出。这是大学生就业难的实质所在，即结构性就业矛盾造成的失业问题。扩招后续效应引发的大学生就业难，供给与需求之间出现新的不平衡，必然影响大学生就业后的工资率。工资率下降，又会反过来影响人们接受高等教育的积极性，成为一种消极因素。治本之策，需要到高校教育体制、就业和产业结构调整中去寻找。

三是学校建设耗资过大，债务沉重难以偿还问题。扩招造成学生与教师、师生员工与教学楼、实验室、宿舍、食堂、图书馆、运动场、浴室等的比例失调，解决之策，首先想到的是圈地盖楼，搞土木基本建设。土地从何而来？幸好理由充分，为了满足扩招需要，征地名正言顺。钱从何来？除政府财政拨款、国内外名人和企业赞助外，主渠道是向银行贷款。结果扩招 10 年，全国高校借贷超过 2000 亿元，背起沉重的债务负担。笔者曾经问过当时的高校校长，怎样归还所借贷款？想不到他们并不着急。有的说：依靠扩招慢慢还，这是学校自己能够做到的唯一办法。继续扩招，学生多了、收入多了，偿还也就多了。然而大凡大规模举债大兴土木的学校，越到后来依靠扩招取得的收入减少越快，每年能够偿还相应的利息就是佼佼者了，要想还清十几亿、几十亿元的贷款，只能是一种奢望。一些学校贪大求洋，圈占土地面积过大，学校基本建设又遇到资金链断裂，造成土地资源大量闲置和浪费。年复一年地扩大招生，原本失调的比例关系有增无减，使提高教学质量的计划无法兑现。高校扩招带来的包括债务等一系列问题，恐怕只能一年一年地拖欠下去，教育改革也必须为此寻找解决之策。

（2）改革应试教育体制。《决定》用了较长一段文字阐述教育改革的方针、方向、思路、重点和政策。教育方针改革，已如前述；对于教育体制机制改革，《决定》指出："大力促进教育公平、健全家庭经济困难学生资助体系，构建利用信息化手段扩大优质教育资源覆盖面的有效机制，逐步缩小区域、城乡、校际差距。统筹城乡义务教育资源均衡配置，实行公办学校标准化建设和校长教师交流轮岗，不设重点学校重点班，破解择校难题，标本兼治减轻学生课业负担。加快现代职业教育体系建设，深化产教融合、校企合作，培养高素质劳动者和技能型人才。创新高校人才培养机制，促进高校办出特色争创一流。推进学前教育、特殊教育、继续教育改革发展。"① 这段文字为重启教育体制机制改革指明了方向，应当按照这样的精神和思路推进和展开。

---

① 参见《中共中央关于全面深化改革若干重大问题的决定》，载《改革开放以来历届三中全会文件汇编》，第207页。

就改革应试教育机制而言，《决定》则明确指出："推进考试招生制度改革，探索招生和考试相对分离、学生考试多次选择、学校依法自主招生、专业机构组织实施、政府宏观管理、社会参与监督的运行机制，从根本上解决一考定终身的弊端。"① 这里最重要的，是要改革"一考定终身的弊端"。前已叙及，恢复高考37年来成绩巨大、功不可没；但是弊端也逐渐显露出来、积累起来，主要是应试教育的弊端。当今学校里，无论教师还是学生都很忙；忙什么呢？教师自然忙于教学，而教学质量高低，主要看学生的考试成绩，特别是升学率、考入重点学校的比例。学生自然忙于学习，而衡量学生学习质量的主要标准，甚至是唯一的标准就是考试成绩，尤其是体现考试成绩的升学率、考上重点学校的比例。一句话，广大师生主要为考试而忙，为升学特别是升入重点学校而忙。学校党委书记、校长等领导和管理人员，也都围绕不同类型的考试这个"中心"而忙碌。结果学生学习和背诵书本上的知识有所进步，考试成绩可能不错，升学率、考入重点学校比例也可能不错；但是动脑和动手解决实际问题的能力、应变和灵活运用的能力、创新思维和创造能力不足，甚至严重不足。笔者以为，这就是本书前面提到的中外学生比较，书本知识和应对能

---

① 参见《中共中央关于全面深化改革若干重大问题的决定》，载《改革开放以来历届三中全会文件汇编》，第207页。

力有长有短的根源所在，也是为什么我们的学校培养不出优秀的学生"钱学森之问"的答案。试想，仅仅学习书本上的知识，更不消说这种学习还是很大程度上的灌输式学习，考试成绩分数再高有多大价值、多大意义呢？更为严重的是，以这样的模式"一考定终身"，怎能提升人口素质和适应现代化发展的需要呢?! 因此，应试教育非改不可。改革的取向，应从推进考试招生制度改革入手。对此，《决定》给出探索招生和考试相对分离、学生考试多次选择、学校依法自主招生三条途径，专业机构组织实施、政府宏观管理、社会参与监督的三种运行机制。《决定》还具体指出"义务教育免试就近入学，试行学区制和九年一贯对口招生。推行初高中学业水平考试和综合素质评价。加快推进职业院校分类招考或注册入学。逐步推行普通高校基于统一高考和高中学业水平考试成绩的综合评价多元录取机制改革。探索全国统考减少科目、不分文理科、外语等科目社会化考试一年多考。试行普通高校、高职院校、成人高校之间学分转换，拓宽终身学习通道"。① 沿着"三条途径"，运用"三种运行机制"，推进义务教育就近免试入学、中学学业水平考试和综合素质评价、职业院校分类招考或注册入学、普通高校基于统一高考和高中学业水平考试成绩综合评

---

① 参见《中共中央关于全面深化改革若干重大问题的决定》，载《改革开放以来历届三中全会文件汇编》，第 207～208 页。

价多元录取机制改革，以及探索全国统考减少科目和不分文理科、校际之间学分转换、拓宽终身学习通道等，已将以高考为主的应试教育体制机制，目标和要求具体呈现出来，可谓方向已经指明，道路已经开通，剩下的就看改革的实践了。

推进应试教育体制机制改革，要深入学习和大力宣传立德树人教育方针。要树立以人为本的教育理念，明确发展教育归根结底是为了满足全体国民全面发展的需要，包括生理、心理、交往和文化的需要；推动经济发展和社会进步主要依靠人力资本，发展教育是增强人力资本积聚主要的手段；建设资源节约型、环境友好型社会，主要依靠科技进步，而科技进步的基础在教育。十年树木、百年树人。立德树人突出素质教育不是一时之计，而是百年大计、千年大计，是建设社会主义现代化强国的需要，实现中华民族伟大复兴中国梦的根基。包括升学在内的各种考试，是测量所学知识的检测器。这种检测考试是必要的，通过考试检验学生是否掌握了所学知识，便于按部就班地推进下一阶段的学习。如果没有掌握，就要进行补课，因为知识和学习具有循序渐进性质，后一阶段的学习要建立在前一阶段学习的基础之上。但是不能把检测手段当做目的本身，应当坚定不移地把立足点转移到素质教育、提高人的技能上来。以便为国家培养出不同层面的精英、人才和普通劳动者，支持和推动各项事业不断向前发展。

改革应试教育体制机制，需要借鉴国际社会有益的经验。

如美国，杜威（John Dewey）向德国教育学家赫尔巴特（Johann Friedrich Herbart）挑战，提出教改以教师为中心、教材为中心、课堂为中心的"三中心"理论；为了争夺空间技术领先权，制定了《1958年国防教育法》，授权美国联邦政府使用财政拨款援助教育事业，以期培养出高素质的人才满足国防发展需要。又如日本，从明治维新开始进行教育改革，其后在第二次世界大战结束后和进入20世纪90年代以后，又分别进行两次大的教育改革。三次教改使日本教育发展迈出三大步，支持战后经济步入"黄金时代"三四十年。再如韩国，始终将教育立国视为政府的发展战略。将教育放在优先位置发展，引入现代学校制度，倡导教育公平、机会均等并将此作为普及基础教育的目标。多次教学改革有效地提升了国民教育素质，支持了国民经济的快速增长和社会的稳定。

这些国家进行教育改革，至少有两点经验可供参考、借鉴。一是坚持以素质教育为主。它们在重视课堂教学的同时，尤其注重教学质量特别是培养学生独立思考、独立应对能力的提升。我们改革应试教育体制机制，就要抛弃"以考试论英雄"、"以升学率论英雄"、"以考取重点学校论英雄"的衡量标准和教育理念，真真正正将素质教育、提升人的智能和体能摆到优先位置，提到立德树人的实质上来。二是处理好政府与学校、集中与分散的关系。它们的教育改革，政府主导色彩还是比较明显的；但是政府与学校、统一与分散的关系却处理得比较好，充分展示以学校为主体的特征。我们改革应试教育体制机制，一方面要发挥政府的作用，明确政府的职责，主要是制定相关的法律法规、规划设计、组织实施、管理监督、提供服务等。为此，就要在教育体制改革中实现政府职能的相应转变，从应该退出的领域退出。另一方面要发挥学校的法人主体作用，扩大学校的办学自主权和应由学校决定的招生考试自主权。明确学校的权利和义务，在招生考试、专业设置、教师聘任、职称评定、经费使用等方面，使其真正成为自主办学的法人实体。

三 "应试"式科技体制改革

党的十八届三中全会通过的《决定》提出建设国家科学技术创新体系任务。完成这项任务，需要进行一系列科技体制机制改革。本书主要立足于科学研究管理视角，对以"应试"式为主的科技体制做出分析，提出改革的取向和思路。

1. "应试"式科技管理必须改革

目前包括管理在内的科技体制机制，存在同应试教育相类似的情况，形成"应试"式的一套管理体制机制。这种体制机制阻碍了科研和技术的不断进步，不破除就难以完成建设国家科学技术新体系的任务。

（1）历史的回顾。众所周知，中华民族是勤劳、勇敢、智慧的伟大民族。指南针、火药、印刷术、造纸"四大发明"曾对人类的文明进步做出过杰出的贡献，孔子学说影响深远，孙子、祖冲之、张衡、李时珍等自然科学家和社会科学家也都可以彪炳千古。然而到了近代我们却大大落后了，当蒸汽机、纺纱机出现并带动工业革命如火如荼展开的时候，我们却停留在手推磨、手摇纺车时代；当帝国主义列强用坚船利炮轰开清朝政府闭关锁国的大门、疯狂侵略屠杀国人的时候，我们却用长枪大刀对阵洋枪洋炮。当西方为培养工业化人才掀起教育革命、科技革命的时候，我们的教育还在八股文、科举考试上打转转、做文章，"科技"则停留在手工作坊工匠技巧上。如此，怎能不被侵略、不沦为半殖民地半封建国家呢！这说明，即使像中国这样人口众多、土地广大、资源比较丰富的国家，一旦科学技术掉队、拉开的距离过大，同样逃不脱落后挨打的命运。那么我们为什么落后，怎样形成从"四大发明"领先到长枪大刀对阵洋枪洋炮落后局面的呢？长期腐朽的封建统治，以及相应的思想、道德、伦理和教育体系与教育方式是根本。传统是历史的惰性力。盲目自以为是、因循守旧、故步自封带来灾难性苦果，造成自1840年鸦片战争以来中国遭受百年屈辱的历史。直至1949年中华人民共和国成立才宣告结束，揭开新中国科学技术蓬勃发展的新的一页。

新中国成立之初，政治、经济、科技、教育、社会等体制机制，基本上仿造苏联的一套建制，以高度集中统一为主要特征。国家建立了专门科研管理部门和国家级研究机构，中央和国务院一些部门和省、自治区、直辖市也建立了相应的研究机构，一些高等院校也建立了同优势学科相联系的研究院所。研究项目、研究人员、科研管理等分别纳入国家或地方计划，由科研主管部门和研究机构负责组织实施、监督和验收。看过"两弹一星"影片的人都很感动，硬是在资料、人才、设备、物资等极其缺乏的条件下，凭着一颗红心两只手，自力更生、艰苦奋斗、前仆后继、顽强拼搏攻克原子弹、氢弹和人造地球卫星。事实证明，高度集中统一并非一无是处，它可以集中力量办大事，即使在社会经济尚不发达、总体科技水平还不高的情况下。

但是，科学研究毕竟有其自身的发展规律，总是固守行政的一套办法是不行的，质量和效益也是不高的，是不利于持续发展的。党的十一届三中全会吹响改革开放的号角，也给科技发展和科学研究送来春天。还在十一届三中全会召开前夜，1978 年 3 月邓小平同志在全国科学大会开幕式上的讲话，便做出科学技术是生产力的科学论断，揭开科技体制改革的序幕。当前，对于科技体制改革阶段的划分存在不同的见解。笔者赞同分为四个阶段，但是应从全国科学大会算起。这四个阶段是：

第一阶段 1978～1995 年，为科技体制改革起步阶段。1985 年《中共中央关于科学技术体制改革的决定》和 1988 年国务院《关于深化科技体制改革若干问题的决定》，传达了改革的主要信号，着重将科技体制转变到面向经济建设的主战场上来。提出科技体制改革要使科学技术成果应用于生产、科技人员的作用得到充分发挥和解放科学技术生产力；要鼓励科研机构引入竞争机制，推行各种形式的承包经营责任制，实行科研机构所有权和经营管理权的分离，放活科研机构和放活科技人员，走面向经济建设主战场和改革开放的路子。

第二阶段 1995～2006 年，为科研机构转制改革阶段。1995 年召开的全国科学技术大会，提出具有深远影响的"科教兴国"战略，做出《关于加速科学技术进步的决定》，明确了科技体制改革的方向、方针和任务。1999 年党中央国务院发出《关于加强技术创新、发展高科技、实现产业化的决定》，指出科技体制改革要与经济体制改革等一同推进、共同发展。贯彻两个《决定》精神，科研院所调整结构、转变机制改革就此展开。

第三阶段 2006～2012 年，为科技管理体制改革阶段。2006 年全国科学技术大会召开及《关于实施科技规划纲要增强自主创新能力的决定》发布，提出"自主创新、重点跨越、支撑发展、引领未来"新形势下的科技发展"十六字方针"。国务院《国家中长期科学和技术发展规划纲要》指出，要建立以企业为主体、产学研结合的技术创新体系，全面推进国家创新体系建设，由此带来科技管理体制上的新变化，出现多元化管理方式。

第四阶段2012年以来，为全面深化科技体制改革阶段。2012年《关于深化科技体制改革加快国家创新体系建设的意见》发布，将促进科技与经济结合作为深化科技体制改革的中心任务。2012年党的十八大提出实施"创新驱动发展战略"，把科技创新放在不断开创国家创新发展新局面的中心位置。2013年《决定》，提出"建立健全鼓励原始创新、集成创新、引进消化吸收再创新的体制机制，健全技术创新市场导向机制，发挥市场对技术研发方向、路线选择、要素价格、各类创新要素配置的导向作用。建立产学研协同创新机制，强化企业在技术创新中的主体地位，发挥大型企业创新骨干作用，激发中小企业创新活力，推进应用型技术研发机构市场化、企业化改革，建设国家创新体系"。① 这一连串的"创新"，表明科技体制改革已经进入建立全面"创新体系"阶段，也是国家科技体制机制改革的顶层设计阶段。

上述一系列改革，增添了科研的活力，有效地促进了我国科学技术和科学研究事业的发展，近10多年来的发展尤为迅速（见表1）。②

---

① 参见《改革开放以来历届三中全会文件汇编》，第185~186页。

② 《中国统计年鉴1995》，中国统计出版社1995年版，第619页；《中国统计年鉴2003》，中国统计出版社2003年版，第749页；《中国统计年鉴2010》，中国统计出版社2010年版，第781页；《中国统计年鉴2013》，第709页。

表1　1998～2012年全国科技事业发展情况

项　目	1998年	2000年	2005年	2010年	2012年
研究与试验发展(R&D)投入					
全时人员(万人年)	75.5	82.3	136.5	255.4	324.7
科研经费内部支出(亿元)	1128.5	2050.2	2450.0	7062.6	10298.4
占GDP的比例(%)	0.69	1.00	1.32	1.76	1.98
专利申请受理数(万件)	12.20	17.07	47.63	122.23	205.06
专利申请授权数(万件)	6.79	10.02	21.40	81.48	125.51

表1显示，1998～2012年，研究与试验发展（R&D）投入全时人员的数量增长3.3倍，按当年价格计算科研经费支出增长8.13倍，专利申请受理增长15.81倍，专利申请授权增长17.48倍，占GDP的比例提高1.29个百分点，是前所未有的巨大发展。这表明，我们不仅提出"科教兴国"战略，而且正以坚实的步伐推进这一战略的实施，向科技强国迈进。

（2）当前的问题。我们在肯定新中国成立以来，尤其是改革开放以来取得巨大成就的同时，也要看到现阶段存在的差距和问题。总体上，人口科学教育素质还比较低，科技投资效益比较低，技术和专利转化为现实生产力的能力还比较低，科研成果的质量还不够高。这"三个比较低"和"一个不够高"说明什么呢？笔者以为，说明我国科研发展的方式与经济发展的方式有些类似，即以数量扩张型为主，而不是以质量效益型为主。不错，我们在高新科学技术研究和应用上取得一系列重大成果，不仅是"两弹一星"，而且在计算机、宇航、海洋、生物、新材料、高铁等研究和建设上都取得新的突破，许多已经达到世界科学前沿水平。这些研究走的是内涵式发展路子，属质量效益型发展方式。然而从总体上观察，我们研究走的路子是以内涵式发展为主，还是以外延式发展为主？这是需要回答的问题。如果说二者皆有，也存在哪一个为主的问题。笔者认为，到目前为止，我们走的路子更倾向于后者而不是前者。有人以新中国成立将近 65 年、改革开放也已过去 35 年，具有世界上最多人口、最多科技专家和工作人员、经济总量跃居世界次席并呈持续较快增长态势的大国为背景，至今无人问鼎诺贝尔自然科学奖为例，说明科研出成果、出人才不够理想的状况。笔者不赞成将诺奖作为衡量科技成果和人才的主要标准甚至是唯一标准，因为诺奖评定的一套规则办法、文化差异、语言障碍等，对于我们并不有利；但是它毕竟从一个视角折射出科研成果和人才方面的一个问题：缺少像杨振宁、李政道那样的大家，需要提升国际社会的认同率。这也同钱学森之问：为什么我们的学校培养不出优秀人才有关，我们科研走过的路子值得反思。是否也同经济发展方式、教育扩招类似？

问题与解决问题的手段总是同时发生的。回顾过去有助于认识现在，认识过去和现在可以从中找出发生问题的原因，解决的办法。为什么科技发展和队伍建设会出现上面提出的"三个比较低"和"一个不够高"呢？原因可能有很多，但是归根结底在体制机制和发展方式上，改革也应从此入手。随着

改革开放以来经济持续快速发展，综合国力迅速提升，国家用
于科学技术和科学研究的资金大幅度增加。近年来，无论国家
专署科研机构还是高校科研院所，经费不再是制约研究工作的
瓶颈，有了比较可靠的保障。1990～2012 年，按当年价格计
算，研究与试验发展（R&D）内部支出由 340.52 亿元增加到
10298.4 亿元，增长 29.24 倍，年平均增长率达到 16.76%。
与同期按当年价格计算 GDP 年平均增长率16.32% 比较，R&D
要高出 0.44 个百分点，打破以往慢于 GDP 增速的常规。2012
年 R&D 支出已占国家财政收入的 9.91%，占财政支出的
8.18%。① 如此看来，国家用于科学技术和科学研究的投资实
属不低，增长速度更是从未有过。有投入就有产出，科技和科
研产出可用十分可观来概括（见表2）。②

表2　2005～2012 年全国科技产出和科研成果发展情况

	2005 年	2008 年	2010 年	2011 年	2012 年
发表科技论文（万篇）	94	119	142	150	152
出版科技著作（种）	40120	45296	45563	45472	46751
科技成果登记数（项）	32359	35971	42108	44208	51723
国家技术发明奖（项）	40	55	46	55	77
国家科学技术进步奖（项）	236	254	273	283	212

---

① 《中国统计年鉴1995》，第619 页；《中国统计年鉴2013》，第4～5 页。这是按
当年价格计算的，按可比价格计算的实际增长率要低一些。

② 《中国统计年鉴2010》，中国统计出版社 2010 年版，第781 页；《中国统计年
鉴2013》，第709 页。

表 2 显示，目前年发表的科技论文已经超过 150 万篇，出版论著超过 46000 种，登记科技成果超过 51000 项，均可挤进世界前三甲，可用"海量"来形容。国家技术发明奖稳步增长，国家科学技术进步奖每年在 200 项以上，规模也已不小。这同研究经费投入的增长大体上相对应，是合乎逻辑的发展。问题出在哪里呢？出在质量上。虽然发表的论文和著作数量庞大，但是论著质量参差不齐，创新性的论著、在理论和实践上具有较高价值的论著、被国外引用率较高的论著不多，在相应领域内有影响力的权威论著更是凤毛麟角。总体上，可以说数量有余而质量不够高。虽然科技成果登记数呈累进增长态势，获得国家级奖励数量也相当可观，但是涉及核心技术、原创性技术的重大发明创造项目不多，多为技术革新一类的一般性项目，以模仿和实用性较强最为普遍。这很值得深思。在科研经费比较充裕、队伍兵强马壮、设备和实验室不断得到改善的情况下，为什么出不了或者出得了也很少的优秀成果、优秀人才？无疑是体制机制特别是科研管理的体制机制出了问题。

对当前我国科研管理的体制机制怎样概括，还值得进一步讨论。但有一点是明确的：多条渠道、多头领导、多种管理同时存在。作为政府部门，中华人民共和国科学技术部是国务院主管国家科学技术工作的部门，其前身是国家科学技术委员会，成立于 1956 年 5 月。作为社会群众团体组织，是成立于 1958 年的中国科学技术协会。此外，经党中央、国务院批准，

1986 年国家自然科学基金成立，国家自然科学基金委员会为国务院直属事业单位。同年国家社会科学基金成立，并成立了全国哲学社会科学规划领导小组。国家研究实体中，有中国科学院、中国社会科学院、中国工程院、国务院发展研究中心等专业研究机构。国家许多部门都有各自的研究院所，高校、党校、行政学院等，也建立了相当数量的研究机构；各省、自治区、直辖市也建立了一批研究机构。以此观察，国家、部门、地方各级各类科研机构很庞大，经费来源、科研管理、成果评价、产学研用转换等体制机制各异，整合起来相当困难。科技部是国家主管科技的部门，但它是国务院的一个部，统管和协调起来亦颇有难度。以资金而论，并不都掌握在其手中，相当一部分要分配给相关科研机构。国家自然科学基金、国家社会科学基金经费增长很快，然而由于面向全国实行课题招标制，只能凭课题起到引导作用，难以担负起规划和指导全面的重任。各部门和省、区、市的科研机构，具有明显的部门和地区色彩，研究方向、课题设置、成果评价、转换应用等，主要以政府管理为主。这就形成目前的分散化状态，出现某些乱象。

科研经费乱象。各级各类科研机构，为了争取更多的科研经费而提出名目繁多的计划、工程、重大项目等，致使重复申报不断，一个项目今年申报立了项，明年、后年改头换面一下，继续申报立项。或者在某主管部门申报，稍事改动后在另外一个相关部门或基金再行申报，同时在多处立项。

对此，国家社科基金等做出改进和改革，严禁重复申报、一项多报现象发生，情况有所好转。但是由于分散化管理，工作难度很大。

课题管理乱象。课题立项后，课题经费下达到课题负责人所在单位，由所在单位财务实施管理。尽管对课题经费使用做出明文规定，但是使用合格率却不很高，有些则成为撒胡椒面式的"吃饭财政"。课题进程管理也不够严格，由于重复立项、一项多立，赶时间、赶进度常常发生，影响到按时结项。最主要的，还是影响了成果的质量。

科研成果乱象。重复立项、一项多立的一个直接后果，是一般水平的重复所占比例很大，有一些则是低水平的重复。有的为了按时完成课题计划，不得不粗制滥造，精品力作所占比例甚微。有的甚至采取抄袭手法，把别人的成果随意放进自己的成果之中，造成学术行为不端。然而由于对科研成果把关不严，或者许多成果鉴定被领导掌控，加上传统文化中有重开头、轻结尾的偏颇，还有碍于情面、说好不说坏作祟等，被否定的成果很少，落得个皆大欢喜、顺利通过。

上述科研经费、科研管理、科研成果"三个乱象"不同程度地存在，折射出"应试"式科研体制机制弊端。科研单位领导开动脑筋找题目、立项目、争取科研经费；科研人员千方百计申请项目，甚至采取一项多报和重复立项；科研工作分头进行，最后汇集到一起，编撰成论著出版，宣告课题完成结项。整个课题进行过程中，领导和课题组成员都很忙，忙着申请课题、赶做课题、报销经费、鉴定结项。结项后，再去忙下一个课题的申请，周而复始地循环。这就是造成前面所说的与日俱增的海量论文、专著和研究报告的体制和机制。至于这些海量论著的分量、价值和影响，反倒不那么重要，甚至无关紧要。广大科研工作者沿着这样的管理体制机制前行，就能比较顺利地晋升副研究员、研究员，副教授、教授。再推而广之，将这种科研管理体制机制演变成一种常态，无论科研机构还是高校、党校、行政学院，科研和教学都实行这种"量化管理"模式，就变成与教育相类似的"应试"式科研管理体制机制。即以发表的科研成果数量、刊物等级为标准，衡量年度考核是优秀、称职还是不称职；进而职务晋级也采取同样的标准。如有的科研单位和高校，将是否承担国家项目、是否在要求的刊物上发表相应的论文，作为能否晋级高级职称的"硬指标"。做法是将刊物分为权威、一级、核心和一般刊物几个等级，晋升研究员和教授，要求承担过国家级课题、在权威刊物上发表论文一篇以上、一级刊物两篇以上，核心刊物三篇以上；晋升副研究员和副教授，要求曾是国家级课题组成员、在一级刊物上发表论文一篇以上、核心刊物两篇以上，其他刊物不少于三篇。有了这样的规定，广大科研人员和教师有了明确的奋斗目标，成为必须为之奋斗并完成的指标。因而便想方设法、挖空心思申报国家级课题，在规定刊物上发表达标要求的论文。申请不到课题、要求论文不能达标怎么办？有的便想出歪点子，通过"走后门"跑项目、发表文章，造成"开后门"、收取"版面费"之风泛滥，刊物和论文质量下降。当前，这种"应试"式科研管理体制机制到了非改革不可的时候了。不改革科研质量就无法保证，科学技术创新就无法推进，端正学术风气就是一句空话。

2. 市场化改革取向

改革"应试"式科技发展和科研管理体制机制，必须找准改革的方向。不难看出，上述问题都同政府与市场有着密切的关系，是强势政府和弱势市场作用下的结果。如科研项目的确立，无论是国家级还是地方级的研究课题，一般都由主管部门提出，由相应的政府办公会决定。好一些的如国家基金项目，在课题招标指南形成过程中，注意征询相关专家和相关部门的意见，全国社科规划领导小组新近还成立了国家哲学社会科学研究专家咨询委员会，以便更多地听取专家们的意见，力争站到学科发展前沿。课题最终成果完成后，要求组织专家组进行鉴定，总体上成果质量相对高一些。而部门和地方设立的课题，验收和鉴定主要还是要看领导的态度，应着"说你行你就行，说你不行就不行"的流行语，绝大部分都会顺利通过。不能对以领导为主的成果验收和鉴定一概否定，有一些也做得比较好，坚持了实事求是的原则，不过更多体现的是长官意志，因而偏离科学阐发的程度可能大一些，这也是基本的事实。因此，摆正政府与市场的关系，去行政化是科技体制机制改革的方向。

《决定》指出："经济体制改革是全面深化改革的重点，核心问题是处理好政府和市场的关系，使市场在资源配置中起决定性作用和更好发挥政府的作用。市场决定资源配置是市场经济的一般规律，健全社会主义市场经济体制必须遵循这条规律，着力解决市场体系不完善、政府干预过多和监管不到位问题。"①《决定》的这一精神，同样适合当前科技发展和科研体制改革实际，改革也要抓住厘清政府与市场关系这个关键，从政府和市场各自应该干什么、怎么干切入和展开。

在科技体制改革中，政府应该干什么、怎么干？完善对基础性科学研究、战略性科学研究、前沿性科学研究和共性技术研究，整合科技规划和资源，建立相应的支持机制——这是《决定》对政府职能和作用的第一个，也是最基本、最重要的定位。这里的"四性"和建立相应的机制，彰显了政府与市场的最大区别。基础性科学研究，是所有科学、学科发展的前提条件，没有基础性研究作支撑的科学、学科，好比无源之水、无本之木，是不可能枝繁叶茂的；战略性科学研究，以长期性、

①　参见《中共中央关于全面深化改革若干重大问题的决定》，载《改革开放以来历届三中全会文件汇编》，人民出版社 2013 年版，第 178 页。

全局性、宏观性为基本特征，关系到科技发展全局，无疑应当由政府特别是中央政府担当主要角色。这是市场无论如何也担当不了，无法承接和运作的；前沿性科学研究，市场可以承担某些部分、某些方面，带有全局性的科技研究，只有政府能够承担并真正贯彻落实下去；共性技术研究带有一定公益性质，不以营利为目的，这是同市场本身具有的天然导向作用相悖的，需要并且只能主要由政府承担。

除此之外，《决定》还指出两项重要的改革：一是"建立创新调查制度和创新报告制度，构建公开透明的国家科研资源管理和项目评价机制"。这是由政府基础性科学研究、战略性科学研究、前沿性科学研究和共性技术研究，整合科技规划和资源的基本任务和属性决定的，这里更加强调创新调查制度、报告制度，构建资源管理和项目评价机制的公开透明度。二是"改革院士遴选和管理体制，优化学科布局，提高中青年人才比例，实行院士退休和退出制度"。[①] 这是与时俱进的改革。目的是推动院士制度创新，增加青年新鲜血液，形成有进有出、充满活力的体制。

市场应该干什么、怎么干？可以讲，除了上述政府需要进行的改革之外，其余均应列入市场化改革之中。《决定》在建

---

① 参见《中共中央关于全面深化改革若干重大问题的决定》，载《改革开放以来历届三中全会文件汇编》，人民出版社，2013 年版，第 186 页。

立健全创新型科技体制机制的总目标下，提出具体的科技体制机制改革任务。主要是：

其一，健全技术创新市场导向机制。《决定》指出："健全技术创新市场导向机制，发挥市场对技术研发方向、路线选择、要素价格、各类创新要素配置的导向作用。"[①] 注意，一是这里讲的是"健全"，而不是建立；可以认为，建立已经有了，只是不够健全。二是所要健全的是"导向机制"，而不是笼统的一般意义上的机制。目的是发挥市场对技术研发等四个方面的"导向作用"。也就是说，对当前科技市场要有一个准确的判断，是在已经建立或者开始建立的市场机制基础上，进一步健全的问题。

其二，建立产学研协同创新机制。这是建设国家创新体系的重要组成部分。一是要强化企业在技术创新中的主体地位。这有很强的针对性。目前许多企业缺乏创新意识，只顾埋头生产产品，不肯将资金用在研发上，结果几年、十几年甚至几十年"一贯制"，技术和产品落在时代后边，最终濒临破产境地。相反，那些肯于将钱花在研发上，形成产学研基地，不断推进技术创新，提升了创新能力的企业，才能在竞争中胜出。《决定》毫不含糊地指出，企业是技术创新的主体，要强化企

---

① 参见《中共中央关于全面深化改革若干重大问题的决定》，载《改革开放以来历届三中全会文件汇编》，人民出版社，2013 年版，第 185 页。

业技术创新的主体地位。二是明确了不同类型企业，在技术创新中的责任担当。大型企业是骨干，要发挥技术创新的中坚作用；中小企业比较灵活，要充分调动和发挥它们的积极性，激发它们的活力。三是推进应用型技术研发市场化、企业化改革。这是产学研创新体制机制的必然要求。应用型技术走向市场，一方面可以满足新技术的市场需求，另一方面也给新技术发明专利以合理回报，激励和推动技术创新和科技进步。

其三，健全技术创新激励机制。包括：①加强知识产权的运用和保护。一方面通过宣传、展览、推介会等形式，将知识产权推向社会，发挥其应有的效益；另一方面加强知识产权保护，运用行政、经济、立法等手段进行保护，探索建立知识产权法院的改革。②建立主要由市场决定的管理机制。打破过去由行政主导、部门分割的旧体制，谋求建立资源配置由市场决定，其他能够由市场决定和调节的尽可能由市场决定和调节的机制。③健全技术转移机制。要大力发展技术市场，建立规范化的技术转让、交易平台，加强法治化管理，切实保护知识产权交易双方的合法权益。④完善风险投资机制。改善科技型中小型企业融资条件，解决由于规模小、资本少带来的融资难问题；建立主要由市场决定技术创新项目、经费分配和成果评价的新的机制，使项目更适应市场需求，经费使用更合理，成果科学价值、应用价值更高。要做到这些，建立健全抗风险性更强的投资机制是关键。

伟大复兴

——人口与可持续发展任重道远

自 1840 年鸦片战争以来，中国一步步沦为半殖民地半封建国家，国人最大的梦想是实现中华民族的伟大复兴。为此，无数中华儿女浴血奋战、前仆后继谱写了波澜壮阔的百年史诗。以 1949 年中华人民共和国成立为标志，取得新民主主义革命的伟大胜利。然而这只是万里长征走完第一步，全面实现中华民族伟大复兴还有第二步、第三步要走。

伟大复兴中国梦与可持续发展梦休戚相关。如果 2020 年全面建成小康社会、本世纪中叶达到一般发达国家水平，但是不可持续，那么伟大复兴大厦还会倒下去。只有实现可持续发展，复兴才有可靠的基础，才能永放光芒。

可持续发展是既满足当代人需要，又不对后代人满足其需要的能力构成危害的发展。布伦特兰夫人的这一定义显得有些简单，然而从代际关系上界定可持续发展，却表达了可持续发展的基本内涵。抓住了这个主要矛盾，其他矛盾也就迎刃而解了。

以人为本的可持续发展战略，精要在于：发展的目的为了满足人的生理、心理、交往、文化等全面发展的需要；发展的主要驱动力在人力资本，摒弃传统的以自然资本、产出资本为主的粗放式发展；关键在人口与资源、环境、经济、社会的协调发展，走资源节约型、技术进步型、环境友好型发展道路。

10年前中国率先推出《中国21世纪议程——中国21世纪人口、环境与发展白皮书》，向世人展示了我国可持续发展的行动纲领。现在《决定》又将中华民族伟大复兴的中国梦摆到我们面前。作为人口大国，当前把握好"后人口转变"推进的方向、速度和节奏，顺利实现人口发展战略第二步、第三步发展目标，就是对人类实实在在的贡献！

一　可持续发展与中华民族伟大复兴

十八届三中全会通过的《决定》，向全党、全国人民发出号召：为全面建成小康社会、不断夺取中国特色社会主义新胜利、实现中华民族伟大复兴的中国梦而奋斗！远者且不论，自1840年鸦片战争以来，中国一步步沦为半殖民地、半封建国家，国人最大的梦想是实现中华民族的伟大复兴。为此，无数中华儿女浴血奋战、前仆后继；许多志士仁人或深入民众以探求复兴之路，或漂洋过海寻找救国救民真理之路，谱写了百折不挠、波澜壮阔的百年史诗。以1949年中华人民共和国成立为标志，取得新民主主义革命的伟大胜利。然而这只是万里长征走完第一步，全面实现中华民族伟大复兴还有第二步、第三步要走。《决定》指出的"全面建成小康社会"就是下一步首先要完成的目标。采取什么样的战略、策略，采用什么样的方式、方法去完成？笔者以为，最主要的是要实施科教兴国战略和可持续发展战略。科教兴国战略前已论及，伟大复兴与可持续发展的关系、可持续发展与"后人口转变"的关系，如何在可持续发展框架下实现中华民族伟大复兴的中国梦，需要做出深入一步的探讨。

1. 伟大复兴中国梦

一个人的一生有许多梦想，一个民族、国家、整个人类有更多的梦想。我们常说：青年人容易憧憬未来，老年人往往留恋过去。这话有一定道理，青年人的梦想可能要多一些。本人就是这样的一个例子，童年时期充满对中华民族伟大复兴的渴望和梦想。这种梦想，记录在改革开放不久我出版的第一本专著《新时期人口论》的绪论中。原文是："自1840年鸦片战争发生后，世界上大大小小的帝国主义国家差不多都侵略过我们，而当时的中国政府不是割地赔款，就是签订各种丧权辱国的不平等条约，中国人民受尽了欺侮。记得小时候我读过的第一本打开我心灵天窗的读物，是方志敏烈士的《可爱的中国》。当我读到那些帝国主义列强用一根根管子吸着我们母亲——祖国的血液，母亲在痛苦中呻吟的时候，一种难以抑制

的悲愤和渴望祖国快快强大起来的烈火在心头燃烧，泪水夺眶
而出，洒在字里行间。算起来 28 年过去了，可是每当我回忆
起来却记忆犹新，激动的心情难以平息。我常想，为什么百年
来的中国近代史是一部惨遭帝国主义蹂躏的历史？原因可能找
出许多，但归结起来不外两条：一是反动统治阶级腐败无能，
奉行屈辱投降的政策；二是经济技术落后，国家实力虚弱。新
中国的诞生解决了第一个问题，也为解决第二个问题创造了条
件。第一个五年计划提前完成，各项建设事业蒸蒸日上，人民
扬眉吐气，充满了希望。从第二个五年计划开始，国民经济大
起大落，前进的步伐慢了下来，（十年动乱）期间更是走到崩
溃的边缘。面对欲干不能、欲罢不忍的情景，一些人感到彷
徨，更多的人被激怒了。1976 年清明节，天安门广场花如海、
人如潮、泪如雨，人民在悼念敬爱的周总理时，再次迸发出时
代的最强音'革命征途更长，誓夺祖国四化'；'四个现代化
日，设酒重祭'。祖国要繁荣富强、要四个现代化的潮流是不
可阻挡的，任何妄图阻挡历史前进的反动力量，到头来只能被
这股潮流碾得粉碎。"① 对于像我一样出生在新中国成立之前
的一代人说来，中华民族伟大复兴扎根于心灵之中，可谓根深
蒂固。究其原因，一是来自国民被欺凌的严酷无情的现实，
"作用力与反作用力相等"规律起了作用；二是受先进思想影

---

① 参见田雪原《新时期人口论》，黑龙江人民出版社 1982 年版，第 1～2 页。

响感悟所致，《可爱的中国》是我识字后读的第一本书，正是这样一本小书，却成了打开我心灵天窗的首篇启蒙读物。

"作用力与反作用力相等"规律，不仅适用于自然界也适用于人类社会，是笔者观察和研究社会问题方法论中的支撑点之一，始终坚信不疑。不是吗？帝国主义列强烧杀抢掠、犯下滔天罪行，广东三元里人民就奋起抗击英国侵略军，义和团的长矛就刺向八国联军，最后中国共产党领导全国人民取得八年抗战的胜利。而先知先觉者更早于一般人洞察到事情的缘由，提出富有启迪性的见解和主张，起到舆论和理论先导的作用。中华民族伟大复兴理念的形成和170多年的实践，凝聚着全民族英勇不屈、决战决胜的精神和智慧。早在100多年前，梁启超在《中国史叙论》、《论中国学术思想变迁之大势》等文章中，提出"中华民族"概念，赋予由多民族构成的含义。120年前，孙中山先生领导创建兴中会，会名本身即有"振兴中华"之意。后来又创建同盟会，将"驱除鞑虏，恢复中华，创立民国，平均地权"作为宗旨，表达了当时中华民族伟大复兴最基本的要义。

1921年中国共产党成立，正如习近平总书记指出的，我们党从成立那天起，就肩负着实现中华民族伟大复兴的历史使命。从党的第一部纲领到今天的新党章，始终包含这一重要内容，并且将中国和世界的民族解放运动联系在一起。1923年党的第三次全国大会通过的宣言指出：解放被压迫的中华民族，更进而加入世界革命，解放全世界的被压迫民族和被压迫的阶级。说明在中国共产党人心目中，中华民族伟大复兴的中国梦，也是世界被压迫民族和被压迫阶级共同的复兴之梦，彰显全世界无产者联合起来的共同信念。

据考证，最早提出中华民族复兴的，是近代史上的一位政治家和哲学家张君劢。20世纪30年代初发表《中华民族复兴之精神的基础》等文章，主张以中华文明传统为本并吸收西方先进文化，建设有民族传统的民主宪政国家，以实现"中华民族复兴的旗帜"。此后，以民族复兴为题的图书报刊增多起来，影响不断扩大。不仅革命者高扬民族复兴的旗帜，就连蒋介石等国民党政要，在讲话和发表的文章中，也大讲"复兴我中华民族"。不过由于所站立场和观点不同，对"中华民族复兴"实质的阐释却相去甚远。

毛泽东同志在领导中国民主革命和社会主义建设中，1935年在《论反对日本帝国主义的策略》中指出："我们中华民族有同自己的敌人血战到底的气概，有在自力更生的基础上光复旧物的决心，有自立于世界民族之林的能力。"[1] 表明中华民族伟大复兴不仅要"光复旧物"，而且要打造"自立于世界民族之林的能力"，将中华民族伟大复兴的梦想纳入人类共同的梦想之林，产生深远影响。

---

① 参见毛泽东《论反对日本帝国主义的策略》，《毛泽东选集》（一卷本），人民出版社1966年版，第156页。

　　中华人民共和国成立以来特别是改革开放以来，邓小平同志和其他中央主要领导同志，在讲话、报告和接见外宾等谈话中，均提到并对"中华民族伟大复兴"做出阐述。1997年党的十五大报告，阐述中国人民所以要进行百年不屈不挠的斗争，归根到底就是为了一个目标：实现中华民族的伟大复兴，争取对人类作出新的更大的贡献。

　　党的十八大以来，习近平总书记在多次讲话中对中华民族伟大复兴做出详细阐述。在2012年11月15日十八届中央政治局常委同中外记者见面讲话中说："我们的民族是伟大的民族。在五千多年的文明发展历程中，中华民族为人类文明进步作出了不可磨灭的贡献。近代以后，我们的民族历经磨难，中华民族到了最危险的时候。自那时以来，为了实现中华民族伟大复兴，无数仁人志士奋起抗争，但一次又一次地失败了。中国共产党成立后，团结带领人民前仆后继、顽强奋斗，把贫穷落后的旧中国变成日益走向繁荣富强的新中国，中华民族伟大复兴展现出前所未有的光明前景。我们的责任，就是要团结带领全党全国各族人民，接过历史的接力棒，继续为实现中华民族伟大复兴而努力奋斗，使中华民族更加坚强有力地自立于世界民族之林，为人类作出新的更大的贡献"。[①] 这一段话，可

---

①　参见《习近平关于实现中华民族伟大复兴的中国梦论述摘编》，中央文献出版社2013年版。本书以下习近平关于中华民族伟大复兴的中国梦的论述，均引自该书。

视为习总书记上任就职演说的画龙点睛之笔，对全党和全国人民做出的承诺。之后，他对中华民族伟大复兴中国梦的要义和目标，做出进一步的阐释："在新的历史时期，中国梦的本质是国家富强、民族振兴、人民幸福。我们的奋斗目标是，到2020年国内生产总值和城乡居民人均收入在2010年基础上翻一番，全面建成小康社会。到本世纪中叶，建成富强民主文明和谐的社会主义现代化国家，实现中华民族伟大复兴的中国梦。"（2013年5月在接受拉美三国媒体联合采访时的答问）又说："我们将坚持把发展作为第一要务，坚持以人为本，坚持改革开放，全面推进经济建设、政治建设、文化建设、社会建设、生态文明建设，促进现代化建设各个方面、各个环节相协调。"（致"2013成都《财富》全球论坛"的贺信，2013年6月5日）在其他讲话、通话、贺信中，阐发航天梦是强国梦的重要组成部分（2013年6月24日同正在天宫一号执行任务的神舟十号航天员聂海胜、张晓光、王亚平的通话）；走向生态文明新时代，建设美丽中国，是实现中华民族伟大复兴的中国梦的重要内容。贯彻节约资源和保护环境的基本国策，更加自觉地推动绿色发展、循环发展、低碳发展，把生态文明建设融入经济建设、政治建设、文化建设、社会建设各方面和全过程，形成节约资源、保护环境的空间格局、产业结构、生产方式、生活方式，为子孙后代留下天蓝、地绿、水清的生产生活环境（2013年7月18日致"生态文明贵阳国际论坛2013年年会"的贺信）；建设海洋强国是中国特色社会主义事业的重要组成部分（2013 年 7 月 30 日在十八届中央政治局第八次集体学习时的讲话）；中国梦归根到底是人民的梦，必须紧紧依靠人民来实现，必须不断为人民造福（2013 年 3 月 17 日在第十二届全国人民代表大会第一次会议上的讲话），以及实现中国梦必须走中国特色的社会主义道路，弘扬中国精神，凝聚中国力量。中华民族伟大复兴的中国梦既是未来的美好梦想，又是眼前看得见、摸得着的现实的梦，圆梦指日可待。

2. 可持续发展梦

梦想靠什么去实现？除少数战争狂人主张依靠武力去实现他们的战争梦想外，对于正常的个人、民族、国家和整个人类来说，只能依靠不断地发展去实现。发展是什么？英国牛津大学出版的《现代高级英汉双解辞典》这样写道：development，1. developing or being developed. 是成长、发育、发展、开发、出现、发生之意；2. new stage which is the result of being developing. 是发展的新阶段，新的发展之意。[①]《现代汉语词典》则解释为："事物由小到大、由简单到复杂、由低级到高级的变化。"[②] 从与时俱进视角观

----

① 参见《现代高级英汉双解辞典》，牛津大学出版社（香港），1978 年第 10 版，第 295 页。

② 参见《现代汉语词典》第 6 版，商务印书馆 2012 年版，第 351 页。

察，这样的定义都有值得商榷的地方。发展是事物"由低级
到高级的变化"，当无疑义；然而"由小到大"的变化是发
展，恐怕不尽然。不错，很多由小到大的变化是发展；然而随
着科技的不断进步，有的发展则是由大到小的发展。例如早期
的计算机体积很大，发展到个人微机体积大为缩小，性能却大
大提高了。一般的"由简单到复杂"的变化，应当属于发展
范畴；但是现代化的发展，却有由复杂向简单变化的趋势。信
息化、自动化、智能化的迅速推进，使控制和操作变得更加容
易和简单。因此，要用变化的、发展的新思维看待发展。这个
新思维建立在可持续发展基础之上，以是否有利于"可持续
发展"作标杆去衡量发展。有的发展兴师动众、声势浩大，
却不是连续的、可持续的发展，因而不是正常发展需要的发
展；从长远视角观察，甚至可能是有害的发展。正如上面习近
平总书记指出的：把生态文明建设融入经济建设、政治建设、
文化建设、社会建设各方面和全过程，形成节约资源、保护环
境的空间格局、产业结构、生产方式、生活方式，为子孙后代
留下天蓝、地绿、水清的生产生活环境。也就是说，中华民族
伟大复兴的中国梦，也是天蓝、地绿、水清的美好环境梦，打
下可持续发展良好基础之梦。因此，实现中华民族伟大复兴必
须贯彻节约资源和保护环境的基本国策，更加自觉地推动绿色
发展、循环发展、低碳发展。将中华民族伟大复兴和可持续发
展两个梦想绑在一起，相互促进，共同推进。

所谓可持续发展，按照联合国环境与发展委员会在《我们共同的未来》报告中的解释，是"既满足当代人需求，又不对后代人满足其需求的能力构成危害的发展"。虽然这一定义有些简单，但是它抽象出可持续发展最重要的内涵：着眼于代际公平，将满足当代人和后代人的需求协调起来、统一起来，将人口与资源、环境、经济、社会发展协调起来、统一起来，才能走出一条资源节约型、环境友好型比较理想的发展道路，实现可持续发展梦想。可持续发展战略是涉足广泛的发展战略，囊括人口、资源、环境、经济、社会发展等诸多领域和方面，需要从战略体系上去认识和把握。

二 可持续发展战略框架体系

1. 可持续发展的由来与发展

（1）早期可持续发展思想。人口与经济、社会发展之间的关系，早为历代思想家、政治家、军事家所重视，甚至可以追溯到古代社会。古希腊大思想家柏拉图（约前427～前347）在《理想国》一书中，就曾阐述过这样的思想：不可使人口过多而国家过大，也不可使人口过少而国家过小。另一位大思想家亚里士多德（前384～前322）在《政治学》中宣称：最完美的国家是维持人口不超过一定的数量。他们都把一定的人口数量视为"理想国"最重要的组成部分，在这个意义上说，有了理想适度人口的思想萌芽。1662 年被誉为"人口学之父"的约翰·格兰特出版了《关于死亡的自然的和政治的观察》一书，将人口学作为一门独立的学科提了出来，人口与发展研究取得长足进展。1798 年马尔萨斯《人口原理》出版，28 年内连续出了 6 版，产生很大影响。马尔萨斯的观点正确与否另当别论，但由此引起的论争大大推动了人口与经济发展等的研究，则是毋庸置疑的。到 19 世纪中叶，英国经济学家坎南提出"适度人口"论，其后经道尔顿等人的解释和公式化，给"适度"以多重定义。法国人口学家索维区分成经济适度人口，即获得最大经济收益或经济福利的人口；实力适度人口，即国家取得最大实力的人口。1972 年由麦多斯等人撰写的罗马俱乐部报告《增长的极限》发表，认为如果世界人口、工业化、污染、粮食生产、资源消耗的增长保持目前水平不变的话，100 年内即可达到地球的极限，因而必须实现零增长。也就是在这一年，"可持续发展"首次在斯德哥尔摩召开的国际环境会议上提了出来。

中国作为世界文明古国之一，早在公元前 500 多年的春秋战国时代的诸子百家争鸣中，便有了人口多一些好还是少一些好的不同观点，即众民与寡民之争。其后，虽然历代封建王朝众民主义占据统治地位，但也不无反对者，不断有思想家提出人口数量要适中，清人洪亮吉甚至在马尔萨斯之前就已提出生活资料落后于人口增长的结论。到 20 世纪二三十年代，社会学派节制主义将西方人口学说引入中国，著书立说阐述的一个核心问题是"适中人口"。50 年代中后期马寅初的《新人口论》，论述的中心也是人口增长过快拖了经济增长的后腿，人口增长要与经济发展相适应。70 年代后期开展的"两种生产"的讨论，一些学者从不同角度对中国适度人口数量做出的研究，其中包含一定的可持续发展的思想，探求的是人口与资源相适应、人口与经济发展相协调的发展。

（2）可持续发展战略。上述情况表明，第二次世界大战结束以来，人口增长和资源、环境的矛盾，引起越来越大的重视。可持续发展作为人们普遍关注的问题，在一系列国际会议上提了出来，并纳入国际社会和国家层面的发展战略。

1972 年 6 月联合国人类环境会议在瑞典首都斯德哥尔摩召开，会议通过了《联合国人类环境会议宣言》，强调人既是环境的产物，又是环境的塑造者，人类在计划行动时必须审视造成的环境影响，提出"合乎环境要求的发展"，"无破坏的发展"，"连续的和持续的发展"等概念。这是各国政府讨论当今环境问题并寻求全球环境保护的第一次会议，将可持续发展提到世人面前。

1987 年由当时挪威首相布伦特兰夫人（Gro Harlem Brundland）主持的联合国世界环境与发展委员会在《我们共同的未来》报告中，从发展的公平性、持续性、共同性"三原则"出发，对可持续发展作出带有定义性的解释：可持续发展是"既满足当代人的需要，又不对后代人满足其需要的能力构成危害的发展"。这一定义性解释得到广泛认同，对后来产生很大影响。

1992 年 6 月，有 183 个国家和地区代表参加的联合国环境与发展大会在巴西里约热内卢召开，其中有 102 个国家元首或政府首脑出席，通过了《里约热内卢环境与发展宣言》、《21 世纪议程》、《联合国气象变化框架公约》、《生物多样性公约》、《关于森林问题的原则声明》等重要文件，否定了工业革命以来高投入、高产出、高消费、高污染的传统发展模式，提出为建立保持环境发展的全球新"伙伴关系"，可持续发展以与会者宣言的形式确定下来。

1994 年 9 月，有 182 个国家参加在埃及开罗召开的国际人口与发展会议，将可持续发展列为会议中心议题。会议通过的《关于国际人口与发展的行动纲领》，提出"可持续发展问题的中心是人"的命题，是对《里约热内卢环境与发展宣言》和《21 世纪议程》的重要补正。针对世界人口继续有较大幅度增长的态势，强调了人口因素在可持续发展中的地位和作用。

1995 年 3 月在丹麦哥本哈根举行的国际社会发展首脑会议，从社会发展角度讨论可持续发展诸多问题，强调社会公平，强调建立国际的伙伴关系，将可持续发展由环境、资源、人口、经济发展领域扩展到社会领域，成为整个社会的系统工程。

其后还有许多国际组织召开不同的会议，进一步强调可持续发展是 21 世纪人类面临的重大问题，强调控制全球人口增长、节约能源和资源、减少环境污染的重要性。值得一提的是，2007 年 12 月在印度尼西亚巴厘岛召开的联合国气候变化会议。会议讨论了 2012 年《京都议定书》到期以后，如何进一步减少温室气体排放，强调世界上没有人能够逃避气候变化的影响，通过《巴厘岛路线图》，重申了发达国家肩负帮助发展中国家解决温室气体排放的责任。2009 年首度气候谈判在德国波恩举行，以落实《巴厘岛路线图》。其后还有南非会议等，在承担气候变化、环境治理责任等方面取得某些进展，争执也一直不断。不过可持续发展战略深入人心，共识不断增强。

自从可持续发展战略提出以来，其主要是作为国际间的一种行动纲领，国家级的一种发展战略取得共识并展开实施的。与此同时，理论研究也逐渐深入，取得某些突破。特别是 1994 年开罗国际人口与发展会议行动纲领提出"可持续发展问题的中心是人"以后，人口在可持续发展中的地位和作用的研究，进展更大一些。我们以为，一切发展都可归纳为资源（包括自然资源和社会资源）的物质变换。从这一立场看待"可持续发展问题的中心是人"，以人为本的可持续发展观和可持续发展理论，当有六重含义：

①可持续发展的目的是为了满足人的全面发展需要。发展是为了满足人的需要本属天经地义，然而随着社会生产力的发展，特别是工业革命后竞争日趋激烈，空前积聚起来的资本强烈地表现出自我增值的本性，国家、企业无不追求发展的速度和规模，很难保证不脱离满足人的需要的轨道，甚至走上为发展而发展的道路。这种传统的经济增长＝发展的模式，即使不偏离满足人的需要的轨道，它所满足的也仅仅是某些方面的需要，没有或很少顾及其他方面的需要。以满足人的全面发展需要为根本目的，首先注重的是需要的全面性，包括满足人的生理、心理、交往、文化等的全面发展需要。在各种需要中，无疑满足人的生理需要是基础，只有满足人的生理需要，人口的生产和再生产才能不间断地进行，物质资料的生产和再生产才能正常运转；满足人的心理需要，在现代社会中变得越来越重要，因为随着社会运行节奏的加快，人的心理负担的加重，心理健康成为普遍关心的社会问题。按照世界卫生组织的定义，健康不仅是没有疾病，还包括生理、心理健康和社会状态的完好；交往的加强也是现代社会的特征，信息化和经济全球化使交往空前扩大，现代化大大拉近了时间和空间的距离，人们对交往的需要增长很快；而满足文化的需要，更为当今社会所重视。站在人类发展历史长河的立场观察，经济的发展是早一些、晚一些，领先一些、落后一些的事情，迟早总是要发展

的。而文化则具有历史积淀和相对稳定的性质，很难从根本上融和，常常表现为文化冲突。因此，要满足人们文化特别是先进文化发展的需要，则是更高层次的需要。其次要注意的，是满足全面性的需要，不能因为满足了一个方面的需要而损害到其他方面的需要。如为了满足人的粮食需求，就毁林开荒、变牧为农，结果造成水土流失，气候变得干燥恶劣；加快化肥、农药等的生产，结果造成水、土壤等的污染严重。这样的谷物生产和化学工业的发展，从一个方面看，满足了人们的食品需求，维系了人口再生产的正常进行；从另外一个方面看，则破坏了人口赖以生存的环境，损害到人口健康，又妨碍了人的全面满足的需要。可持续发展着眼于营造有利于人的全面发展的自然环境和社会环境，摒弃有利于一个方面而损害其他方面的发展需要。正是在这个意义上说，1994 年开罗人口与发展会议行动纲领提出的"可持续发展问题的中心是人"，这里的人指的就是人的全面发展，发展是为了满足人的全面发展的需要。

②可持续发展首先考虑满足当代人发展的需要。考察 20 世纪 70 年代以来可持续发展实践，这一概念率先由发达国家一些领导人和学者提出，其中确有少数人想借此约束和限制发展中国家发展的意图。不过经过多次会议讨论和辩论，人们取得越来越多的共识：妨碍可持续发展的全球环境变坏的主要责任在发达国家方面，是发达国家不顾一切地推行工业化主要是

传统工业化的结果。于是 1992 年里约热内卢联合国环境与发展要求会议通过一项决议，要求发达国家每年要从国内生产总值中拿出 0.7% 作为海外援助资金（ODA），支援发展中国家尽快摆脱贫困和改善环境。虽然 10 多年来仅有北欧等少数国家兑现了诺言而某些发达国家并没有兑现，但有一点则是明白无误的：可持续发展不是不要发展，相反发展中国家应加快发展以满足当代人的需要和脱离贫困。如若不能满足当代人对生活资料的需要，就难免"饥寒起盗心"，社会秩序混乱；不能满足当代生产年龄人口在就业上对自然资本、产出（生产）资本的需要，存在大量"无事生非"的失业人口，社会就难以安定，正常的发展就会受到影响，更谈不上可持续发展。所以，可持续发展的前提是发展，首先是满足当代人需要的发展。尤其是发展中国家要牢牢把握住以经济建设为中心的发展，不要陷入可持续发展是减慢或不发展的误区。

③可持续发展不能损害后代人满足其需要的能力。可持续发展强调发展的连续性，这种连续性主要不是取决于某一项或几项经济指标，而是取决于人口与经济、社会发展的代际公平，充分体现人本主义的发展观，也是布氏《我们共同的未来》报告对可持续发展阐述的一个基本观点。传统的"发展＝经济增长"的发展观，拼命追求高经济增长，结果导致环境污染加剧，资源浪费严重，有些资源已临近枯竭，给满足后代人需求能力的发展设置了障碍。包括大气在内的地球资

源本属于全人类，不仅包括当代人也包括陆续涌来的后代人。可持续发展立足于代际公平，是一条最基本的原则。如果当代人的发展建立在牺牲后代人利益基础上，给后代人的发展留下障碍，便破坏了代际公平原则，也就无可持续发展可言。

④发展的根本驱动力在人力资本。纵观人类社会发展的不同时代，自然资本、产出资本或生产资本、人力资本、社会资本的作用不断更替。大体上来说，农业及农业以前诸社会形态，经济和社会发展以自然资本为主。18世纪中叶产业革命发生后，产出资本或生产资本地位提升，首先是资本的原始积累成为工业化的条件，传统工业化借助产出资本的不断积累而推广开来。以自然资本、产出资本为主的经济和社会的发展，大多伴有对资源的掠夺性开采和利用，造成资源的严重破坏和环境的污染，尤其是传统工业化最为严重。第二次世界大战结束后，发生以微电子技术为前导，包括新材料、新能源、宇航、激光、海洋、生物工程等在内的新的技术革命，使传统工业化升级，并且为过渡到更新的现代技术革命奠定了基础。当前以基因技术、生命科学、纳米技术为标志的现代技术革命已经拉开序幕，人类基因组图的提前绘制完成，将揭开生命的奥秘；基因技术、克隆技术的新发展，生命科学的带头作用将开辟一个科学和技术发展的新时代。在这种情况下，人的知识、技能、经验和健康具有的价值，即人力资本以及同人力资本相关联的组织、管理、市场化程度等社会资本的作用，将充分展

现，构成发展的决定性要素。从可持续发展角度观察，只有实现以自然资本、产出资本向人力资本以及同人力资本紧密相关的社会资本为主的转变，才能充分利用自然资源，提高资源利用率，有效地节约资源和保护环境。以人力资本为主要推动力的发展，是具有原动力性质的发展观的一大转变。

⑤人与自然的和谐发展。可持续发展能力的增强，主要表现在生态环境得到改善，资源利用效率显著提高，促进人与自然的和谐发展上。要实现这样和谐的全面发展，除了要树立协调的经济发展观，包括经济自身发展的集约性和经济与社会发展的协调性；全面的社会发展观，在克服现实社会发展中的某些滞后方面之外，从根本上说，就是要谋求人口、资源、环境之间的协调，树立人与自然和谐的发展观。我们强调经济的协调发展和社会的全面进步，最终的目的是为了更好地解决人口、资源、环境问题，促进三者之间的和谐，人与自然的和谐。即摆正人类在自然界的位置，人类来自自然，也要回到自然界中。任何藐视自然的观点，任意践踏自然的做法，包括"战胜自然"一类不恰当的口号，都是错误的和有害的。

⑥人与社会的和谐发展。社会是指由一定经济基础和上层建筑组成的总体，反映的是由共同物质条件联系起来的人群之间的关系。由此，社会一是由人口生产、自然资源、劳动就业、社会保障、科学教育、卫生保健、基础建设等社会事业组成的经济基础部分所组成；二是由一定的政治、法律、宗教、

艺术、哲学观点等的意识形态，以及维护占统治地位意识形态政治的、法律的、军事的等国家机器所组成。社会可持续发展的基本理论，就是要随着社会生产力的发展和生产关系的改变，发展相应的社会事业，建立起促进人的全面发展的经济基础；上层建筑也应随着改变，进步的意识形态和政府管理机构、组织应运而生，推动社会向前发展。人与社会的协调发展带有整合性质，是人口、经济、资源、环境协调发展的整合体，强调解决好人口、失业、教育、环境、贫困、安全等社会运行中经常发生的问题，达到促进社会和谐的目的。

2. 可持续发展战略理论框架

人口、资源、环境、经济发展、社会发展五大要素，在可持续发展战略框架中是什么关系，处于怎样的位置，可谓众说纷纭、见仁见智。提出"生态核心论"者有之，认为发展围绕生态平衡运动；主张"人口中心论"者有之，认为可持续发展由人口主宰；认为经济是包括可持续发展在内的一切发展的基础，主张"经济决定论"者也有之。我们认为，确定可持续发展战略理论框架，必须从理论与实践的结合上，弄清楚五者之间的关系。基本的观点是：

资源——可持续发展的起点和条件。从资源角度审视发展，包括可持续发展在内的一切发展，都可归结为资源的物质变换：自然资源的物质变换，社会资源的物质变换，更多的是自然资源与社会资源相结合的物质变换。因而没有资源的物质变换便谈不上发展，资源是可持续发展的起点和条件。

人口——总体可持续发展的关键。没有人类参与的自然资源的物质变换，是自然进化；只有有人类参与并且按照人的意志进行的物质变换，才称得上我们所说的发展和可持续发展。按照联合国世界环境与发展委会员 1987 年《我们共同的未来》报告中的定义，可持续发展是"既满足当代人的需要，又不对后代人满足其需要的能力构成危害的发展"，从代际关系上定义可持续发展取得较多共识，确立了以人为本的可持续发展宗旨。发展是可持续还是不可持续，同人口变动，包括人口数量、质量、结构紧紧联系在一起。通过人口的生产活动和社会活动，即经济发展和社会发展改变着资源和环境，形成一定历史时期的发展模式。

环境——可持续发展的终点和目标。随着人口的迅速膨胀和人们进行物质变换手段的增强，尤其是第二次世界大战后工业化突飞猛进发展造成的环境破坏，使人们不得不反省自己的传统发展方式：如此发展下去后果怎样，发展的目的和目标是什么？于是自 20 世纪 70 年代以来率先在一系列国际环境会议上，提出和讨论环境与可持续发展问题，可持续发展问题最早由环境问题引起。环境是不同发展方式结果的警示器，可持续发展归根结底是为了创造有利于人的全面发展的环境。

经济发展和社会发展——实现可持续发展的途径和调节

器。可持续发展要求人口、资源、环境三者相协调，依靠什么协调呢？依靠经济和社会的发展。一方面，现有资源物质变换的能力和环境的状况，是以往经济发展和社会发展的结果，环境总是同一定的经济发展水平和社会发展状况联系在一起；另一方面也可以通过对经济增长方式和社会发展方式的调整，经济和社会结构等的调整，改变资源变换的方式和环境的质量，使之向着有利于可持续发展的方向发展。

基于上述对人口、资源、环境、经济、社会五大要素在可持续发展中的位置，构成可持续发展战略体系的支柱性理论，可表述如下：

其一，全方位适度人口论。前已说明，传统"适度人口"理论主要限于人口的数量方面，从人口的数量变动考察其与资源、发展之间的关系，说明人口是多了还是少了，找到一个合适的度。可持续发展战略不仅提出人口数量变动要求，而且对人口身体素质、文化教育素质等人口质量方面提出要求，对人口年龄和性别结构、城乡结构和地域分布结构提出要求，寻求人口数量、质量、结构的最佳结合，即可持续发展战略要求的全方位适度人口论。

其二，稀缺资源论。按照发展是资源的物质变换定义，包括可持续发展在内的任何发展，都需要有一个科学的资源发展观。所谓资源发展观，是对资源在发展中的地位和作用的基本观点，其前提建立在资源主要是自然资源有限的认识上。这个问题如同绝对真理和相对真理一样，既是绝对的、无限的；又是相对的、有限的。绝对的和无限的，指随着科学和技术的不断进步，人类认识、开发和利用资源的潜力无限，能力不断增强，资源的范围也不断扩大，原本未列入资源范畴的成为新的资源，甚至是价值更高的资源。如60年前才发现核裂变，然而从第一颗原子弹爆炸到当今大规模核电站的兴建，人们都公认核能是一种重要的能源，开创新的动力时代的能源。另一方面，在一定经济技术水平条件下，任何资源的数量均有一定限度，人类认识、开发和利用程度受到一定的限制，因而资源又具有相对性和有限性，并非永远取之不尽和用之不竭。正确的资源观应建立在这种绝对与相对、无限与有限相统一的基础上。对于可持续发展来说，最主要的是要树立稀缺资源发展观。即对于处于一定发展阶段的人类社会来说，资源特别是自然资源总是稀缺的，要在节约资源和合理开发利用资源中求发展。前面提及的麦多斯等罗马俱乐部的《增长的极限》报告，结论过于悲观，后来他们自己也做了某些修正；但该报告提出的人口不断增长和人们追求高生活质量促使经济增长，经济增长加速资源的开发和利用，导致资源消耗超过人口增长速度，则引起很大关注，亮出消费"黄牌"警告。可持续发展必须面对资源的累进消耗，树立稀缺资源发展观。

其三，生态系统论。可持续发展最早由国际环境会议提出，三十多年来有关可持续发展的讨论不断升温，同人们对环境的关注密切相关。发达国家惊呼，世界环境破坏已经到了十分严重的地步，传统工业化发展方式再也不能继续下去了；发展中国家虽然更强调经济发展，但是也对环境的破坏颇为担心，因而能在保护资源和环境问题上形成较多共识。一系列关于可持续发展的国际会议通过的宣言、公约、声明、行动纲领，环境问题是其关注的焦点。一些国际组织的环境学家多从环境和生态平衡角度阐述可持续发展，将可持续发展定义为保护和加强环境系统生产和更新能力（国际生态学联合会 INTECOL、国际生物科学联合会 IUBS，1991）；可持续发展是一种最佳生态系统，用以支持生态的完整性和人类全体生存生活愿望的实现，使人类赖以生存的环境得以持续（弗曼 R. T. T. Forman，1991）。维护良好环境和保持生态平衡是可持续发展的终极目的，以这一终极目的看待人口、资源、经济发展和社会发展，树立起生态系统发展观。

其四，总体经济效益论。传统经济发展观追求的是产量最大化和产值最大化，通过产量和产值的最大化实现利润最大化，企业获得明显效果和利益。自从 20 世纪 30 年代凯恩斯主义盛行，各国纷纷将国民生产总值（GNP）作为衡量经济发展最主要甚至是唯一的指标以来，这种工业化规模经济模式成为发展的必然选择。可持续发展针对这一发展模式提出质疑，即发展不能仅仅顾及企业的效益，还应顾及整个社会的效益；不能仅仅顾及当代的效益，还要顾及子孙后代的效益，树立总体效益经济发展观。如果说利润最大化是指导以往经济运行的基本准则和基本理论，那么总体效益最大化就是可持续发展经济追求的目标，指导经济发展的新的发展观和理论。这一新的经济发展观和理论，有三重意义：

一是质量效益发展观。传统经济发展单纯追求产量、产值、利润的增长，将发展等同于经济增长，经济增长等同于数量的增加，走的是外延式扩大再生产道路。如今这样的工业化已走到尽头，经济的发展不仅取决于产品的数量，还在越来越大的程度上取决于产品的质量。结合工业化推进到现在出现的种种"工业病"，在经济增长数量和质量问题上，可持续的经济发展观看中的是效益，更强调发展的质量，以质量求发展。

二是广义空间效益发展观。就是要跳出仅就本企业、本地区的经济效益来评价的狭隘眼界，把包括资源、环境、社会发展在内的外部效应纳入评价视野，从经济增长和发展造成的内外部结合上看待效益，对待发展。由此产生两种投入产出：一为狭义经济意义上的投入产出，即全社会生产或经营投入成本与产出效益之比；一为广义空间意义上的投入产出，即全社会生产或经营投入成本与产出效益之比。传统经济发展观只注重前一种投入产出，可持续发展在注重前一种投入产出的同时，还注重后一种投入产出。在设定发展指标体系上，也要跳出国内生产总值（GDP）单一指标束缚，选择更能表现广义空间意义上的指标。美国自20世纪60年代开始，采用包括经济、社会、环境、文化、生活质量等在内的评价发展的指标；世界银行多年来选取人均 GNP、年平均通货膨胀率、人口出生时预期寿命、成人文盲率等，作为评价发展的指标；联合国开发计划署则选用"人文发展指数"、"生活质量指数"指标等作为评价发展的指标。

三是长远时间效益发展观。发展经济注重当前的经济效益自不待言，因为任何经济发展的目标都是具体的，近期的经济效益是明显的。可持续发展总体效益经济发展观，要求在重视近期经济效益的同时，重视长远时间效益，不能以牺牲长远时间效益为代价获得近期效益。布伦特兰夫人定义"不对后代人满足其需要的能力构成危害"的发展，既有人口生产的代际问题，又有近期和长远时间效益的关系问题，可持续发展更注重长远时间效益是区别于传统工业化发展观的一个根本性标志。由于更注重长远时间效益，所以可持续发展不仅要看经济增长成果的积累，还要看这种增长对自身能力的影响，总体效益经济发展观其着重点放在可持续发展能力的培育上，保证具有不断涌现的发展潜力，保持发展的连续性。

其五，社会协调发展论。由于社会通过物质资料生产、人口生产、环境生产进行自然资源和社会资源的物质变换，形成社会的经济基础；同时适应生产力和生产关系发展变换，形成特定历史条件下的政治、法律、宗教、艺术、哲学等的意识形态，以及维护占统治地位意识形态的国家机器，即一定的上层建筑，构成社会经济基础与上层建筑矛盾的运动。社会可持续发展的基本理论，就是要随着社会生产力的发展和生产关系的改变，发展相应的社会事业，建立起促进人的全面发展的经济基础；上层建筑也应随着改变，进步的意识形态和政府管理机构、组织应运而生，推动社会向前发展。社会的协调发展带有整合性质，是人口、经济、资源、环境协调发展的整合体，强调解决人口、失业、教育、环境、贫困、安全等社会"热点"问题。

三 人口与可持续发展战略

1. 以人为本的可持续发展战略

以人为本的可持续发展战略，就是将人口发展战略融入可持续发展战略之中，坚持以人的全面发展为宗旨，以人力资本为主要驱动力，谋求人口与资源、环境、经济、社会协调发展的战略。显然，要实现这样的可持续发展战略，就要弄清人口在可持续发展战略中的位置，人口与资源、环境、经济、社会之间的关系和存在的问题，明确可持续发展的指向、战略重点和策略选择。

（1）人口与可持续发展。从中国实际出发，人口与资源、环境、经济、社会可持续发展形势、问题、政策取向等，简要分析如下：

①人口发展与资源的可持续利用。可持续发展观认为，资源特别是自然资源是稀缺的，并且稀缺的程度同人口的变动和发展紧密相连。中国情况更为典型。论人口，目前中国仍是世界第一人口大国；论资源，可以说比较丰富：陆地面积960万平方公里，占世界陆地面积的7.2%，仅次于俄罗斯的1709.8万平方公里（占世界的12.7%）、加拿大的998.5万平方公里（占世界的7.5%）、美国的983.2平方公里（占世界的7.3%），居世界第4位。① 一般估计自然资源总量居世界第4位，总量比较丰富且品种比较齐全，主要可以依靠本国的资源建立起独立的国民经济体系。然而，一是某些重要的自然资源严重不足、绝对短缺，耕地、淡水、某些矿产资源等直接关系人口生存和发展的资源绝对短缺；或者结构性短缺严重，如石油、天然气、铁、锰、铜、铝、金、银等需用量很大的重要资源不足，而钨、锑、钼、稀土等需用量较小的资源却比较丰富；或者应用性短缺，有些矿产资源等深层埋藏、交叉混生，开发和利用成本高、技术要求高，从而使开采和利用受到一定的限制。最值得关注的，是由于人口众多，若用目前13.6亿人口一除，人均自然资源占有量便一下子跌落到相当低的水平。笔者在协调三位相关部长主编的《人口、资源、环境与可持续

---

① 《中国统计年鉴2013》，中国统计出版社2013年版，第953页。

发展干部读本》时，对此给予特别的关注，力求将数字搞准确一些。现将 2000 年我国主要资源和主要资源人均占有水平，分列如下:[1]

2000 年世界人均土地面积 2.259 公顷，人均耕地面积 0.230 公顷。我国分别为 0.784 公顷、0.077 公顷，分别为世界的 34.7% 和 33.5%；林地、草地，分别为世界的 20% 和 50%。土地资源中可供开发利用的比例低，未开发土地资源中仅 24.6% 可以利用，而且多为土地质量不高、生态环境脆弱、开发难度较大的地块。

在世界矿产资源中，我国属于比较丰富的国家。在已发现的 171 种、已探明的 156 种有储量矿产资源中，我国矿产资源总量占世界的 12%，仅次于美国和俄罗斯，居第 3 位。同样，人均矿产资源仅相当于世界平均水平的 58%，排在第 53 位。

世界水资源年均可更新量为 410220 亿米^3，中国为 28124 米^3，相当于世界的 6.9%；人均占有量世界为 7176 米^3，中国为 2292 米^3，相当于世界的 31.9%。而且南北分布不均，北方人均拥有量仅为南方的 1/5；季节分布不均，大部分降水集中在夏秋两季，特别是夏秋之交。

按所属领海面积计算，我国亦可算得上海洋大国。但是人

---

① 张维庆、孙文盛、解振华主编《人口、资源、环境与可持续发展干部读本》，浙江人民出版社 2004 年版，第 171～187 页。

均领海面积只有 0.0027 平方公里，仅相当于世界平均水平的 1/10。包括生物资源、非生物资源和空间资源在内的海洋资源比较贫乏，人均水平很低。

生物资源中，我国森林面积仅占世界的 4%，林木总蓄积量仅占 3%；人均占有林地面积为 0.11 公顷，林木蓄积为 8.6 米^3，分别相当于世界平均水平的 12.5% 和 14.2%。在草原资源方面，我国草地面积为 4 亿公顷，居世界第 2 位，人均草地面积也达到世界平均水平的 1/2 左右。可是其中优质、中等、劣质草场之比在 2:4:4 左右，草场质量不高矛盾突出。

其他还有大气资源、自然景观资源等自然资源，情形基本类同。从发展上观察，随着新中国成立 60 多年来社会经济的发展，尤其是近 30 年来经济持续、快速发展，在以固定资产投资为主外延型增长方式作用下，资源消耗剧增，曾几何时的"煤都"、"铜都"、"石油城"等，如今纷纷成为资源枯竭型城市。重要资源衰减明显，土地数量呈减少趋势，质量呈下降趋势；水资源入不敷出严重，河流断流、地下水位下降、水质下降呈不断增强的趋势；矿产资源短缺危机开始显现，储采比呈下降趋势；生物资源受林木破坏、草场退化、土地沙漠化和荒漠化、水域面积缩小、自然灾害频繁等的影响，生物多样性受到威胁，物种呈减少趋势。

此外，人口对资源消耗的加权效应显著。资源消耗不是一般地随着人口的增长而增长，而是在这种增长的基础上，还要乘上一定的系数，即指数加权式的增长。由于人们追求高生活质量的欲望无限，无疑为社会经济发展提供需求动力，因而这也是发展所需要的；但是由这种追求产生的对资源消耗的加权效应，则是不容忽视的。例如，1949 年中华人民共和国成立时，全国仅能生产钢 15.8 万吨、钢材 13 万吨，假定当年生产和生活将其全部消耗掉，人均消耗钢为 0.29 公斤、钢材为 0.24 公斤；2013 年全国生产粗钢 77817 万吨、钢材 108959 万吨，人均粗钢 571.9 公斤、钢材 797.1 公斤，分别为 1949 年的 1972.1 倍和 3324.6 倍[①]。显然，现在每增加一个人消耗的钢、钢材与 1949 年比较，权数增大到令人吃惊的程度，人口增长对资源消耗的加权效应在不断增强。

②人口与环境可持续发展。一部环境演变的历史表明，人口的变动与发展，是人类活动不断增强的结果。人口的变动和发展对环境的作用和影响，主要从三个方面展开：一是随着人口数量的增长，按照简单的算术增加，人口生产的新陈代谢物也要随之增加，影响周围的环境质量；二是如前所述，人口对资源消耗具有加权效应，消耗的加权增长意味着废水、废气、固体废物的加权增长，亦即加权效应同样体现在人口变动与环境的关系上。三是随着工业化、城市化的加速推进，人口城乡

---

① 《中国统计年鉴 1986》中国统计出版社 1986 年版，第 91、第 296 页；《国家统计局 2013 年统计公报》，国家统计局网站，2014 年 1 月 20 日。

结构的改变，给环境带来前所未有的压力。不仅固体废物、水
污染与人口增长并驾齐驱，而且气候变化也同人口变动紧密相
关。2007 年 12 月在印度尼西亚巴厘岛召开的联合国气候变化
会议上，与会者普遍认为，由于人口增加和人类活动增强，带
来了二氧化碳、甲烷等的排放大幅度增长，造成温室气体浓度
的显著增加和全球气候变暖的结果。不同的报告显示，近百年
来，全球地表温度升高 0.75℃ 左右，南北极冰山、各大洲高
山积雪融化淹没的大陆架陆地面积，几乎相当于美国的陆地国
土面积。

　　③人口与经济可持续发展。本书前面关于可持续发展理论
框架的阐述，说明人口与经济发展相适应、相协调具有的基础
性质，是实现人口与资源、环境、社会发展相适应、相协调的
基础。这里换一个角度，从宏观与微观两种不同视角，对人口
与经济发展相适应、相协调，做出概括性的理论阐发。

　　其一，宏观论。从宏观上阐述人口与经济发展的关系，有
两种截然不同的理论观点。

　　悲观派。代表人物自然是马尔萨斯和在马尔萨斯基础上发
展起来的新马尔萨斯主义者。从马尔萨斯的《人口原理》到
罗马俱乐部的《增长的极限》，从论证人口超过生活资料增
长，到工业化、资源枯竭、污染不堪重负，无不对人口增长充
满忧虑，甚至是"人口爆炸"、"世界末日"。解决的办法，马
尔萨斯在最初出版的《人口原理》中，提出用战争、瘟疫等

"积极抑制"和不结婚、不生育等"消极抑制"两种手段，来消除过剩人口；皮尔逊（F. A. Pearson）、福格特（W. Vogt）等新马尔萨斯主义者，主张实行避孕节育，通过生育率长期持续的下降，实现人口的零增长和负增长，以解决人口过剩问题。

乐观派。他们不忧虑人口增长给经济增长带来的压力，相反，认为人口的增长为经济的发展提供需求和动力，是经济增长的必要条件。凯恩斯在总结 1929～1633 年世界经济危机的基础上，1936 年发表颇有影响的《就业、利息和货币通论》，论述了人口数量、生活水平和资本系数是决定经济发展的三个基本要素，经济大萧条的主要原因是"有效需求不足"。有效需求不足源于生育率的下降，因此提高生育率和保持人口的稳定增长，是摆脱危机和促进经济增长的重要条件。接下来，美国经济学家汉森（A. H. Hansen）、英国经济学家哈罗德（R. F. Harrod）等，继承和发展了凯恩斯的理论，把经济长期停滞不前，说成是生育率下降和人口增长步入低增长、零增长带来的结果。值得一提的是，其后的发展经济学、制度经济学等的一些代表人物，虽然他们没有声明属于乐观派，但是在他们的论著中绝少有新老马尔萨斯主义的痕迹，而是就人口与经济关系中的某些方面展开论述，取得某种突破。如刘易斯的"二元经济模型"、库兹涅茨的"人口经济增长波动"等有关的理论阐发。

其二，微观论。其主要立足于消费需求理论，把孩子视为耐用消费品，提出和阐述了孩子成本—效益理论，论述了个人和家庭的生育决策选择。前已论及，主要代表人物有莱宾斯坦、伊斯特林、贝克尔和考德维尔等，这里不再多加赘述。值得关注的是，研究微观方面的人口与经济发展之间的关系，带动了家庭规模、家庭结构、家庭功能和家庭生命周期等的研究，取得某些新的进展。这对于调整家庭经济与生育行为，使之相适应、相协调，有着现实的意义。

需要指出，上述宏观和微观人口与经济发展相适应、相协调的理论和实践，不仅包括人口数量方面，也包括人口的质量和结构方面。就已有的理论而论，侧重于人口数量方面的论著是主要的；就实际情况来说，人口数量变动与经济发展相适应、相协调受关注的程度要更大一些，行动上表现得更多一些。但是，随着进入 21 世纪以后以生命科学为主导学科的新技术革命提升到新的阶段，信息化、经济全球化发展到新的水平，人口素质的作用和影响越来越显著，人力资本在经济发展中的作用呈现增强的态势。对此，本书前面在人口素质与经济技术进步论述中，已经做了篇幅较长的分析。人口结构，主要是年龄结构中劳动年龄人口变动与经济发展、人口老龄化与社会保障，人口分布结构中人口城市化与产业结构调整、人口地区分布与生产力布局等，也都做了篇幅较大的分析，这在考察人口与经济发展相适应、相协调时，是必须顾及的。

④人口与社会可持续发展。在人口与资源、环境、经济、社会可持续发展战略中，人口与社会相适应、相协调的发展具有整合的性质。人口、资源、环境、经济诸要素，均处在特定的社会环境之中，相适应、相协调达到何种程度，在很大的程度上取决于社会整合的能力。提高社会的整合能力，离不开人口的数量和素质，也同人口结构有着密切的关系。联系我国实际，特别要注意到以下三个方面的整合。

一是经济发展与社会发展之间的整合。发达国家和某些发展中国家发展的历史表明，先发展经济，待到经济发展以后再来解决社会发展的路子是不可取的。因为经济发展造成的人口问题，失业、污染、资源浪费严重、贫富差距拉大等社会问题不仅与人的全面发展背道而驰，而且这些问题达到一定程度也会妨碍经济的发展。可持续发展主张在发展经济的同时，及时地解决由发展造成的新的社会问题，使经济和社会同步或协调发展。这不仅有利于创造一个和谐、进步的社会，而且即使对于经济发展来说，也是实现顺利发展所必需的。

二是三次产业发展之间的整合。一次、二次、三次产业结构怎样，既表明一定发展阶段上的经济结构，就业的人口结构，同时也表明特定的社会结构，表明社会发达的程度。医疗、卫生、保险、环保、商业、饮食、服务等产业与社会发展关系密切，三次产业占国内生产总值（GDP）的比例反映社会事业的发展状况，与经济的发展是否相协调的状况。理论上，处在不同发展阶段上的国家，三次产业应占一个恰当的比例，过高可能陷入福利国家的泥潭，妨碍着经济的发展和社会的进步；过低则可能拖住经济发展和改革的后腿，同样有碍于经济的发展和社会的进步。

三是对内和对外发展关系的整合。随着经济的发展和科学技术的进步，国家、地区之间的距离拉近了，联系增多了，一个国家的经济发展状况怎样，会对周边乃至相距更为遥远的国家和地区发展产生影响。如一个国家、地区生产排放的二氧化碳、二氧化硫的数量，可能影响到相邻国家、地区的大气质量，近海污染严重可能波及公海，酸雨传播由于其危害性大更受到不同国家和地区的关注。当前，在可持续发展深入人心和一系列国际公约公布于众的情况下，一个国家的经济发展及其大气、河流、海洋等环境质量，受到各个国家、地区和有关国际组织的密切注视。与可持续发展密不可分的社会问题，如消除贫困、知识产权保护、环保立法等，同样受到各国和国际组织的重视。由于对人权本质认识上存在分歧，除少数人利用人权做文章想达到某种政治目的外，在维护人的生存权、发展权等基本权利方面形成越来越多的共识，真实的人权状况为国际社会所瞩目。可持续发展推进到今天，各国都在塑造自己的总体形象，集经济发展、环境状况、社会进步于一体的总体形象。人们依据这样的形象，判断不同国家、地区在通向可持续发展道路上的位置，估量其发展的进程。

2. 可持续发展视角的"后人口转变"

可持续发展战略，时间跨度可同"时间"一样无限长；空间跨度可同"空间"一样无限宽，因而可将人口发展战略、"后人口转变"等纳入可持续发展战略视野。如此，就要将"后人口转变"由人口数量控制为主向以人口素质提高、结构调整为主过渡，进而实现以素质提高和结构调整为主，以及人口与资源、环境、经济、社会可持续发展全方位适度人口的转变，并纳入可持续发展战略范畴来讨论和分析。结合中国实际，最主要的是把握好"后人口转变"的方向和目标、转变的速度和节奏两个方面。

（1）把握好"后人口转变"的方向和目标

"后人口转变"包括人口发展战略"三步走"第二步、第三步两个转变。第二步，逐步实现由以人口数量控制为主向以人口素质提高、结构调整为主转变。前文已论及，提高人口素质是永恒的话题，任何时候、任何阶段都没有疑义，均可适用。因此第二步的核心，是实现由数量控制为主向以结构调整为主的转变。依据人口预测，第二步从 20 世纪 90 年代初总和生育率下降到更替水平以下开始，至 2030 年前后达到人口零增长时为止，大致需要 40 年时间。方向是：生育率和出生率逐步下降，直至出生率和死亡率相等，人口自然增长率为零。第三步从零增长之后开始。在人口自身具有的惯性力作用下，人口数量将呈一定程度的减少趋势。再依据届时的社会经济发展和资源环境状况，做出人口数量、素质、结构全方位适度人口抉择。这是适应可持续发展战略要求的"后人口转变"的基本方向和目标，我们要坚定不移地沿着这个方向推进下去。

坚定不移地推进"后人口转变"，实现第二步、第三步发展战略目标，建立在对我国目前13.6亿人口以及相应的人口素质、人口结构分析的基础上。对此，学术界和相关各界在认识上有较大分歧。有的认为，我国生育率已经下降到很低的水平，不能再低了，应当赶快叫停旨在控制人口增长的生育政策，直至取消计划生育基本国策，保住世界第一人口大国的地位。理由主要是：人口是基本的国力，是财富的创造者，因而第一人口大国的优势不可丢。相反的意见则认为，人口多并要继续增长下去，将使本来十分稀缺的资源变得更加稀缺，人均产量、产值的提高受到限制，发展变得不可持续，因而生育率必须严格控制。虽然这两种意见有一些新的提法，但是仍然没有脱离历史上众民主义与节制主义最基本的分歧：一个将人口主要看成消费者，另一个主要看成生产者。也是50多年前批判马寅初新人口论时，说马寅初"见口不见手"；批判后则形成相反的教条，"见手不见口"、人口和劳动力越多越好。我们应当汲取这一历史的经验和教训，准确判断今天中国人口是多了还是少了，再多一些好还是减少一些好，再多一些或减少一些通过什么样的路径实现，以及效果怎样等。

笔者的观点是：既不能将人口视为单一的消费者，也不能将人口视为单一的生产者，而是消费者和生产者的统一。不过作为消费者，适用于全体人口，无论少年、成年还是老年人口，统统是消费者。作为生产者是有条件的，人口学将 15～59 岁或15～64 岁定义为劳动年龄人口，是劳动力的源泉。除很少一部分丧失劳动能力者外，均可成长为正常的劳动力。因此，每年新增人口，首先是消费人口的增加；14 年后，是劳动年龄人口的增加。需要从消费与生产相结合视角，看待人口的增长或减少。

从我国实际出发，需要回答：目前 13.6 亿人口连同特定的人口素质、年龄和性别结构，是多了还是少了。或者一下子多少难以确定，未来是要继续增长还是停顿一下、继而减少到一定程度为好？笔者的回答不是前者，而是后者。即不赞成无限制地继续增长下去。作为消费者人口无限增长下去，要求消费至少要同步增长，以满足人们生活水平不至于下降的基本要求。如此，生活资料的生产也要同步增长，对资源、环境的压力同步增长，从而背离可持续发展宗旨。作为生产人口无限增长下去，要求生产资料与之成比例地增长，慢了就会影响劳动年龄人口的正常就业，从而形成对技术进步的压力。因为产业后备军的存在和劳动力比较廉价，妨碍先进技术的采用，也妨碍工资率的提高。改革开放以来我国经济获得持续高速增长，在很大程度上得益于人口年龄结构变动"黄金时代"提供的"人口盈利"、"人口红利"。然而廉价劳动力降低了劳动成本，提高了产品竞争力，促进了对外贸易出口大幅度增长；外贸大幅度增长，反过来又促进经济的快速增长和对廉价劳动力的吸收。毫无疑问，这是面对人口和劳动力供给充裕做出的明智选择，抓住机遇，巧妙运用给经济发展注入活力机遇，带来巨大经济效益。但是也要看到事情的另一面：海量劳动力几乎是无限制的供给，压低了劳动力的价格，受利润最大化规律作用，劳动密集型产业得到快速发展，降低了企业对技术进步的需求，技术和资金密集型产业发展相对滞后，致使劳动生产率提高不快，有些年份甚至出现下降的情况。20世纪80年代初最早提出2000年工农业总产值——后改为国民生产总值翻两番时，前面有一句"在不断提高经济效益前提下"；然而人们却常常将这句话置之脑后，只记住翻两番。结果翻两番实现了，不断提高经济效益并未如期而至。后来提出转变经济发展方式，但是多年来却收效甚微，廉价劳动力的无限供给，起到掣肘的作用。因此，在当前劳动年龄人口越过峰值、开始下降之际，是依靠提高生育率、增加劳动力供给解决，还是利用这一时机提高企业的技术构成、走以提高劳动生产率为主的路子？这是战略决策的分水岭。这个决策同人口战略密切相关。前一种以劳动力为主驱动，是以往经济发展方式的继续，难以跳出外延扩张型发展模式；后一种以提高技术构成、提高劳动生产率为主，以劳动力质量换数量，走内涵质量型发展道路，只有如此，转方式、调结构才有可能落到实处。历史发展到今天，新技术革命风起云涌，早已结束了以人口数量为主推进社会经济发展的时代，进入以人力资本驱动为主内涵式发展的新阶段。从这个角度说，不必担心一定数量的人口和劳动力的减少和下降，这种减少和下降为转变经济发展方式提供了新的机遇，由外延式扩大再生产向内涵式扩大再生产转变的机遇。

（2）把握好"后人口转变"的速度和节奏

这样说，并不等于人口和劳动力越少越好，减少和下降速度越快越好。重要的一点在于：人口和劳动力再多一些好还是再少一些好是一回事，如何再多一些或者再少一些又是一回事。以再少一些而论，由于人口数量变动与人口年龄结构之间关系密切，呈现亦步亦趋式变动，就必须遵循人口年龄结构变动的客观规律，在年龄结构变动允许范畴内去降低生育率、减少人口数量。违背这种规律就要付出代价，受到规律的惩罚。这一点在前面生育政策选择部分，已经对低位、中位、高位三种预测方案做出了比较分析，说明生育率继续下降的低位方案为什么不可行，会引起什么样的后果，其中主要的后果就是人口年龄结构的过度老龄化。因此，人口比现在 13.6 亿少一些为好，但并不是越少越好；更不是不顾年龄结构老龄化过高等影响，生育率下降越快越好。相反，我们应当审时度势、未雨

绸缪，还是那两句话：两利取其重、两害取其轻。在人口年龄
结构变动合理范畴内，将人口数量逐步减少下来。减少多少？
一是要从我国实际出发。以往已有研究成果可供参考，更重要
的是要依据当前的实际情况，做出符合经济、社会、资源、环
境客观发展实际的决策选择。决策选择需要注意：其一，以往
的研究主要在人口数量方面，现在需要加进人口素质、人口结
构方面的内容，着眼于涵盖人口数量、素质、结构全方位的适
度人口，同资源、环境、经济、社会发展相协调，符合可持续
发展要求的人口。即使是这样的全方位适度人口，也不是一成
不变而是在实践中不断变化的，只具有一定时期的相对稳定
性。其二，可以借鉴国际社会的某些经验。例如，比较美国和
日本，就可以受到某种启示。2012 年的数据如下：美国陆地
面积为 983.2 万平方公里，相当于世界的 7.32% ；人口为
3.32 亿，相当于世界的 4.61% ；GDP 为 156848 亿美元，相当
于世界的21.87% 。日本陆地面积为37.8 万平方公里，占世界
的0.28% ；人口为1.28 亿，占世界的1.78% ；GDP 为59640
亿美元，占世界的8.32% 。[①] 以人口经济密度（GDP 美元/
人）比较，美国为 47243.37，日本为 46593.75，水平相当接
近；然而地理经济密度（GDP 亿美元/万平方公里）美国为

---

① 《中国统计年鉴 2013》，中国统计出版社 2013 年版，第 953 ~ 956 页；United
Nations, *World Population Prospects：The 2008 Recision*, p. 48，292，494。

159.53，日本为 1577.78，日本是美国的 9.89 倍，足见日本地理经济密度之高。建立在如此之高密度上的连片的城市、毗邻的一座座工厂、蜘蛛网般交叉的铁路、公路，是高度集约化的工业化和信息化，方才带来同美国相近的人均产值和收入。然而不同的是，美国既有像纽约那样高度密集的城市群，与以东京都为中心的城市群相类似；但是更多的是分散的、与乡村结合在一起的组合型城市。像中部以芝加哥为中心的五大湖城市群、西部以洛杉矶为中心的西海岸城市群，就是这种分散型城市的典型。在这种城市里，少有像日本城市那种狭小、喧闹、挤地下铁、缺少休闲生活空间等使人窒息的生活；代之而来的是宽大的住宅或乡间别墅，足够的公园、湖泊等休闲场所，除纽约少数城市外多以开车出行，被称之为汽车王国、生活在汽车轮子上的国民。目前我国人均国内生产总值相当于美、日的1/6 左右，2050 年达到中等发达国家水平，将来还要达到高度发达国家水平，就生活活动方式而论，我们选择美国模式还是选择日本模式？经济高度发达自不待言，没有显著不同；差别在人口状况上，日本人口密度为美国的 10.3 倍，打造出来的生活方式和空间活动方式完全不同。笔者在日本的几位朋友常常抱怨：有钱买不到舒适的生活空间，除非在狭长四岛南北两端——九州和北海道可以宽裕一些；本岛难以寻觅一块清静之地，怎么维持可持续发展？

　　2014 年是在巴西里约热内卢召开的联合国环境与发展大

会 22 周年，这次大会通过的《21 世纪议程》，成为国际社会推行可持续发展战略的行动纲领，各国纷纷制定各自的 21 世纪议程。中国政府履行承诺，于 1992 年率先推出《中国 21 世纪议程——中国 21 世纪人口、环境与发展白皮书》，于今也已过去 22 年。《中共中央关于全面深化改革若干重大问题的决定》公布，今年是改革再启程元年，给包括"后人口转变"在内的人口与可持续发展战略的推进，送去新的动力和希望。抓住这一天赐良机，以改革推动"后人口转变"沿着可持续发展路线前行，就能在中华民族伟大复兴的中国梦征途上，发出应有的光和热。

参考文献

1. 《中共中央关于全面深化改革若干重大问题的决定》，载《改革开放以来历届三中全会文件汇编》，人民出版社2013年版。

2. 《邓小平文选》第三卷，人民出版社1993年版。

3. 《习近平关于实现中华民族伟大复兴的中国梦论述摘编》，中央文献出版社2013年版。

4. 《21世纪议程》，联合国环境与发展会议（1992），国家环保局译，环境科学出版社1993年版。

5. 《中国21世纪议程——中国21世纪人口、环境与发展白皮书》，中国环境科学出版社1994年版。

6. 马寅初：《新人口论》，北京出版社1979年版。

7. 欧阳淞、高永中主编《改革开放口述史》，中国人民大学出版社2014年版。

8. 国家人口和计划生育委员会编《中国人口和计划生育史》，中国人口出版社2007年版。

9. 张维庆、孙文盛、解振华主编《人口、资源、环境与可持续发展干部读本》，浙江人民出版社 2004 年版。

10. 陈剑主编《中国改革报告 2013》，法律出版社 2013 年版。

11. 何传启：《现代化科学/国家发达的科学原理》，科学出版社 2010 年版。

12. 田雪原等：《21 世纪中国人口发展战略研究》，社会科学文献出版社 2007 年版。

13. 田雪原主编《人口老龄化与"中等收入陷阱"》，社会科学文献出版社 2013 年版。

14. 孙陆军主编《中国涉老政策文件汇编》，中国社会出版社 2009 年版。

15. 郑秉文、孙永勇：《城镇职工基本养老保险半数省份收不抵支》，《上海大学学报》2012 年第 3 期。

16. 王一鸣：《调整和转型：后金融危机时期的中国经济发展》，《宏观经济研究》2009 年第 12 期。

17. 张恺悌主编《中国城乡老年人社会活动和精神心理状况研究》，中国社会出版社 2009 年版。

18. 潘家华、魏后凯主编《中国城市发展报告 No.6》，社会科学文献出版社 2013 年版。

19. 王小鲁：《中国城市化路径与城市规模的经济学分析》，《经济研究》2010 年第 10 期。

20. 弗里德约夫·南森研究所（挪威）编，国家环境保护总局国际合作司译：《绿色全球年鉴》（2001/2002），中国环境科学出版社 2002 年版。

21. 〔美〕莱斯特·R. 布朗:《B 模式:拯救地球,延续文明》(中译本),东方出版社 2003 年版。

22. 中国老年学会编《21 世纪老年学与老年问题》,中国劳动社会保障出版社 2000 年版。

23. United Nations, *World Population Prospects*:*The 2008 Revision*, New York, 2009.

24. United Nations, *Population and Development*, New York, 2001.

25. United Nations, *Long-range World Population Projections*:*Based on the 1998 Revision*, New York 2000.

26. United Nations, *World Population Projections 1950 – 2150*, New York.

图书在版编目（CIP）数据

后人口转变迎来新改革机遇/田雪原著. —北京：社会
科学文献出版社，2014.6
（全面深化改革研究书系）
ISBN 978 - 7 - 5097 - 6002 - 4

Ⅰ.①后… Ⅱ.①田… Ⅲ.①人口 - 关系 - 体制改革 -
研究 - 中国 Ⅳ.①C924.2 ②D61

中国版本图书馆 CIP 数据核字（2014）第 090749 号

· 全面深化改革研究书系 ·
后人口转变迎来新改革机遇

著　　者 / 田雪原

出 版 人 / 谢寿光
出 版 者 / 社会科学文献出版社
地　　址 / 北京市西城区北三环中路甲 29 号院 3 号楼华龙大厦
邮政编码 / 100029

责任部门 / 经济与管理出版中心（010）59367226　　　责任编辑 / 王玉山
电子信箱 / caijingbu@ ssap. cn　　　　　　　　　　 责任校对 / 徐兵臣
项目统筹 / 恽　薇　　　　　　　　　　　　　　　　 责任印制 / 岳　阳
经　　销 / 社会科学文献出版社市场营销中心（010）59367081　 59367089
读者服务 / 读者服务中心（010）59367028

印　　装 / 三河市尚艺印装有限公司
开　　本 / 787mm×1092mm　1/20　　　　　　　　　印　　张 / 18.8
版　　次 / 2014 年 6 月第 1 版　　　　　　　　　　　字　　数 / 232 千字
印　　次 / 2014 年 6 月第 1 次印刷
书　　号 / ISBN 978 - 7 - 5097 - 6002 - 4
定　　价 / 49.00 元

本书如有破损、缺页、装订错误，请与本社读者服务中心联系更换

Ａ 版权所有　翻印必究